"十三五"江苏省高等学校重点教材（编号：2019-1-015）

ERP 系统原理与应用

主　编　刘秋生
副主编　刘彦斌　李　真　凌兴宏　徐　伟
主　审　杜建国

东南大学出版社
SOUTHEAST UNIVERSITY PRESS
·南京·

内容简介

本书参考了大量国内外企业实施 ERP 系统的案例和相关学术研究成果,并结合编者长期从事 ERP 系统实施项目的实践经验,以及从事管理信息系统、企业信息化工程和 ERP 原理与实施等课程教学的体会,对 ERP 系统进行了深入、透彻的分析、总结、归纳、提炼后编著形成的。围绕 ERP 系统的基本概念、理论与实施方法,通过 ERP 系统实施过程案例分析重点介绍其关键技术、主要的常见问题及解决方案;详细地阐述了 ERP 系统中各功能模块与单元信息化相关信息子系统之间的关系;系统地介绍了 ERP 系统软件选择的评价和实施过程方法,以及云 ERP 系统应用和大数据技术与人工智能在 ERP 系统中的应用;深入透析企业信息化进程的全过程和影响 ERP 系统实施成败的关键因素。本书在取材上从实际出发,围绕 ERP 系统实施的基本概念、基本理论和基本方法,既有完整系统的理论体系,又有很强的实用性,便于读者学习、理解和掌握。

本书是面向经济、管理、机械和计算机等学科的本科生及研究生编著的,也可以作为制造业信息化工程技术人员、企业信息化工程技术人员、企业信息师、数据管理员和信息技术人员的自学用书。

图书在版编目(CIP)数据

ERP 系统原理与应用 / 刘秋生主编. — 南京:东南大学出版社,2020.10
  ISBN 978-7-5641-9161-0

Ⅰ.①E… Ⅱ.①刘… Ⅲ.①企业管理—计算机管理系统 Ⅳ.① F270.7

中国版本图书馆 CIP 数据核字(2020)第 199150 号

ERP系统原理与应用
ERP Xitong Yuanli Yu Yingyong

主　　编	刘秋生		责任编辑	张　煦
出版发行	东南大学出版社		出 版 人	江建中
地　　址	南京市四牌楼 2 号		邮　　编	210096
销售电话	(025)83794121/83795801			
网　　址	http://www.seupress.com			
经　　销	全国各地新华书店		印　　刷	南京京新印刷有限公司
开　　本	700mm × 1000mm　1/16		印　　张	21.25
字　　数	347千字			
版印次	2020年10月第1版　2020年10月第1次印刷			
书　　号	ISBN 978-7-5641-9161-0			
定　　价	68.00元			

*本社图书若有印装质量问题,请直接与营销部联系。电话:025-83791830。

前　言

企业资源计划（Enterprise Resource Planning，简称ERP）系统是企业管理信息化建设的重要标志，也是提高企业可持续发展的重要手段。近30年以来，学术界、企业界和软件开发公司等投入大量的人力、财力和物力，开展了持续不断的探索，以寻找适合中国国情的ERP系统软件的研制和ERP系统软件实施模式与途径，同时也进行了大量的ERP系统实施实践，由此ERP系统的原理与实施方法不断完善，其应用不断普及。企业实施ERP系统已经成为体现企业管理信息化水平的重要标志，企业效益不断提高的发展战略，也是实现智能制造的核心软件。但是从总体来看，企业实施ERP系统的效益没有得到充分体现，往往难于达到预期目标。面对ERP系统实施项目历时长、风险高、投入大、见效慢、可控性差等现象，有人提出了运用人工智能、大数据技术和云计算等技术来解决这些问题。云ERP系统方案的原理与应用，促使提升企业管理信息化水平，加速探索ERP系统与智能制造结合的新途径。

针对ERP系统实施及运行过程中的一系列问题，我们结合多年来从事ERP系统实施实践和理论研究的成果，并查阅、参考了大量国内外ERP系统原理与实施的论文、著作、科研报告和经典案例，经过总结、归纳、提炼、编著形成本书。本着沿着ERP系统的发展与应用脉络，介绍ERP系统原理、ERP系统实施项目规划的理论、方法与过程、分析ERP系统实施全过程中影响其成败的关键因素和解决方案，强调ERP系统实施是一项复杂的大型系统工程。因此，在ERP系统项目实施前必须做好项目的规划、计划、咨询和员工培训等工作，在实施过程中严格划分工程阶段和阶段性目标、过程目标测评指标和测评方法，强调 ERP 系统实施带来的管理革新和组织变更。本著作的主要特点：

1. 系统性强。本书不仅系统地介绍了 ERP 系统的基本概念、基础知识和运作原理，而且，系统地介绍了 ERP 系统实施前的规划、实施过程中的控制和实施后的评价，运用量化的方法测评 ERP 系统实施前企业信息化的水平，并依此作为 ERP 系统实施规划的理论依据。

2. 重点突出。全书围绕三个中心，分别重点介绍 ERP 系统原理、ERP 系统实施全过程和 ERP 系统应用案例。强调了实施过程中的评价与反馈相结合，避免事后发现问题造成不可弥补的损失。

3. 实用性强。本书有机地将基本概念、基础知识、原理、案例和验证性实验、事例和案例相融合，理论与实践相结合，便于读者掌握理解。

4. 内容精练。本书在内容上做了精心的安排，力求操作简便、容易理解与掌握，实用性强，以 ERP 系统实施项目作为实例，由浅入深地、系统地介绍关于 ERP 系统的理论与方法。

5. 适用面广。本书是面向经济、管理、机械和计算机学科的本科生编著的，也可以作为制造业信息化工程技术人员、企业信息化工程技术人员、企业信息师、数据管理员和信息技术人员等的自学用书。

全书共有 10 章。第 1 章系统地介绍了 ERP 系统的基本概念、发展历程、应用领域、企业实施现状和在企业信息化中的地位与作用；第 2 章详细地介绍了 ERP 系统运行基础，重点介绍了 ERP 系统实施企业生产类型、ERP 系统基本构建和基础数据；第 3 章介绍了 MRP 的提出、原理和应用的前提，以及 MRP 对传统库存管理方式的影响和改变；第 4 章重点介绍了 MRP Ⅱ 系统提出的背景和工作原理、特点和应用，系统地介绍了 MRP Ⅱ 中相关会计电算化系统的功能与应用；第 5 章介绍了 ERP 系统的提出、工作原理和特点，以及 ERP 系统与其他信息系统的关系和应用案例分析；第 6 章介绍了 ERP 系统软件测评与软件选择的原则与方法；第 7 章介绍了 ERP 系统实施规划、实施过程及测评指标体系与评价方法；第 8 章归纳了 ERP 系统实施成败的关键因素；第 9 章介绍了云 ERP 系统的内涵、特点、分类、实施过程和应用价值分析；第 10 章探索人工智能与大数据技术在 ERP 系统中的应用途径与方法。

  本书出版得到了中国制造业信息化协会同行的支持，镇江金蝶软件有限公司为本书提供了云 ERP 系统应用操作实务案例，并从 E-work 和百度网站获取了大量丰富的实施案例资料和经验。快捷半导体（苏州）有限公司刘彦斌、江苏大学李真、苏州大学凌兴宏、苏州职业大学徐伟等同志负责编著了第 3 章至第 7 章，赵广凤、金海燕等同志为本书资料收集、整理和校核做了大量工作。在此对为本书提供帮助、关心和支持的同志表示衷心感谢！信息化是一个动态发展过程，在 ERP 系统应用过程中，每个企业个体的实施具有鲜明特色，也由于作者的知识有限，错误在所难免，欢迎读者批评指正。

编　者

2020 年 4 月

目　录

第1章　绪论 ·· 001
　1.1　ERP系统内涵与特点 ·· 001
　　　1.1.1　ERP系统内涵 ·· 001
　　　1.1.2　ERP系统的特点 ··· 003
　1.2　ERP系统的发展历程与趋势 ··· 005
　　　1.2.1　ERP系统的发展历程 ··· 005
　　　1.2.2　ERP系统的发展趋势 ··· 009
　1.3　ERP系统应用领域 ··· 013
　　　1.3.1　ERP系统在行业上的应用 ··· 013
　　　1.3.2　ERP系统对资源的利用 ·· 015
　　　1.3.3　ERP系统的管理手段 ··· 017
　1.4　ERP系统应用常见问题及其解决方案 ··· 018
　　　1.4.1　ERP系统应用存在的常见问题 ··· 018
　　　1.4.2　ERP系统应用问题解决思路 ·· 021
　　　1.4.3　ERP系统主要供应商及其典型产品 ··································· 024
　本章小结 ··· 028

第2章　ERP系统基础 ·· 030
　2.1　ERP系统生产管理基础 ··· 030
　　　2.1.1　生产管理范畴 ·· 030
　　　2.1.2　生产管理方式 ·· 031

  2.1.3　订单及其生命周期 …………………………………………………… 037
 2.2　ERP 系统组成及作用 ……………………………………………………………… 040
  2.2.1　ERP 系统组成 ………………………………………………………… 040
  2.2.2　ERP 系统作用 ………………………………………………………… 043
 2.3　ERP 系统的基础数据 ……………………………………………………………… 046
  2.3.1　公司基础数据 …………………………………………………………… 046
  2.3.2　生产管理基础数据 ……………………………………………………… 047
  2.3.3　库存管理基础数据 ……………………………………………………… 058
 本章小结 …………………………………………………………………………………… 060

第 3 章　MRP 系统 …………………………………………………………………… 062

 3.1　订货点法 …………………………………………………………………………… 062
  3.1.1　订货点法的提出 ………………………………………………………… 062
  3.1.2　订货点法原理 …………………………………………………………… 062
  3.1.3　订货点法的应用 ………………………………………………………… 063
  3.1.4　应用订货点法存在的主要问题 ………………………………………… 065
 3.2　时段式 MRP ………………………………………………………………………… 065
  3.2.1　时段式 MRP 特点 ……………………………………………………… 066
  3.2.2　时段式 MRP 原理 ……………………………………………………… 067
  3.2.3　实例演算 ………………………………………………………………… 068
 3.3　闭环 MRP …………………………………………………………………………… 072
  3.3.1　闭环 MRP 特点 ………………………………………………………… 072
  3.3.2　闭环 MRP 原理 ………………………………………………………… 073
  3.3.3　粗能力需求计划 ………………………………………………………… 075
  3.3.4　能力需求计划原理 ……………………………………………………… 075
 本章小结 …………………………………………………………………………………… 079

第 4 章　MRP Ⅱ 系统 ………………………………………………………………… 082

 4.1　MRP Ⅱ 的概念 ……………………………………………………………………… 082
  4.1.1　MRP Ⅱ 的提出 ………………………………………………………… 082
  4.1.2　MRP Ⅱ 的内涵与特点 ………………………………………………… 083

4.2 MRP Ⅱ 的原理 ·085
4.2.1 MRP Ⅱ 基本思想 ·085
4.2.2 MRP Ⅱ 的成本管理 ·086
4.2.3 实施 MRP Ⅱ 系统的影响 ·091
4.3 财务共享服务案例 ·095
4.3.1 案例简介 ·095
4.3.2 案例分析 ·096
本章小结 ·097

第 5 章 ERP 系统 100
5.1 ERP 系统的企业规划与主生产计划 100
5.1.1 ERP 系统的企业规划 100
5.1.2 ERP 系统的主生产计划 105
5.2 ERP 系统的销售管理 109
5.2.1 ERP 系统的市场销售预测系统 109
5.2.2 ERP 系统的销售管理系统及功能 115
5.3 ERP 系统的库存与采购管理 120
5.3.1 ERP 系统库存管理 121
5.3.2 ERP 系统的采购管理 130
5.4 ERP 系统的其他相关管理 133
5.4.1 ERP 系统的生产管理 133
5.4.2 ERP 系统的质量管理 137
5.4.3 ERP 系统的工厂维护管理 140
5.5 JSXL 拉链股份有限公司 ERP 系统实施案例分析 146
5.5.1 实施 ERP 系统前存在的主要问题 147
5.5.2 企业改革的方向和预期目标 149
5.5.3 JSXL 公司实施 ERP 系统的顾虑 151
5.5.4 实施进程规划与 ERP 系统培训 152
5.5.5 JSXL 拉链股份有限公司 ERP 系统实施结果分析 156
本章小结 157

第 6 章 ERP 系统选择 … 159
6.1 概述 … 159
6.1.1 ERP 系统功能与企业需要分类 … 159
6.1.2 选择 ERP 系统的原则 … 161
6.2 ERP 系统选择过程 … 163
6.2.1 软件选型准备 … 163
6.2.2 软件选型主要活动 … 165
6.3 ERP 系统选择方法 … 167
6.3.1 建立 ERP 系统选择评价指标体系 … 167
6.3.2 开展 ERP 系统选择评价 … 171
6.4 XSZC 有限公司 ERP 系统应用效果分析 … 176
6.4.1 XSZC 有限公司背景 … 176
6.4.2 XSZC 有限公司信息化之路及现状分析 … 177
6.4.3 XSZC 有限公司信息化建设实施过程 … 178
6.4.4 XSZC 有限公司实施效果及分析 … 180
本章小结 … 182

第 7 章 ERP 系统实施 … 184
7.1 ERP 系统实施概述 … 184
7.1.1 ERP 系统实施原则 … 184
7.1.2 ERP 系统实施方法 … 186
7.1.3 ERP 系统实施的分步反馈法 … 192
7.2 ERP 系统实施规划 … 195
7.2.1 ERP 系统的实施规划原则与任务 … 195
7.2.2 ERP 系统实施企业现状调查测试 … 198
7.2.3 ERP 系统实施规划的主要方法 … 198
7.2.4 ERP 系统实施规划报告 … 200
7.3 ERP 系统实施过程 … 202
7.3.1 教育 … 202
7.3.2 组织与立项 … 205

　　　　7.3.3　ERP系统选择　　　　　　　　　　　　　　　　　　　207
　　　　7.3.4　实现　　　　　　　　　　　　　　　　　　　　　　209
　7.4　XG集团ERP系统实施案例　　　　　　　　　　　　　　　　213
　　　　7.4.1　XG集团实施需求　　　　　　　　　　　　　　　　214
　　　　7.4.2　ERP系统选择过程　　　　　　　　　　　　　　　　214
　　　　7.4.3　ERP系统实施过程　　　　　　　　　　　　　　　　215
　　　　7.4.4　XG集团ERP系统实施引发的思考　　　　　　　　　216
　本章小结　　　　　　　　　　　　　　　　　　　　　　　　　　216

第8章　成功实施ERP系统关键因素　　　　　　　　　　　　　　218
　8.1　ERP系统实施的组织与业务流程因素分析与对策　　　　　　218
　　　　8.1.1　ERP系统实施的组织因素分析　　　　　　　　　　219
　　　　8.1.2　ERP系统实施的业务流程因素分析　　　　　　　　220
　　　　8.1.3　ERP系统实施的组织与业务流程因素措施　　　　　221
　8.2　ERP系统实施的人才因素分析与对策　　　　　　　　　　　226
　　　　8.2.1　实施ERP系统的决策者分析　　　　　　　　　　　226
　　　　8.2.2　ERP系统实施中其他人员分析　　　　　　　　　　229
　　　　8.2.3　提高ERP系统实施中人才素质　　　　　　　　　　231
　8.3　ERP系统实施的经济因素分析与对策　　　　　　　　　　　233
　　　　8.3.1　ERP系统实施的经济因素分析　　　　　　　　　　233
　　　　8.3.2　效益驱动，提升ERP系统实施成功率　　　　　　　236
　8.4　ERP系统实施的技术因素分析与对策　　　　　　　　　　　238
　　　　8.4.1　ERP系统实施的技术因素分析　　　　　　　　　　238
　　　　8.4.2　提升企业技术水平，确保ERP实施成功　　　　　　239
　8.5　ERP系统实施的企业文化因素分析与对策　　　　　　　　　241
　　　　8.5.1　实施ERP系统的企业文化因素分析　　　　　　　　241
　　　　8.5.2　打造企业文化，推进企业信息化建设　　　　　　　244
　本章小结　　　　　　　　　　　　　　　　　　　　　　　　　　246

第9章　云ERP系统　　　　　　　　　　　　　　　　　　　　　248
　9.1　云ERP系统概述　　　　　　　　　　　　　　　　　　　　248

		9.1.1	内涵与功能	248

       9.1.1　内涵与功能 248
       9.1.2　云 ERP 系统的结构 250
       9.1.3　云 ERP 系统与传统 ERP 系统的区别 253
  9.2　云 ERP 系统的实施 254
       9.2.1　实施前的准备 254
       9.2.2　实施过程 255
       9.2.3　实施后续支持 257
  9.3　云 ERP 系统的应用 258
       9.3.1　云 ERP 系统应用提供商 258
       9.3.2　云 ERP 系统应用案例 260
       9.3.3　云 ERP 系统应用效益 271
  本章小结 273

第 10 章　云 ERP 系统与人工智能和大数据技术 275

  10.1　云 ERP 系统与人工智能 275
       10.1.1　人工智能内涵与特点 275
       10.1.2　人工智能技术 276
       10.1.3　人工智能改进云 ERP 系统 278
  10.2　云 ERP 系统与大数据技术 280
       10.2.1　大数据技术 280
       10.2.2　大数据对 ERP 系统的改进 281
       10.2.3　大数据时代下的 ERP 系统发展前景 282
  10.3　云 ERP 系统与人工智能和大数据技术融合 284
       10.3.1　ERP 系统与大数据技术融合 284
       10.3.2　ERP 系统与人工智能融合 285
       10.3.3　大数据与人工智能融合 286
  本章小结 287

附　录 289

参考文献 298

参考答案与要点 302

第 1 章 绪论

信息化已经作为我国强国富民的重要国策，成为我国当前经济建设的主要手段之一。信息化的要求已经写入政府工作报告中，企业实施 ERP 系统是企业实施信息化的重要标志。从 20 世纪 90 年代中期起，学术界开展了一系列的 ERP 系统学术研讨，企业界投入了大量的人力、物力和财力，进行了 ERP 系统软件研发与应用。我国以企业为核心，信息技术公司为关键，引进、吸收、二次开发和自主开发相结合，研制开发了一系列具有中国特色的 ERP 系统应用软件，推进了我国企业信息化进程，取得了大量的应用成果。但是，从总体上看，企业开展 ERP 系统实施的效果不够理想。不同地区、行业、规模、经营水平、管理体制的企业对 ERP 系统在投入、组织实施力度、人才培养、机构建设等方面还存在很大差异；内陆地区企业与沿海地区企业相比，沿海地区企业与欧美发达国家企业相比，ERP 系统实施的绩效存在着巨大差距。我国企业实施 ERP 系统投入的成本与期望的效果相差还甚远。

1.1 ERP 系统内涵与特点

随着市场竞争的进一步加剧，企业竞争空间与范围的进一步扩大，以及市场与客户需求变化的进一步加速，20 世纪 80 年代 MRP Ⅱ 主要面向企业内部资源全面计划管理的思想逐步发展为 90 年代面向全社会资源怎样进行有效利用与管理的思想，这就是企业管理系统发展到 ERP 系统中蕴涵的管理思想。

1.1.1 ERP 系统内涵

1. ERP 系统的提出

1990 年美国高德纳咨询公司（Gartner Group）针对管理技术与信息技术发

展的需求，提出了企业资源计划（Enterprise Resource Planning，简称 ERP）的概念，其基本思想是：MRP Ⅱ（企业制造资源计划）下一代的制造业系统和资源计划软件。除了 MRP Ⅱ 已有的生产资源计划，制造、财务、销售、采购等功能外，还有质量管理，实验室管理，业务流程管理，产品数据管理，存货、分销与运输管理，人力资源管理和定期报告系统。

在 ERP 系统设计中考虑到仅靠企业自己的资源不可能有效地参与市场竞争，还必须把经营过程中的有关各方如供应商、制造工厂、分销网络、客户等纳入一个紧密的供应链中，才能有效地安排企业的产、供、销活动，满足企业利用全社会一切市场资源快速高效地进行生产经营的需求，以期进一步提高效率和在市场上获得竞争优势；同时也考虑了企业为了适应市场需求变化不仅组织"大批量生产"，还要组织"多品种小批量生产"。在这两种情况并存时，需要用不同的方法来制订计划。

2. ERP 系统的思想

ERP 系统的设计思想集中体现在：第一，它把客户需求和企业内部的制造活动以及供应商的制造资源整合在一起，体现了完全按用户需求制造的思想，这使得企业适应市场与客户需求快速变化的能力增强。第二，它将制造业企业的制造流程看作是一个在全社会范围内紧密连接的供应链，其中包括供应商、制造工厂、分销网络和客户等；同时将分布在各地所属企业的内部划分成几个相互协同作业的支持子系统，如财务、市场营销、生产制造、质量控制、服务维护、工程技术等，还包括对竞争对手的监视管理。ERP 系统提供了可对供应链上所有环节进行有效管理的功能，这些环节包括订单、采购、库存、计划、生产制造、质量控制、运输、分销、服务与维护、财务管理、人事管理、实验室管理、项目管理、配方管理等。

3. ERP 系统的功能特点

ERP 系统虽然只是比 MRP Ⅱ 系统增加了一些功能子系统，但更为重要的是这些子系统的紧密联系以及配合与平衡。正是这些功能子系统把企业所有的制造场所、营销系统、财务系统紧密结合在一起，从而实现全球范围内的多工厂、多地点的跨国经营运作；其次，传统的 MRP Ⅱ 系统把企业归类为几种典型的生产方式来进行管理，如重复制造、批量生产、按订单生产、按订单装配、按库存生产等，对每一种类型都有一套管理标准。而在 80 年代末 90 年代初期，企业为了紧跟市场的变化，纷纷从单一的生产方式向混合型生产发展，而 ERP 则能很好地支持和管理混合型制造环境，满足了企业的这种多方式的经营需求；最后，MRP Ⅱ是通过计划的及时滚动来控制整个生产过程，它的实时性较差，一般只能实现事中控制。而 ERP 强调企业的事前控制能力，它可以将设计、制造、销售、运输等通过集成来并行地进行各种相关的作业，为企业提供了对质量、适应变化、客户满意、绩效等关键问题的实时分析能力。

1.1.2 ERP 系统的特点

实施 ERP 系统成为企业信息化工程建设的标志，全面推广 ERP 系统的应用已经逐步形成企业自身提高管理的一种方式和环境。提高 ERP 系统实施的成功率，必须首先了解 ERP 系统的特点，然后根据其特点采取最有效的方式方法。

1. 多样性

ERP 系统从形式上看是一个管理软件系统，通过计算机辅助管理，提高人工管理的效率，改善管理环境，达到提高效益的目的。通过数据的收集和加工，形成管理者需要的信息，改善计划和决策的有效性。但是，在 ERP 系统实施的过程中我们清楚地体会到这不仅是一个软件系统，而且是一个更复杂的管理系统的重要组成部分，必须通过管理制度建设、管理流程再设计和管理体系的改革才能发挥作用。ERP 系统的应用过程更像一个与企业同步成长的生命体，与企业存在密切的共生现象，企业组织、企业规模、企业主营业务、企业管理方式、企业文化、企业战略无不影响 ERP 系统的功能与性能，ERP 系统只有适合企业管理创新的需要，才能发挥积极作用。因此，ERP 系统是一个管理软件、也是一种管理思想、更是企业共生的智能化管理工具。

2. 复杂性

企业实现 ERP 系统管理都会遇到两种不同管理理念、管理方式和企业文化的磨合。无论是企业职工教学、管理制度修订、工作流程重组，还是企业管理层工作方式的适应，要将 ERP 系统融入企业管理系统中，存在着一个复杂的演变过程，其复杂性主要体现在如下几方面：

1）组织结构的复杂性：企业组织与 ERP 系统的功能结构有着密切的相关性，但不是等同的关系。ERP 系统要为企业各组织职能提供服务，企业的组织不仅存在行政组织的领导关系，而且往往存在新产品研发、技术革新和项目实施等内部动态组织，还存在管理业务专业的纵向组织活动。

2）业务流程的复杂性：ERP 系统不是万能的智能管理者，所有的管理业务首先要分清在现有技术条件下哪些是 ERP 系统直接完成，哪些是控制完成，哪些是辅助管理部分工作，哪些只能通过人工完成。其次要开展业务流程管理工作，分析在现有资源环境下哪些业务流程是科学合理的，哪些是存在缺陷的，哪些是不合理的。ERP 系统通过智能化、自动化、数字化和网络化技术实现企业的各种业务处理，形成复杂的工作流、业务流、数据流和信息流。企业业务流程随着企业环境的变化不断优化和改进，ERP 系统也要不断更新提高。

3）应用人员的复杂：ERP 系统为企业全体员工服务，操作终端分布在车间、办公室和移动电脑，甚至移动手机等各种设备上，操作人员不仅是企业内部人员，而且还提供给企业相关的合作伙伴。应用人员的复杂性给系统安全、可靠、完整以及灵活的操作控制等性能带来复杂的需求。

3. 动态性

ERP 系统必须与企业共生，伴随企业的成长和变迁。企业在各种环境的影响下每时每刻都在发生变化，这些变化通过各种输入手段力争同步录入 ERP 系统，才能使 ERP 系统提供的信息准确、实时、有效。ERP 系统的动态性不仅是企业事务处理的需求，也是 ERP 系统生存的基本特性。ERP 系统缺乏动态性，必将远离企业实务和实际需要，导致系统僵化、信息失真，最终被企业抛弃。

4. 完整性

ERP 系统从企业全局出发，提供各个职能部门所需要的各种信息。因此，系统不仅需要完整地收集各种运行、计划、决策数据，收集过去的历史数据，运行控制数据和未来的预测规划数据，还要根据各个职能部门业务处理的特点具备各种完整的数据处理、数据存储和数据传递功能，以及各类用户权限管理和在用户权限范围内的各种查询操作与完整的查询信息提示和输出。

5. 安全性

ERP 系统是在各种用户共用的环境下运行，确保不同用户的权限和权利是 ERP 系统实用性关键之一。ERP 系统必须提供数据更改、存储、获取和加工处理的安全。通过系统管理对用户、角色、功能和权限进行合理的配置，分清职责和权利。

6. 实用性

ERP 系统供个体员工操作，必须具有操作界面的实用性。操作界面的实用性往往是通过提示格式与传统格式或旧系统格式的兼容性得到保障。实用性另一方面是系统提供的功能的实用性要求，不同企业对岗位设置和职责存在差异，需要系统灵活地适应这种变化。

1.2 ERP 系统的发展历程与趋势

ERP 系统的发展是随着信息技术、制造技术和管理技术的发展逐步形成的，而且其功能不断扩大，其性能不断提高。ERP 系统理论、观点和方法的提出都是为了同一个目标：增加企业的竞争能力，充分利用企业各种资源，降低企业运营成本，企业利益最大化。但是随着生产规模的不断扩大，组织机构越来越复杂，市场竞争日趋剧烈，要达到这些基本目标，企业必须做好生产计划的合理性、成本的有效控制、设备的充分利用、作业的均衡安排、库存的合理管理、财务状况的及时分析等等工作。这些工作的好坏直接影响到企业的生死存亡。于是人们从企业全局的物流、资金流、事务流、工作流、信息流等着手，开展一系列的理论研究和实践探索。由局部利益的最大化向整体利益最大化发展，由单项管理现代化向综合管理现代化发展，由单元优化向集成优化发展。从 20 世纪中叶至今，经过多年的发展企业管理软件已经形成软件产业，在世界范围内涌现出几百家著名的专门从事企业管理软件开发与经销的公司，形成了百花齐放的局面。

1.2.1 ERP 系统的发展历程

ERP 系统不是概念的炒作和咨询公司的突发奇想，而是信息技术在经济管理上应用的积累。纵观企业管理软件的发展过程，企业管理软件的每一步发展均与社会经济发展阶段以及企业所处竞争环境的变化息息相关。ERP 系统提出前，经历了物料需求计划（Material Requirements Planning，简称 MRP）、闭环 MRP 和制造资源计划（Manufacture Resource Planning，简称 MRP Ⅱ）三个阶段，而且每一个阶段都具有其特殊性和适应性，极大地满足了当时企业提高经济管理水平的需求。

1. 时段式物料需求计划（MRP）阶段

1957 年，美国 27 位生产与库存控制工作者创建了美国生产与库存控制协会（American Production and Inventory Control Society，简称 APICS），旨在研究、交流与宣传生产与库存控制的原理与技术。1960 年前后，由 APICS 的委员会主席约瑟夫·奥立奇（Joseph Orlicky）等人第一次运用 MRP 原理，开发了一套以库存控制为核心的微机软件系统。APICS 的成立与第一套 MRP 软件的面世，标志着现代企业管理软件的发展开始起步。

物料作为制造企业生产和经营管理的主要对象，直接影响到企业的生存与发展。企业的竞争优势在于自己生产的产品成本是否低于自己的竞争对手，降低产品生产成本的有效途径就是进行库存优化管理。因此，人们研究最多的是库存管理的方法和理论。但是，为寻求解决库存优化问题而建立起来的数学模型，没有得到实质性应用。在计算机出现之前，企业根据生产订单发出采购订单和进行催货是当时库存管理工作所要做的，但是确定对物料的真实需求却是靠缺料表，这种表上所列的是马上要用，但却发现没有库存的物料，然后，派人根据缺料表进行催货。订货点法就是在当时的条件下，为改变这种被动的状况而提出的一种按过去的经验预测未来的物料需求方法。这种方法有各种不同的形式，但实际上都是着眼于"库存补充"的原则，即保证在任何时候仓库里都有一定数量的存货，以便需要时随时取用。当时人们希望用这种做法来弥补由于不能确定近期内准确的必要库存储备数量和预测需求量的不足，并要求保留一定的安全库存储备，以便应付需求波动。订货点法的假设条件是：对各种物料的需求是相互独立的；物料需求是连续发生的；提前期是已知的和固定的；库存消耗之后，应被重新填满。由于这些假设条件在现实中很难成立，从而难以解决"何时订货"这一库存管理中的核心问题。

直至 20 世纪 50 年代中期，电子计算机在经济管理上的应用，为企业管理信息处理开辟了新纪元，库存控制理论和生产计划管理定量方法逐步得到实现。时段式 MRP 就是为解决订货点法存在的缺陷而提出的，它首先将物料需求区分为独立需求和非独立需求并分别加以处理，其次在库存状态数据中引入了时间分段的概念。所谓时间分段，就是给库存状态数据加上时间坐标，亦即按具体的日期或计划时区记录和存储状态数据，从而解决了何时订货以及订货数量问题。

MRP 系统最主要的目标是确定每项物料在每个时区的需求量，以便为正确地进行生产库存管理提供必要的信息。MRP 系统假设：物料清单（Bill Of Material，简称 BOM）和库存记录文件的数据完整性是有保证的；所有物料的订货提前期是已知的，至少是可以估算的；所有受其控制的物料都要经过库存登记；在计算物料需求时间时，假定用于构成某个父项的所有子项都必须在下达父项的订货时到齐；每项物料的消耗都是间断的。运行 MRP 系统的前提条件包括：第一，要有一个主生产计划；第二，要求赋予每项物料一个独立的物料代码；第三，要有一个通过物料代码表示的物料清单（BOM）；第四，要有完整的库存记录。在满足这些条件的情况下，MRP 系统输入：主生产计划、来自厂外的零部件订货，独立需求项目的需求量预测，库存记录文件、物料清单。这些输入信息经过系统加工处理后输出：下达计划订单的通知、日程改变通知、撤销订单的通知、物料库存状态分析的备用数据、未来一段时间的计划订单。根据用户的需求，MRP 系统还可以输出如下信息：不一致或超出界限的各种反常信息报告、库存量预报、采购任务单、作业完成情况等。

2. 闭环式物料需求计划（MRP）

运行 MRP 系统的前提条件是要有一个主生产计划，这意味着在已经考虑了生产能力的情况下，有足够的生产设备和人力来保证生产计划的实现。因为，对于工厂有多大生产能力，能生产些什么，MRP 系统就显得无能为力了。其次，建立 MRP 系统还假定物料采购计划是可行的，即认为有足够的供货能力和运输能力来保证完成物料采购计划。而实际上，有些物料可能由于市场紧俏、供货不足或运输工作紧张而无法按时、按量满足物料采购计划，在这种情况下，MRP 系统的输出将无法实现。因此，MRP 系统计算出的物料需求的日期有可能因设备和工时的不足而没有能力生产，或者因原料的不足而无法生产。要解决以上问题，在实际使用 MRP 系统时，往往预先编制一套主生产计划，计算出所需要的生产能力，然后把这个生产能力与实际生产能力进行比较。此外，在实际使用 MRP 系统时，对于物料采购计划不能实现的部分，也得依靠人工进行调整与落实。总之，在 MRP 系统的应用中，需要人工介入较多。而且 MRP 系统也没有涉及车间作业计划及作业分配，这部分工作仍然由人工完成，因此，也就不能保证作业的最佳顺序和设备的有效利用。

为了解决以上问题，MRP 系统在 20 世纪 70 年代发展为闭环 MRP 系统。闭环 MRP 系统除物料需求计划外，还将生产能力需求计划、车间作业计划和采购作业计划也全部纳入MRP，形成一个封闭的系统。其原理是根据长期生产计划制定短期主生产计划，而这个主生产计划必须经过生产能力负荷分析，才能够真正具有可行性。然后再执行物料需求计划、能力需求计划和车间作业计划，并在计划执行过程中，将来自车间、供应商和计划人员的反馈信息，进行计划的平衡调整，从而使生产计划方面的各个子系统得到协调统一。其工作过程是一个"计划——实施——评价——反馈——计划"的封闭循环过程。它能对生产中的人力、机器和材料各项资源进行计划与控制，这一点已大大超越了MRP系统的资源计划范围，从而使生产管理对市场的应变能力大大增强。

在20世纪70年代以前，许多企业也曾谈论物料需求计划，并在计算机上进行了物料清单的分解工作，但始终未能建立闭环MRP系统，主要原因在于：当时对主生产计划尚未充分理解，在生产过程中，虽然对生产能力计划和调度进行过尝试，但由于没有有效的优先级计划作为依据，所以这种尝试也没有效果。此外，当时的计算机性能尚不能使计划总是保持反映最新的需求信息，而人们也未理解如何真正驾驭计划来做到这一点。只有高速度大存储的现代计算机的出现才使闭环MRP成为现实。将物料需求按周分解，甚至按天分解（而不是过去的按月分解）的能力，使得MRP成为一个实际的计划系统和工具，而不仅仅是一个订货系统。所以闭环MRP也是计算机技术向前发展的产物。

3. 制造资源计划（MRPⅡ）

在长期的企业管理实践中，人们认识到一条基本的法则，即低水平的管理常常是五花八门的管理子系统滋生的土壤。这些子系统往往是为了堵塞某一方面的漏洞而建立的，漏洞越多，子系统也越多。事实上，许多子系统所做的事情实质上都是相同的，只不过角度不同而已。由于在建立这些子系统的时候缺乏统一的规划，它们之间联系甚少。因此，子系统越多，矛盾和问题也越多。

闭环MRP系统的出现，使生产活动方面的各种子系统得到了统一。但这还不够，因为在企业的管理中，生产管理只是一个方面，它涉及物流，而与物流密切相关的还有资金流。这在许多企业中是由财会人员另行管理的，这就造成了数据的重复录入与存储，甚至造成数据的不一致性。

在更高的管理层次上也有类似的问题。用于最高层管理的经营规划要回答以下三个问题：我们要销售些什么？我们有些什么？我们必须制造什么？生产规划也是用来回答上述问题的。但问题在于，经营规划与生产规划是分别制订的。在许多企业中，制订生产规划的人甚至不曾意识到经营规划的存在，制订经营规划的人也从不去了解生产规划。而事实上，经营规划就其基本形式来说，如果不考虑研究开发以及其他与生产不直接相关的部分，那么不过是把生产规划的总和用货币来表示而已。

于是人们想到，应该建立一个一体化的管理系统，去掉不必要的重复性工作，减少数据间的不一致性现象和提高工作效率。实现资金流与物流的统一管理，要求把财务子系统与生产子系统结合到一起，形成一个系统整体，这使得闭环 MRP 向 MRP Ⅱ 前进了一大步。

20 世纪 80 年代，人们最终把生产、财务、销售、工程技术、采购等各个子系统集成为一个一体化的系统，并称为制造资源计划（Manufacturing Resource Planning，简称 MRP）系统，为了区别物料需求计划系统（亦缩写为 MRP）而记为 MRP Ⅱ。

1.2.2 ERP 系统的发展趋势

ERP 系统从提出至今仍然存在很大的争议。但其功能不断完善，性能不断提高，应用不断与相关大型信息系统深度融合。ERP 系统仍然处于高速发展阶段。

1. 技术更加领先

面对高速发展的高新技术及其广泛应用，ERP 系统中虽然考虑了企业怎样适应市场需求的变化，以及怎样利用全社会一切市场资源快速高效地满足生产经营的需求，但并未从根本上考虑知识经济时代持续创新以及市场竞争环境的迅速变化对企业生产流程与业务管理流程的动态调整的要求。任何一个企业都能感受到国际化竞争的压力以及随着席卷全球的信息化革命的冲击，日益激化的市场竞争将使企业越来越感到原有的组织结构和环节复杂的业务流程已无法应付面临的挑战。面对市场和经营环境的变化，企业必须要及时进行动态调整和改造。它不仅包括对产品和生产流程的重整，还要涉及与之相关的企业组织结构与业务管理流程。重整过程要以理顺经营过程为中心，以适应客户变动的需求和提高客户满意度为目标。而且这种企业重整的过程并非一劳永逸，企业需要随时根据竞争环境变化与自身在市场竞争中的势态变化，紧跟时代发展步伐，不断进行企业重整以保持自己的市场竞争优势，因此企业重整是一个动态的过程。但是，ERP 系统一般是以一种预先固定好的模式结构提供给用户，企业在建立其管理系统时，一是软件无法灵活地适应个性化的企业管理流程要求，这就不得不要求企业管理流程需按 ERP 系统中的固有模式去运作，否则要经过二次开发才能使用；二是一旦 ERP 系统实施完毕，企业在需要进行管理与业务流程重整时，很难真正达到从组织结构、生产流程、业务流程全面重整的效果，即现有的 ERP 系统结构与功能制约了企业的动态重整过程。因此，ERP 系统的进一步发展需要将管理业务与软件系统相分离，以期实现企业的动态重整过程。一些西方发达国家的理论界正在对 DEM 和 IRP 做进一步的探讨和理论研究。要具体运用这些管理思想，并通过计算机软件系统来实现，以解决实际企业现代化管理问题尚需一段时日。

（1）动态企业建模技术 DEM（Dynamic Enterprise Module）。DEM 的提出就是为了满足企业不断增长的动态重整过程的需求，它具有能够消除 ERP 软件与企业管理"捆绑"的功能（如同开放的计算机软件系统与计算机硬件环境间的分离），可支持企业的管理结构和流程灵活地紧跟瞬变的市场发展及不断改变，有助于动态实现企业重整过程。它必将是下个世纪 ERP 系统改进和进一步发展的一个方向。

然而无论是 ERP 系统还是进一步发展的 DEM 技术，其企业管理思想和模式基本上都是基于一种"面向事务处理"的、按顺序逻辑来处理事件的管理，均不能对无法预料的事件和变化做出快速反应。在今后知识经济时代进一步向前发展的情况下，创新加速与市场需求的瞬息万变。在这种市场环境下，企业只有尽早、尽快地为市场提供受消费者青睐的产品，才能获得良好利润和保持市场竞争优势。因此，企业不仅要根据动态多变的市场去做出正确的判断，然后做出决策，经常地、快速地根据新的决策去改变产品结构、生产计划和生产流程，还要使每一种产品的产出提前期都尽可能短并且可控，这样才既能快速将产品提交到市场上，又能有效地控制生产成本。而现有面向事务管理的软件是无法满足这些需求的。

（2）智能资源计划 IRP（Intelligent Resource Planning）。IRP 是一种具有智能及优化功能的管理思想和模式，它打破了以前所有那些"面向事务处理"的管理模式。它可使管理人员按照设定的目标去寻找一种最佳的方案并迅速执行。这样就可紧紧跟踪、甚至超前于市场的需求变化，快速做出正确的决策、随之改变原有的计划，并以最快的速度执行这些变化。此外，IRP 还将解决以前无法解决的"协同制造"以及"约束资源"等问题。因此，IRP 也必将成为下一世纪企业管理软件发展的另一重要方向。

市场竞争激烈程度，市场竞争范围，以及市场与客户需求变化速度这三个因素的不断变化，推动了企业管理软件从早期的 MRP，经历了闭环 MRP 和 MRP Ⅱ，一直发展到今天的 ERP，并朝着未来的 DEM 和 IRP 方向进一步发展。

2. 性能不断提高

随着多年的实践和发展，ERP 系统已经有了更深刻的内涵。已经成为网络时代现代企业向国际化发展的高级管理模式，呈现出敏捷化、网络化、集成化、柔性化、行业化、小型化和本地化等发展趋势。

（1）敏捷化。21 世纪的世界市场竞争将发展到以客户为中心的敏捷化制造体系间的竞争，这就要求企业具有敏捷性——能够在全球范围内组织生产、快速创新和响应市场，从而赢得市场竞争。可以预见，基于制造业合作的全球化制造体系与敏捷虚拟企业的管理模式将是未来管理模式的核心。敏捷化 ERP 支持敏捷化企业的组织形式——动态联盟，支持敏捷化企业组织结构——以团队为核心的扁平化组织结构，支持敏捷化企业生产方式——并行工程和协同工作。

（2）网络化。网络化 ERP 通过计算机网络将企业、用户、厂商及其他商贸活动涉及的职能机构集成起来，完成信息流、物流和价值流的有效转移与优化。经营网络包括企业内部运营、供应链管理、渠道管理、客户关系管理的网络化。ERP 已从客户机/服务器（C/S）模式向基于 Internet 的浏览器服务器（B/S）模式转变，实现业务应用与技术体系的分离。

（3）集成化。当代企业的生产经营已经从"以产品为中心"的模式转向"以客户为中心"的模式。在此背景下，集成化 ERP 充分利用 Internet 技术及信息集成技术，将供应链管理（SCM）、客户关系管理（CRM）和办公自动化（OA）等功能全面集成化。此外，ERP 系统还与设计、制造、后勤等过程进行集成优化，以支持产品协同商务等企业经营管理模式。

（4）柔性化。柔性化指适应多种生产制造方式的管理模式，支持企业对生产制造管理模式的不断调整，包括对产品和生产流程的重组，以及与之相关的企业组织结构和业务管理流程的重组。值得指出的是，我国正处在经济体制转轨阶段，因此柔性化 ERP 具有重要的现实意义。柔性化 ERP 包括采用开放性体系结构、面向对象的技术、可重用性和互操作技术、友好人机接口技术、企业动态建模和仿真技术等。

（5）行业化。中国企业系统实施成功关键因素的实证研究发现，不同行业具有各自独特的生产和经营模式。因此，为企业提供个性化的解决方案就显得非常重要。行业化的ERP系统已经成为新的发展趋势。除了传统制造业和新兴制造业，面向金融业、通信业、高科技产业、零售业等行业的ERP产品发展迅猛，从而使ERP的应用范围大大扩展。例如SAP公司就推出了多种行业解决方案，除了制造业外，还有金融业、高科技产业、邮电与通信业、能源（电力、石油与天然气、煤炭业等）、公共事业、商业与零售业、外贸行业、新闻出版业、咨询服务业、甚至于医疗保健业和宾馆酒店等行业的解决方案。

（6）小型化。最初的ERP产品主要面向大型企业，尤其是跨国公司。但是，随着大型企业市场的逐渐饱和，ERP厂商开始把竞争的重点转向对中小型企业的争夺上，纷纷推出功能和结构相对简单的小型化ERP系统。例如SAP公司最新推出的适用于小型企业的Business One系统。ERP系统的小型化对中国企业来说尤为重要。一方面，因为在中国真正意义上的大型企业不多，中小型企业才是中国经济的主体，另一方面，小型化降低了ERP的成本和实施难度，有利于ERP的普及和推广。

（7）本地化。不同国家和地区的文化背景、企业管理模式存在着差异性，因此基于通用ERP的本地化开发是必要的。本地化ERP开发商有语言一致性的优势，对本地的文化背景和企业竞争环境理解深刻，与应用企业的沟通与合作比较顺利。这些都是ERP本地化的促进因素。目前，国内的ERP厂商和ERP产品发展迅速，已经改变了过去国外大厂商一统天下的局面。用友、利玛、浪潮国强等国内厂商已经占据了相当大的市场份额。

3. 应用领域不断拓宽

随着大数据技术、人工智能和云计算的广泛应用，不断推动ERP系统应用的深化和拓宽。ERP系统已经不再仅是企业先进管理的工具，而且已经成为实现数据驱动、企业数字孪生和企业经营智能导航的核心动力。

（1）融合大数据技术，提高数据价值。随着ERP系统应用所产生数据的积累，全面地记录了企业的各类运行数据，这些数据随着时间的延伸，数量巨大，被关注度下降，利用价值降低。通过大数据技术，可以将这些分散的低值数据，提炼浓缩，为企业战略规划提供科学依据，为计划制定提供基准参考，为企业所在集团、行业、地方政府等部门提供原始真实的数据，极大地提高了 ERP 系统数据的利用价值。

（2）融合人工智能、提高生产运作智能化。ERP 系统可以将制造企业生产现场的各智能化设备所建立的数据先经过物联网整合，然后利用人工智能加以应用和执行数据，把传统孤立单台智能化设备，通过互联网形成的物联网，以及 ERP 系统的人工智能，不但建立数据还应用数据再加以数据人工智能管理，能达到降低管理成本，彻底解决管理问题，创造新的效率。ERP 人工智能载体就是建立数据，应用数据的中心除了可提供物业管理需求外，还可提供系统外的各种社区端互联网资讯整合服务。

（3）利用云计算，实现云 ERP 系统，降低 ERP 系统运行成本。随着信息技术与信息系统的普及，ERP 系统的应用已经成为现代企业管理的必备工具。通过 ERP 系统不仅精细、有效地管控企业的各种资源，而且可以加大企业间的紧密合作和联盟。但是企业的资金、技术和创新能力都受限，通过云计算技术可以使这些约束不受平台限制，而且可以集成多种应用，提高数据整合实现企业商务信息化。

1.3 ERP 系统应用领域

信息技术已经成为当今社会经济发展的关键技术，也是人类生存所依赖的重要环境，ERP 系统作为信息技术应用的主导产品被广泛应用到各行各业的各类企业管理中，从 ERP 系统的理论可以透析 ERP 系统的应用领域。

1.3.1 ERP 系统在行业上的应用

ERP 系统的应用对象起源于制造企业，其基本目的在于降低生产成本和提高生产效益。从这一目标出发可以清楚地发现，无论什么企业或组织都是以这一目标为最根本的目标。因此，沿着这一思路 ERP 系统被广泛应用到所有不同规模、生产方式、产品、工艺和组织方式的企业，同时从生产制造型企业向服务业（商场、超市、饭店和旅馆等）、金融业（银行、证券等）和对外交易等不同组织形式发展。ERP 系统成为先进的管理工具，如同人们离不开汽车作为代步工具一样。即使不以利益为目标的政府机构和学校等组织同样也在贯彻 ERP 系统的管理思想与管理方式，ERP 系统的广泛应用已经成为软件产业的主导产品，企业管理的先进思想和管理行为规范与标准。我们可以惊奇地发现只要有管理的地方，就可以应用 ERP 系统的思想、理念和观点，甚至可以应用 ERP 系统软件提高管理效率和效益。因此，从 ERP 系统应用对象来分析其应用领域可以分成：

1. 制造业

ERP 系统诞生于工业领域，ERP 的早期形式——Inventory Control（库存控制）就是为适应机械制造业中的一个重要生产形式——离散业而设计的，几十年以来一直是应用的最重要的领域。虽然 ERP 系统发展到今天，已经可以适应任何形式的工业生产方式，但是从适用度来看，还是制造业最能取得成效。特别是机械制造业就是典型的离散型工业，机械制造业涉及的工业领域主要有机械设备、汽车、造船、飞行器、机车……总之，只要是以一个个零部件组装为主要工序的工业领域都是属于机械制造业的范畴。

2. 服务业

虽然 ERP 系统的发展起源于制造业，但是，到 20 世纪 90 年代中后期，现实社会开始发生革命性变化，即从工业经济时代开始步入知识经济时代，企业所处的时代背景与竞争环境发生了很大变化。在 ERP 系统设计中考虑到仅靠自己企业的资源不可能有效地参与市场竞争，还必须把经营过程中的有关各方如供应商、制造工厂、分销网络、客户等纳入一个紧密的供应链中，才能满足企业利用一切市场资源快速高效地进行生产经营的需求，以期进一步提高效率和在市场上获得竞争优势，可以说 ERP 的先进管理思想在制造业管理上发挥得淋漓尽致。同时 ERP 系统中的财务管理、分销管理和人力资源管理等功能，这些先进管理思想应用于非制造业。在当前知识经济时代，服务业是社会经济的主导行业，ERP 系统逐步在服务业的开展应用，特别是在跟踪客户服务和实现在线客户服务（如同国外 Help Desk 类软件系统的功能）方面，通过 ERP 系统实现对客户服务需求的快速响应和高满意度发挥着积极的作用。

3. 金融业

作为金融业的代表，银行在早期金融电子化实施过程中存在着分散投资、分散开发等现象。随着银行经营活动的全球化，人们意识到整体运作对提高银行效益的重要性。许多企业开始实施 ERP 系统，通过 ERP 系统可以以财务为核心、资金管理为重点、人事管理为根本，实现柜台交易软件、财务管理软件、人事管理软件、银行办公软件的统一；使存贷款系统与账务处理系统有机地结合，使账务处理与放贷/还贷、存款/提款、计息/还息（手续费）、不同贷款类型的转换（正常期转逾期、逾期转展期等）、利息转本金、合同的拆分和合并等存贷款业务浑然一体；存贷款的存款、贷款、还息、手续费、合同状态的转换等业务数据直接以凭证形式输入到账务系统中，由账务系统对其进行处理；通过 ERP 系统可以实现银行整体财务信息的共享，使银行能随时掌握自己的资金状况，合理调动资金，让有限的资金得到最大限度的利用，最终起到减轻费用、降低成本的作用。同时，使信息在银行内部高度共享，为领导进行最优决策提供准确、全面、及时的参考依据，从而促进银行管理的规范化和科学化，提高效益，实现银行各类资源的最佳配置。

4. 商业

随着贸易和经济全球化，商业企业管理信息化活动中广泛应用 ERP 系统，使得商业管理活动中的销售活动更为直观，ERP 系统成为企业有力的竞争手段。ERP 的应用领域也从单纯的内部管理延伸到企业外部经营范畴，市场信息搜索、网络采购、客户管理、双向和个性化营销等都对商业企业的管理提出了挑战，通过 ERP 系统提供的历史资料和数据，人们可以消除不必要的工作，更好地进行管理决策、管理客户和加强客户满意度（客户关系管理 CRM）的应用。最近一段时间内，几乎没有什么软件在商业方面应用能比 ERP 系统应用更有如此深远的影响。

1.3.2　ERP 系统对资源的利用

ERP 系统是借助于信息技术进行描述性记录、跟踪性记录和预测性记录企业各种事物形态，通过数据体现企业各种资源（人、资、物和信息等）活动和活动规律。因此，按 ERP 系统处理对象来看其应用领域，ERP 系统被广泛应用到库存管理、人力资源管理、生产管理、质量管理、财务管理和设备管理等经济管理的各个领域，而且已经成为人类生存所依赖的重要环境。随着 ERP 系统功能的不断完善，性能不断提高，其处理对象的范围从企业内部走向企业外部，从产业、行业、区域经济和宏观经济的视角应用 ERP 系统，ERP 系统功能的拓宽和电子商务的融合，使供应链管理和客户关系管理，世界级制造、网络制造和异地制造得到实现。从 ERP 系统处理对象的视角来分析其应用领域还在不断扩大，大致可以归纳成：

1. 物流优化

随着社会分工向着精细化和专业化方向的发展，物流由运输业逐步发展成企业、行业和产业，并且直接影响所有制造业的快速发展和国民经济新的增长率。物流信息化已经成为当今物流业生存与发展的关键，同时物流管理信息化也是 ERP 系统应用的起源。物流企业在建造好设施管理基础上，重点增强 ERP 系统的功能，尽量改造和利用内部的资源，如：企业建造仓储、运输系统，以期减少与国外的企业的差距。通过 ERP 系统使物流控制跟上时代、世界先进技术的步伐，发展世界标准、共享的现代化物流。实现物流反应快速化、管理信息化、功能集成化、服务系列化、作业规范化、目标系统化、手段现代和组织网络化。满足现代生产与流通的需要。

2. 资金流整合

由 ERP 的构成可知其结构具有财务核算和管理、进销存、生产管理和人事管理。资金流的记录、计划、核算、反馈和控制是 ERP 系统区别于早期 MRP 的主要特征之一。从理论上来说，以资金流为主导的财务管理是 ERP 系统的其中一部分，而且在软件设计时也是独立列出的。对于任何模块的数据从预测到统计都是要经过财务这一关，因此财务管理在整个 ERP 系统中起着统帅和灵魂的作用。ERP 系统中的会计核算主要是记录、核算、反映和分析资金在企业经济活动中的变动过程及其结果。它有总账、应收账、应付账、现金、固定资产、多币别等部分构成。因此，从物理层面看，ERP 的会计核算模块，涉及总账模块、应收账模块、应付账模块、现金管理模块、固定资产核算模块、多币制模块和工资核算模块。以现金管理模块为例，它主要是对现金流入、流出的控制以及零用现金和银行存款的核算。它包括对硬币、纸币、支票、汇票、和银行存款的管理。在 ERP 系统中，一般都具有票据维护、票据打印、付款维护、银行清单打印、付款查询、银行查询和支票查询等和现金有关的功能。此外，它还和应收账、应付账、总账模块集成，自动产生凭证，过入总账。形成资金流管理的全过程。

3. 人力资源配置

人力资源管理（Human Resource Management，简称 HRM）是现代企业资源决策和提高核心竞争力的重要手段。全球化的发展，使人才的争夺和开发成为企业竞争最关键的制胜因素。在市场经济的大环境下，越来越多的人士逐渐认识到用计算机技术进行各类管理的便捷。在 ERP 系统发展过程中，早期的闭环 MRP 和 MRP Ⅱ 把人力资源作为生产能力统一计划，是生产要素的一个重要组成部分，按生产运行方式折算成工时。ERP 系统的功能则把人力资源进行系统的集成一体化管理。员工档案管理、绩效管理和人员规划三个主要的功能模块作为 ERP 系统人力资源计划子系统重要组成部分。ERP 系统能实现对员工档案、员工合同和常见的人事变动的有效管理，能方便地对员工进行绩效考核和奖惩作业，能对企业的人员进行统计和需求预测，能有效地进行员工招聘和培训管理。ERP 系统的人力资源管理功能扩展不仅增加了 ERP 系统应用领域，同时也极大地提高了人力资源管理的水平。

4. 信息资源利用

信息作为现代企业的重要资源，已经成为企业生存与发展的基石。ERP 系统是依信息流控制企业其他资源的各种流程。ERP 系统是以信息流的描述、重现、综合、提炼、归纳等处理手段达到其他资源的合理、优化、控制与配置。

1.3.3 ERP 系统的管理手段

ERP 系统通过计划手段实现提高管理水平，降低成本，提高效益。因此计划是 ERP 系统的核心，基础数据是 ERP 系统生存的环境，计划的执行是 ERP 系统产生效益的起点。没有计划、盲目的活动谈不上管理，有计划不执行同样是无效的。ERP 系统对企业各种资源是通过有效的计划达到其目标的。ERP 系统计划的方式、计划细度和计划对象随着 ERP 系统应用的深入不断完善。

在计划方式上不仅建立完整的历史记录数据库，及时提取现场运行状况数据，全面分析环境数据变化，而且引用简洁、有效和科学的计划方式，并能针对企业进行计划方式自适应选择、引用数据挖掘和在线数据分析先进工具提高计划可执行性。

在计划细度上，随着 ERP 系统在企业实施的成熟度，企业内部管理水平的提高逐步精细化。主生产计划、物料需求计划、能力需求计划、资金需求计划和人力资源需求计划等按层次由粗及细。主生产计划可以细化到月、周、日和小时不同层次。

在计划对象上不仅要开展生产物料的需求计划、生产能力需求计划、销售计划和采购计划等等，而且要进一步细分到现金需求计划、能耗需求计划和设备维护计划等企业所涉及种类资源与生产支持环境。

1.4 ERP系统应用常见问题及其解决方案

ERP系统的诞生不仅是一个软件产品，而且是一种管理规范、管理理念和管理方式，也是信息社会给企业加剧竞争的增加剂，使企业的成长与消亡加速。因此，引起全世界的广泛关注。ERP在我国企业的应用呈现快速发展的势头，但是总体来看，企业实施产生的效益与人们的预期存在着巨大的差距，目前仍然存在许多问题。

1.4.1 ERP系统应用存在的常见问题

我国ERP实施成功率不高是一个普遍存在的问题。为此，对这个问题展开的分析研究很多，得出的结论也很多，如高层领导的支持与重视、强有力的实施队伍、企业文化建设、业务流程变革（BPR）、管理方式和管理基础等因素，可以归纳为如下几方面。

1. 人才不足，难以进行整体规划

企业ERP系统实施过程主要可分为三个阶段，首先是整体规划，其次是系统设计及软件、硬件的购置，最后导入推动。每个阶段都要有计算机方面的专职人员来配合，但一般企业的信息技术人才有限，往往是一个人身兼数职，或因企业的规模架构，人员精简，因此经常忽略了第一阶段的整体规划，甚至企业的需求分析，从而难于做到信息资源的合理分配和使用，使投入与效益不能同步增长，边际效益下降。甚至有的也省去了最后阶段的导入推动，使有限的信息技术设备闲置，造成严重浪费。企业技术能力的培养需要一个过程，因此企业在ERP实施过程中普遍感到技术能力不足。

2. 企业管理基础薄弱

ERP系统是制造技术、先进管理思想和与信息技术手段相结合的产物，是以促进企业管理水平和管理效率为最终目的的软件系统，其实施的成功必然要建立在一定的管理基础之上。国内企业的管理基础与国外企业有很大不同，只有符合国情的系统，才可能达到实施目的。但目前我国企业管理水平偏低，劳动生产率低下，管理制度和工作流程混乱，管理方法和技术陈旧，致使重要信息输入、处理、输出、反馈不及时,信息资源不系统、不完整,缺乏连续性和正确性,大部分企业不具备直接实施系统的条件。据统计,由于企业管理基础工作较为薄弱,国内企业不能按时获取准确的数据或难以获取数据,而导致系统运行效果差或无法运行。因此,如果不考虑企业现实,在管理基础不满足实施要求的情况下,盲目地信息化,只能导致实施过程困难重重,并最终导致实施效果不佳甚至失败。

3. ERP 系统实施周期过长、实施过程常发生滞后现象

软件的应用成功与否很大程度上取决于与企业业务流程的匹配性。在我国,与其说企业信息化是要进行业务流程再造,不如说要进行业务流程优化。ERP 实施周期过长,当 ERP 系统实施完成后企业的组织形式和管理流程已发生了改变,不得不对系统进行重新调整和改进。此外周期长导致成本升高,企业因投资回报慢而失去信心。ERP 系统实施周期长的原因如下:第一,ERP 系统实施是一个综合性的项目,不仅涉及许多业务过程以及组织结构的调整和优化,而且涉及企业各级各类人员、信息化实施人员等众多利益相关者及其利益的协调,但是很多企业对 ERP 系统实施过程中可能存在的困难考虑不足,准备不到位,从而导致实施过程的问题没有得到及时解决,延误了进度,甚至导致整个项目的停滞。其次,ERP 系统实施技术落后,ERP 系统实施既是管理项目,又是软件项目,任何一个软件项目的实施都是在一定方法的指导下进行的。由于种种因素的限制,软件项目实施的过程中使用的不一定是合适的开发模式。在实施的过程中很多企业还是使用传统的模型指导,这种模型本身存在的缺陷将导致问题不能及时地发现,在项目实施的晚期集中爆发出来,这对有着严格的进度要求的项目的实施来说是个致命的打击。再次,进度控制执行不力。很多的实施企业制定了详细的计划,也有成本预算,但是在具体的实施过程中并不能严格按照指定的计划进行相应的项目实施控制,导致虽然有计划但没有很好实施的后果,造成了进度落后于计划。

4. ERP 系统实施过程缺乏规范性

在 ERP 系统实施过程中,缺乏规范化和标准化的实施步骤和实施方法,比如在软件选型方面,往往是企业领导拍脑袋决定的,而不是按相关标准流程进行的。总之,ERP 系统实施不仅过程混乱,而且最终实施结果很难保证系统在企业管理环境中发挥真正的作用,同时还造成工期的延误和经费的超支。当前

主要存在的非规范化实施的问题有，实施过程不规范、实施企业自身能力不足、内部缺乏实施的有力支撑环境和能力、系统集成商缺乏规范化、标准化的实施流程和方法手段、对集成商缺乏监督和制约、缺乏实施过程主要环节的评估和评价方法、难以对实施评价提供准确的度量。

5. 市场环境不完善，缺乏保障体系

由于我国市场环境和信息化法规法律还不完善，存在着各种不确定性，所以最先利用信息技术的企业所付出的代价也比较大。不少企业领导和信息化负责人面对眼花缭乱的计算机软硬件市场和众多的信息系统开发失败的现象，困惑重重、举棋不定。信息化的建设涉及管理模式和业务流程改造，花费的代价和承担的风险都很大。在承担风险方面，中小型企业承受能力不及大企业，因此，在决定部署新技术时，很多企业试图减少投资来把风险降到最低限度，在引进新技术时表现出了一种固有的保守性。

6. 缺乏资金，建设成本高

企业因其资本不够雄厚，长期以来未受到厂商的重视，造成企业产品少、投入高的问题。实施一方面需要计算机等硬件的投入，包括计算机、传输设备、网络设备、检索设备等，另一方面就是涉及其软件平台的购买或开发。这些需要大量资金的投入。企业普遍存在缺乏资金的问题，运作资本通常只能支付一般生产中的技术活动，他们可能更关心的是如何把有限的资金用在生产上，而用于企业信息化、教育培训和技术变化中的其他需求就不够了。随着全球企业信息化水平的提高，技术需求变得日益复杂，资金上的缺口也越来越大。而且，目前我国企业的信贷担保机制还不完善，存在着贷富不贷贫的现象，越是需要资金的企业贷款的难度越大，即"企业贷款难、银行放款难"。

7. 不够重视评估工作

由于人才的缺乏，信息化知识的不足，"重建设、轻评估"是很多企业实施系统所忽视的问题，然而科学有效的应用评估将是连接项目验收和新一轮信息化实施的桥梁，其作用举足轻重。实施评估主要包括系统应用状况评估、实施效益评估和实施经验教训总结。系统应用状况评估是从技术层面上就应用情况进行评估，效益评估是从经济角度对实施效果进行评估，主要分为显形效益评估和隐形效益评估两方面。实施经验教训总结是要站在管理的角度对实施过程进行归纳总结，为今后实施新的项目做好铺垫，可分为标杆对比评估及经验教训总结两方面。总之，实施评估在建设过程中起到承上启下的作用。通过评估，可以从整体上把握应用水平，确定哪些方面需要改进，需要进一步实施哪些子系统，哪些子系统需要集成，以确保现有系统投资的有效性，明确下一阶段实施目标，为企业新一轮的规划及实施工作打好基础。

8. 认识不足，理念更新慢

企业管理者更倾向于实物系统，而不愿投资无形的管理系统。人们大都偏向于看得见摸得着的东西，认为更加放心，对于 ERP 这类无形的管理系统有不信任的感觉。当实施 ERP 系统与实际利益相冲突时，企业管理者更偏向于眼前的利益。因为 ERP 系统并不是简单的应用软件，它需要一段时间修改、适应，才能更好地融入企业日常运作当中。这段时间对每个企业来说是不同的，有的需要两至三个月，有的则需要半年甚至更长，而企业管理者更在意这段时间当中企业损失的利益。所以，ERP 系统的实施便被搁置了。另外在国有制企业中，ERP 系统的应用势必导致多余岗位的撤销，由此便会产生一定的裁员，对于人员的安抚工作加大了 ERP 系统运行难度。同时，在已经应用了 ERP 系统的企业中仍然存在一些问题导致其不能很好地运行。工作方式的转变和员工自身的专业素质水平导致对 ERP 系统的有不适应性。

1.4.2 ERP 系统应用问题解决思路

面临全球一体化的竞争与发展，中国企业发展的瓶颈在于管理，而管理水平的提高需要企业构建新的管理模式、重组业务流程和应用现代信息技术管理手段。ERP 系统在中国企业的应用打开了高速提升企业管理水平的新局面。ERP 系统作为一种先进的管理方式和管理工具，其理念已经被广泛地接受。但是，在实施和应用过程中应该做好如下几方面的工作。

1. 领导重视，是 ERP 系统实施和应用成功的保障

尤其是企业高层领导的全力支持，对成功实施 ERP 系统起到了决定性作用，只有高层领导重视才能使 ERP 系统实施获得成功。这是因为领导者决定企业的经营目标、组织控制权和人员调拨权等。实施 ERP 系统是通过优化企业资源，实现企业经营目标。因此，作为企业经营目标的决策者当然应该对此给予足够的重视。企业最高决策层的全力支持，并不是简单地提供筹划资金，组织信息化队伍，而是要亲自参与信息化建设，指挥 ERP 系统的实施，成为 ERP 系

统的用户,也就是说,高层领导要了解 ERP 系统的功能和作用,学会 ERP 系统为高层领导提供信息的操作。这也会激发职工对新的管理思想与方法的学习热情,对改革有信心,而这些都是成功实施与应用 ERP 系统的关键的基本条件。

2. 建立以企业发展战略为目标的 ERP 发展战略

ERP 对于企业而言,最重要定位不是追求时髦和面子需要,不是为了信息化实施系统,而是为企业管理提供一种先进的管理手段和管理工具。企业必须明确信息化给企业带来的变革,明确企业所要追求,必须与企业的发展战略与经营目标结合起来,选择合适的企业解决方案,使得 ERP 系统真正成为帮助企业在激烈的国际竞争中立于不败之地的有力武器。要从企业发展战略高度来研究和审视信息化系统的作用、推广应用信息化系统的目的和意义,进而科学地做出是否应用 ERP 系统的决策,这是企业应用好 ERP 系统的首要任务。切不可为了面子而盲目跟风行动。

3. 建立有经验、强有力的实施与应用团队

建立强有力的实施与应用队伍是 ERP 系统实施成功的重要因素之一,在实施企业 ERP 系统时必须建立项目实施小组,在小组成员中应该有企业的高层领导、管理咨询专家、计算机软件人员和相关管理部门的业务骨干。ERP 项目是一个系统复杂、实施难度大、应用周期长等特点的企业管理系统工程,没有一支强有力的实施队伍和严密的保障措施很难实现企业的 ERP。尤其是 ERP 系统的应用队伍的培植,是一项艰巨而又十分重要的工作。在 ERP 系统实施过程中往往十分重视组织实施队伍,不仅企业立项,各层管理主领导参与负责,而且 ERP 系统的经销商、软件开发商和技术监理公司共同关注项目进展。但是,实施结束后需要完全依靠企业支撑 ERP 系统的运行。一旦出现问题要,需要及时解决。如果没有应用 ERP 系统健全的队伍,对 ERP 系统造成的后果会更深更远。

4. 建立明智而灵活运用的实施方案

ERP 系统供应商往往把 ERP 系统包装成一个被当成管理上的灵丹妙药来卖。事实上,ERP 系统只是一种管理工具,需要依靠管理者科学运用,任何一种管理措施都有其不完善一面。所以,要对 ERP 系统以恰当的期盼。企业在发展,信息化应用的内涵和方向也在变化,保持与 ERP 系统产品技术服务供应商的互相交流,包括与熟悉本行业或相关行业的技术专家的互相交流,应贯穿信

息化实施过程的始终，这样才能及时地调整策略和部署，提高 ERP 项目的成功率。另外，还要树立坚持意识、改进意识，这也是十分重要的。ERP 在传统企业中毕竟是一个新鲜而又陌生的概念，原有的企业业务流程和业务习惯由计算机技术进行整合后，传统观念很难立即认同，矛盾和冲突不可避免。观念的碰撞，是一种柔性碰撞。碰撞之后，是艰难的磨合。新旧观念之间的缝隙，必将在磨合中发展和完善。这是需要一个过程的。锲而不舍、坚定不移、勇往直前，做到先固化，后再优化才是正确选择的道路。并在坚持的基础上，不断改进，要学会按照企业的发展阶段逐步更新与发展。

5. 建立与 ERP 管理思想一致的企业文化，改革旧的企业组织结构与管理模式

ERP 有美国的企业文化背景，中国企业实施 ERP 自然会产生两种文化的冲突与摩擦。在引入 ERP 美国式的企业文化时还要注意吸取中华民族自身的优秀文化，在兼收并蓄的基础上进行融合，最终形成中国特色的企业文化。同时，重视人力、技术、管理的集成，深刻领会企业信息化过程中人、技术、管理的协调关系。正确处理好人、技术、管理三者的协调关系，那么成功的可能性就会大大增强，企业驾驭信息技术的信心也将更足。针对企业的信息基础，企业应该进行各种层次的 ERP 培训，使企业的每个职工对 ERP 都有不同程度的认识和理解，从而形成较浓厚 ERP 企业文化的群众基础。企业要按照 ERP 的现代管理思想调整企业结构、改革生产经营管理模式和更新企业文化，应当充分认识改革企业管理模式的重要性与艰巨性。企业领导要重视和支持，认真分析企业的现状及存在的问题，对症下药，加强人员培训，深入宣传 ERP 管理模式，使 ERP 管理思想能为企业人员所接受，通过建立职责和考核制度，将引导与强制相结合，使企业各层管理与业务部门人员积极参与 ERP 实施工作。

6. 处理好企业现有流程与 ERP 流程的冲突

ERP 能以最快的速度提供产品、物资或劳务，满足了企业或顾客的需要，扮演了"交易中枢"或是"信息骨干"的重大角色。ERP 软件的业务流程是根据物流、资金流、信息流等流程来设计的，它取代了旧的信息采集、汇总、统计与传递等工作。旧的业务流程是按部门分工（职能）来设计的，且长期以来已习惯于按专业职能处理信息，因此这两者之间出现了一道鸿沟。只有处理好企业现有流程与 ERP 流程的冲突，才能使得信息化的速度提高。

1.4.3 ERP系统主要供应商及其典型产品

ERP系统提供商有成千上万家,市场竞争十分激烈。通观ERP系统软件供应商的战略与财务、人力资源、研发创新能力、产品咨询服务、软件开发过程、市场营销能力这六个方面,对中国ERP市场主要供应商与产品进行综合排名,可以综观ERP系统软件行业的基本情况。这种排名虽然每年都变化,但是SAP公司、Oracle公司、用友公司和金蝶公司排名都很靠前。据百度网站提供的资料,2019年ERP系统十大品牌排名榜结果如表1-1所示。

表1-1 ERP系统软件供应商与产品(数据来源:2019年百度网站)

排行	公司品牌	产品
1	SAP	SAP云
2	Oracle	Oracle ERP
3	浪潮	浪潮GS
4	用友	U8+
5	智邦国际	智邦国际ERP系统
6	INFOR	INFOR ERP LN
7	Sage	Sage ERP X3
8	金蝶	金蝶EAS
9	Microsoft	Microsoft Dynamics 365
10	QAD	QAD adaptive ERP

这使读者对中国ERP市场有一个总体了解,在此仅介绍排名和著名度相对稳定的SAP公司、Oracle公司、用友软件和金蝶软件公司。

1. SAP公司

SAP成立于1972年,总部位于德国沃尔多夫市,是全球最大的企业管理和协同化电子商务解决方案供应商、全球第三大独立软件供应商。SAP公司提供ERP系统在中国市场是绝对领导者,SAP中国为多家各行业各规模的企业提供管理方案和专业服务。1996年初,SAP中国推出了第一个中国本地化的SAP R/3系统。SAP R/3系统是ERP领域的最佳解决方案,它包括财务会计、管理会计、生产计划和控制、项目管理、物料管理、质量管理、工厂维护、销售和分销、服务管理、人力资源管理等模块，具备全面、集成、灵活、开放的特点。经过本地化处理的 R/3 系统包含符合中国财政部门要求的账务系统和报表系统，符合税务管理要求的增值税系统以及完全中国化的人力资源系统等。1999 年 SAP 公司推出的 mySAP.com 协同电子商务解决方案，2002 年，SAP 正式推出适用于全球中小型应用市场的管理方案。2010 年 SAP 宣布将以 58 亿美元现金收购商业软件开发商 Sybase。2010 年 SAP 在北京宣布，SAP 已完成对全球最大的独立软件厂商之一的 Sybase 公司的收购，并同时宣布了完成收购后的首期发展时间表。

SAP 为 21 个行业提供融合了各行业"最佳业务实践"的行业解决方案，这些行业包括航空与国防、汽车、金融服务、化工、消费品、工程与建筑、医疗卫生、高等教育、高科技、保险、媒体、石油与天然气、煤矿、医药、公用事业、零售业、电信、电力、钢铁冶金、交通运输及公共设施等。SAP 在每个行业都有行业解决方案图，充分展示各行业特殊业务处理要求，并将其绘制入 SAP 解决方案和合作伙伴补充方案中，完成包括基于网络的端到端的业务流程。

SAP 的核心业务是销售其研发的商业软件解决方案及其服务的用户许可证。SAP 解决方案包括标准商业软件及技术以及行业特定应用，主要用途是帮助企业建立或改进其业务流程，使之更为高效灵活，并不断为该企业产生新的价值。另外，SAP 还提供与其软件相关的咨询、维护和培训服务。SAP 历来坚持与客户及独立业务合作伙伴建立紧密合作，共同进行软件开发。SAP 是一家上市公司，其股票在包括法兰克福证券交易所、纽约证券交易所等全球多家证交所挂牌上市。

2. Oracle

甲骨文有限公司成立于 1977 年，是全球最全面、开放和集成的商业软件的数据库软件公司，总部位于美国加州的红木滩。甲骨文公司在多个产品领域和行业领域占据全球第一的位置，其中包括：数据库、数据仓库、基于 Linux 系统的数据库、增长最快的中间件、商业分析软件、商业分析工具、供应链管理、人力资源管理、客户关系管理、应用平台套件、零售行业、金融服务行业、通信行业、公共事业行业和专业服务行业。

甲骨文于 1989 年进入中国。中国已经成为甲骨文全球增长最快和最重要的市场之一。在中国，甲骨文有 14 个分公司，在深圳、北京、上海和苏州设有 4 个研发中心，在深圳、北京和成都设有 3 个甲骨文合作伙伴解决方案中心，在大连设有 1 个全球支持服务中心，在成都设有 1 个甲骨文中国咨询服务中心。

通过对 SUN 公司的收购，甲骨文公司整合了两家公司技术上的精华，推出全球首款集成式中间件云服务器——Oracle Exalogic Elastic Cloud。Oracle Exalogic Elastic Cloud 是一种硬件和软件集成式系统，是甲骨文为以极高性能运行 Java 和非 Java 应用而设计的，并为运行 Java 和非 Java 应用进行了测试和调整。该系统提供全面的云应用基础设施，合并了类型最为丰富的 Java 和非 Java 应用及工作量，并能满足最苛刻的服务级别要求。Oracle Exalogic Elastic Cloud 为大型、关键任务部署而设计，为企业级多重租用或云应用奠定了基础。该系统能以不同的安全性、可靠性支持上千个应用，从而成为在全企业范围内进行数据中心合并的理性平台。

在应用软件方面，推出新一代企业应用软件 Oracle 融合应用软件（Oracle Fusion Applications）。通过为应用的架构、设计和部署建立标准，客户可将 Oracle 融合应用软件的组件与已有应用一起使用，由此提高应用环境的价值。Oracle 融合应用软件作为一个全面的模块化应用套件提供，与已有 Oracle 应用软件并存。客户可以选择采用一个模块、一个产品系列或整个套件，从而利用甲骨文率先提供的这种演进方式，根据企业对性能要求的不断提高，逐步丰富应用环境。

在服务器方面，推出行业内首个 16 核服务器处理器和新的 SPARC T3 系统。该系统涵盖的范围从单一的插槽 16 核刀片服务器到 4 插座 64 核的具有 5 机架单元中 512 个线程的服务器，并通过内置的安全性和虚拟化功能提供了极好的扩展性和性能。运行 Oracle Solaris 和 Oracle VM for SPARC 的 SPARC T3 系统，可紧密地和 Oracle 数据库、Oracle 融合中间件和 Oracle 应用软件集成在一起，为客户运行关键任务应用软件提供了高优化的系统性能、高效率和扩展性。

3. 用友软件公司

用友软件股份有限公司（简称"用友公司"）成立于 1988 年，一直专注于自有知识产权的企业应用软件产品（ERP、SCM、CRM、HR、EAM、行业管理软件）和电子政务管理软件产品的研发、销售和服务。2001 年 5 月，用友公司股票在上海证券交易所挂牌上市（股票简称：用友软件；股票代码：

600588）。2002 年"用友"商标被认定为"中国驰名商标"。2002 年被中国权威的 IT 市场研究机构 CCID 评为"年度成功企业"。

用友公司是中国最大的管理软件 ERP 供应商。用友公司依靠领先的技术、丰富的产品线、强大的咨询实施队伍和优秀的本地化服务，使管理软件销售额稳居中国市场首位，在制造业、流通业、服务业、金融业、政府机构，用友软件都得到了广泛的应用，成为推动中国企业管理信息化和政府信息化的主流应用软件。根据中国权威的 IT 市场研究机构 CCID 的调查：2002 年，用友 ERP 一举打破国际厂商垄断地位，成为中国 ERP 市场的龙头老大。此举改写了中国 ERP 市场版图，使该市场成为一个以本土厂商为主的国际化竞争市场；同时，用友继续蝉联中国管理软件市场占有率第一、中国财务软件市场占有率第一的桂冠；2002 年用友 ERP 软件的销售已经占销售总额的 60% 以上，软件服务已占总营业额的 15%。

用友公司是中国最大的财务软件供应商。用友公司在财务软件市场占有率一直稳居中国市场首位，是中国财务软件市场最具实力的龙头企业，市场占有率近 40%，在各行各业得到了广泛深入的应用，成为推动中国财务管理信息化的主流应用软件和实际应用标准，为中国的会计电算化提供了强有力的信息化工具。用友公司从 1988 年率先推出商品化的财务软件以来，紧跟技术潮流和中国财务管理信息化的需求，先后以网络版、新会计制度版、全面核算型以及管理型等财务软件，形成了数十万的用户规模并得到用户广泛好评。目前，用友公司正与中国工商银行总行等多家银行共同实现用友软件与电子银行系统的连接，使用友软件与银行电子银行系统能够安全地交换有关数据，通过用友软件向客户提供电子银行服务。

4. 金蝶软件公司

金蝶软件（中国）有限公司于 1993 年，由金蝶创始人徐少春先生与招商局蛇口社会保险公司和美籍华人赵西燕共同投资成立，是从事企业管理及电子商务应用解决方案的供应商。本公司目前拥有 46 家以营销、服务为主的分支机构和 600 多家代理商，分为华东、华南、西南、深圳、东北、西北、华北七大区域，营销服务支持网络遍及包括香港、澳门在内的 221 个城市和地区，目前有员工 2 300 多人（其中技术人员占 70%），用户量达到 10 多万。

金蝶公司是中国第一个 Windows 版财务软件，第一个纯 JAVA 中间件产品，第一个支持 WAP 的决策信息系统（EIS），第一个基于三层结构的 ERP 系统金蝶 K/3，第一个互联网基础平台金蝶 BOS 的缔造者。2003 年 3 月，金蝶正式对外发布了第三代产品——金蝶 EAS（Kingdee Enterprise Application Suites），金蝶 EAS 构建于金蝶自主研发的商业操作系统金蝶 BOS 之上，面向大中型企业，体现了最新的 ERP Ⅱ 管理思想，采取一体化设计，超过 50 个应用模块高度集成，不仅包含了 ERP 中的所有内容，更在横向和纵向上进行了更大的丰富，涉足企业内部资源管理、横向的供应链管理、客户资源管理、知识管理、商业智能等，并能实现企业间的协作和电子商务的应用集成，是本集团"产品领先，伙伴至上"战略的核心。

随着中国正式加入世界贸易组织，企业对信息化的需求日益殷切，企业应用软件及系统软件的市场不断扩展。由于固有客户软件升级，加之先进资讯科技的推动，特别是网络技术的发展，为金蝶在其他方面确定领导地位创造了机遇。金蝶国际力臻完美，将继续完善旗下的企业应用套件产品。

本章小结

本章系统地介绍了企业信息化工程、制造业信息化工程、企业管理信息化的内涵、作用和特征，以及它们之间的内在关联。阐述了 ERP 系统的发展历程和发展趋势，分别从 ERP 系统的应用对象、应用领域和运用工具等视角透析 ERP 系统的本质，并且综述了国内外著名 ERP 系统提供商的概况和特色，归纳提炼了国内企业应用 ERP 系统存在的主要问题和产生问题的原因，从总体上概述了 ERP 系统的应用现状，为读者提供了对 ERP 系统的总体认知内容。

习　题

一、简答题

1. ERP 系统有何特点？
2. ERP 系统的发展经历了哪几个阶段？各有何特点？
3. ERP 系统主要有哪些应用领域？
4. ERP 系统应用中主要存在什么问题？

5. 解决 ERP 系统应用中的问题有何思路？

二、论述题

1. 请查阅相关资料，分析 ERP 系统在其应用过程中存在的主要问题与相应的解决方案。

2. 请查阅相关资料，论述 ERP 系统发展新趋势。

第 2 章　ERP 系统基础

ERP 系统不仅是一种管理理念，更是一个实实在在的现代化管理工具。ERP 系统的出现是现代化生产管理发展的必然，体现着现代管理的先进理论与方法，将涉及管理、信息、制造、技术等多方面的基础知识。

2.1　ERP 系统生产管理基础

随着人类社会的进步，科学技术的发展和专业化的分工，生产的概念和生产方式发生了巨大的变革。从传统的物质制造拓宽到精神文化创造，从传统的制造业拓宽到贸易、金融、旅游、商业等，各行各业都体现着现代生产的理念和生产方式。生产管理是企业提高生产效率与效益最复杂与直接的主要业务，也是最能体现 ERP 系统应用能力的重要方面。企业实施 ERP 系统都是以生产管理为主线，连接企业各职能部门和各项业务流程。生产管理理论与方法是 ERP 系统原理与实施的基础。

2.1.1　生产管理范畴

随着社会发展，人类分工细化，生产的内涵不断拓宽。生产不再局限于物质加工生产，而是将精神文化创作、金融、商贸、旅游等所有增值性劳动都作为生产。生产管理的内涵也不断丰富，它不仅涉及生产计划的制定、原料比例的分配、原料消耗统计、各种项目产量统计、各种产品产量统计、辅料统计，还涉及设备的运行记录、生产人员的管理、企业的生产效率和能力等。

现代生产管理要求企业的生产目标、生产组织结构、生产方式和方法必须适应生产的环境和市场需求的变化。在当今以多样化为特征的市场需求条件下，生产组织方式和方法显得更为重要，并日益复杂化。在激烈的国内国际市场竞争的环境中，对于生产组织和管理是完善和改进企业管理的重要课题之一。

ERP 系统起源于制造业生产管理应用，是生产管理现代化重要途径。随着生产内涵和生产管理理念的变化，ERP 系统应用范畴也在不断扩大，ERP 系统已经不再像 MRP II 一样局限于制造企业，而是应用到各行各业的所有企业。

2.1.2 生产管理方式

1. 制造企业的生产类型与计划方式

制造企业的生产类型可以从生产过程和生产批量的大小两方面分类。按生产过程的方式可分成流程型和离散型两类，按生产批量的大小可分成单件批量、多品种小批量，少品种大批量和大批量定制方式。

（1）流程式生产类型是指物料在生产过程连续不断均衡流动。制造的产品无法随意改变，从生产批量上看往往是少品种大批量生产方式。如化工、制药、发电等生产过程。在这种生产方式下固定生产工艺、生产设备和生产产品，其管理关键是确保生产现场设备正常运行、生产产品的品质和供需连续均衡。原料成分、生产过程的时间温度、压力、流量可控性是直接影响产品品质的重要因素。流程型生产方式有以下明显特点：

① 工艺过程是连续进行的，不能中断；

② 工艺过程的加工顺序是固定不变的，生产设施按照工艺流程布置；

③ 劳动对象按照固定的工艺流程连续不断地通过一系列的设备和装备被加工处理成产品。

（2）离散型生产方式也称为车间作业型生产方式，生产物料分散在车间的各工位上，对原材料经过加工形成所需的零件和部件后，最终装配成产品。生产物料在生产过程中的流动可以从原料到产品正向串、并行和逆向。按生产批量可能是单件生产，如建筑、电厂、水电站等，无一完全相同，也可能是小批量多品种，大批量少品种等。目前制造企业面对市场实际需求更多趋向大批量定制生产类型。这种生产类型物流过程控制十分复杂，生产资料需求链动态变化。ERP 系统的应用起源于离散型生产类型。以控制物流的主导，逐步向资金流、事务流、工作流和信息流集成。

离散型生产类型中的一种特殊类型是重复生产类型。这是特指在某一生产线上单品种大批量，或在生产过程中获得与前期完全相同的生产产品和生产工艺。判别是不是重复生产类型的方法有多种。

① 如果生产产品是单品种大批量，则肯定是重复生产方式。

② 如果生产产品是少品种中批量，则某一订单的客户需求与前某一订单客户需求中对产品功能与性能完全相同（即物料清单相同）和生产工艺（即工艺路线相同），则完成这类订单属于重复生产类型。

流程型生产的地理位置集中，生产过程自动化程度高，只要设备体系运行正常，工艺参数得到控制，就可以生产正常的合格产品。生产过程中的协作与协调少，因此生产管理相对简单一些，但对于设备和控制系统的可靠性要求高。然而由于离散型生产的地理位置分散，零件加工和产品装配可以在不同的地区，甚至在不同的国家进行。由于零件繁多，加工工艺多样化，又涉及多种多样的加工单位、工人和设备，导致生产过程协作关系十分复杂，计划、组织、协调与控制任务十分繁重，造成生产管理十分复杂，因此，加工装配型企业是生产管理研究的重点。

（3）重复生产类型。这种生产对象以离散生产类型管理，然而，生产过程类同于流程式生产过程。因此，ERP系统在重复生产类型中应用是相对简单，容易实施，而且产生的效益更明显。

2. 生产计划方式与生产类型关系

产品从设计到报废的整个过程称为产品的生命周期，产品在制造企业，销售之前称为产品的前半个生命周期，产品到达用户起直到损坏或报废为止称为产品后半个生命周期。产品生命周期的前半部分可分成设计、采购与加工、装配和产成品库存后销售四个阶段。随着生产规模的扩大，生产分工的细化，大部分企业并不承担产品前半个生命周期各阶段的全部工作。产品设计由各类设计院完成，企业可以直接购买成熟的产品设计资料。产品的零部件由专业生产公司制造，如汽车的轮胎、发动机和电气配件等都可以由专业公司完成。所以，生产计划按制造企业的特点可以分成面向订单设计、面向订单生产、面向订单装配和面向库存生产四种方式，如图2-1所示。

（1）面向订单设计（Engineer to Order，简称ETO）方式指制造企业在接受用户订单后，根据用户对产品功能与性能等指标参数要求，开始计划从设计到销售产品前半部分生命周期的所有工作。因此，先定义产品的规格、型号、结构和工艺等文件，然后再确定物料清单和工艺路线，采购所需物料，派工组织生产。这种生产计划方式对产品的生产周期长、计划时间长、内容多、生产过程复杂，往往适用于单件定制生产类型，例如，航道工程局、飞机制造公司、船舶制造业和建筑工程公司等企业的生产计划方式都采用面向订单设计方式。

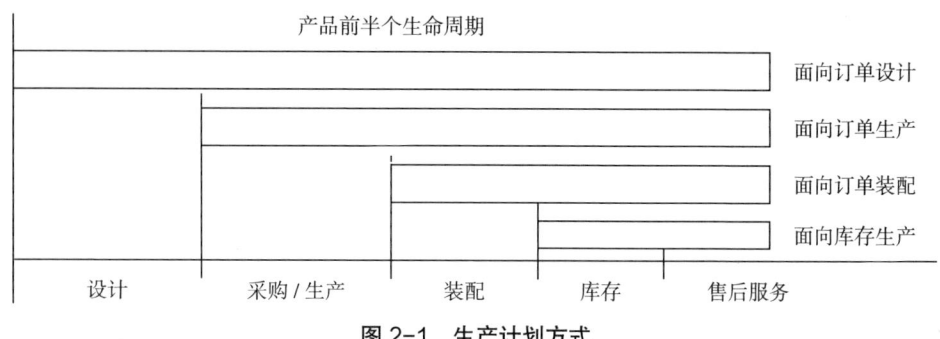

图 2-1　生产计划方式

（2）面向订单生产（Make to Order，简称 MTO）方式指产品工艺成熟，产品规格与型号确定，企业根据用户的需求计划组织采购原材料、半成品或零部件后加工成最终产品，也就是说，这种生产计划方式适用于物料清单与工艺路线固定的生产过程。例如，自行车企业、汽车制造业、机床制造企业、发动机制造公司等制造大型设备制造企业一般都采用面向订单生产方式。

（3）面向订单装配（Assemble to Order，简称 ATO）方式指生产的产品大量使用标准件或外购零部件，企业根据用户的需要计划直接装配成最终产品。这种生产计划方式适用于标准化产品，通用常规性设备的生产企业，例如：生产家用电器（电视、电话、电冰箱等）、工具、仪器仪表和汽车改装等企业的生产计划方式。

（4）面向库存生产（Make to Stock，简称 MTS）方式指生产是为了达到该产品的某一库存量，当销售提货后，计划填满库存量。这种方式的生产不是直接根据用户需求计划组织生产，而是满足一定的库存量，往往是低值易耗品和日常生活用品的生产计划。

3. 产品生命周期与生产计划方式的关系

产品生命周期（Product Life Cycle，简称 PLC），是产品的市场寿命，即一种新产品从开始进入市场到被市场淘汰的整个过程。产品和人的生命一样，要经历形成、成长、成熟、衰退这样的周期，如图 2-2 所示。就产品而言，也就是要经历一个开发、引进、成长、成熟、衰退的阶段，这是一个普遍规律。然而，这个周期在不同技术水平的国家里，各阶段发生的时间长度和过程是不一样的，期间存在一个较大的差距和时差，正是这一时差，表现为不同国家在技术上的差距，它反映了同一产品在不同国家市场上的竞争地位的差异，从而决定了国际贸易和国际投资的形成和变化。在同一个国家，不同企业对产品技术、质量、服务水平等影响因素的不同，产品的生命周期也存在显著的差异。同一个产品在 A 公司已经走向衰退，而在 B 公司很可能还在成熟期。

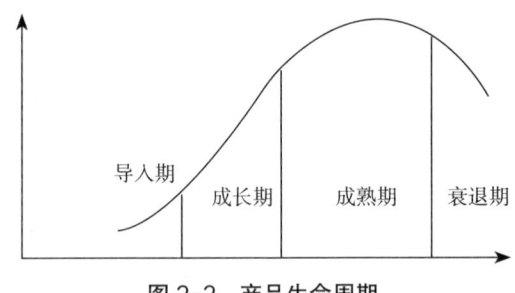

图 2-2　产品生命周期

企业在选用生产计划时，不仅要考虑生产类型，同时还需要充分考虑产品在企业的生命周期。对于导入期，由于产品还没有完成定型，需要不断调整、改善，以满足客户的需求，因此往往采用面向订单设计的方式；如果产品已经进入衰退期，同样不能盲目生产，往往采用面向订单生产的方式，否则会造成库存积压，效益下降；只有当产品在成长期和成熟期时，才有可能采用面向订单装配的方式，可以提前生产或采购标准配件或零部件，以满足日益增长的客户需要。

4. 现代企业生产管理方式

计算机的出现使人工管理方式下的经验主义得到极大的改良，定量分析手段得到实现。人们不再受地理区域和组织方式的限制，可以从生产现场以外实时监控、采集相关信息，管理不受地点和时间的限制，异地办公、家庭办公和移动办公已经都可以实现。现代企业的生产方式发生了质的飞跃。

（1）计算机集成制造系统［Computer（或 Contemprorary）Integrated Manufacturing Systems，简称 CIMS］生产方式。CIMS 是在原有的管理基础上把经营系统、人的系统和技术系统集成起来，在总体上协调各部门的活动。使企业成为各部分相互密切配合，协调统一的整体。从而最终达到全局最优化，最大限度地发挥整体效益；CIMS 可以灵活适应外界环境的不断变化，柔性技术是多功能、多途径，既能适用于单一产品的大规模生产，也可以进行多品种小批量生产，还可以进行多品种大批量的混合生产。其实质是要灵活适应不同顾客的不同要求，实现多品种、小批量的生产。

（2）准时生产（Just In Time，简称 JIT）方式的基本思想是在恰当的时间生产出恰当的零部件、产成品，把生产中出现的存储、装备和等待时间、残次品等视为一种浪费。准时生产所依据的基本原则是"准时"，即在零件刚好被需要时，才将它生产出来并送到需要地点，其追求的理想目标是"零库存"。为了达到"零库存"，生产过程必须严格控制，生产按订单进行，前道工序由后道工序触发，当后道工序在控制库存以下时，前道工序才为补充后道工序的控制库存而生产。也就是说，当整个订单出现产品库存减少到控制库存以下时，才会再装配产品补充库存并进而触发前面工序的生产。

（3）精益生产（Lean Production，简称 LP）精益生产要求企业的各项活动都必须运用"精益思维"（Lean Thinking）。精益思维的核心就是以最小的资源投入，包括人力、资金、材料、时间和空间，创造出尽可能多的价值，为顾客提供新产品和及时的服务。主要内容有：① 控制价值流：它包括产品流、信息流及物质流的控制；② 一人多工位操作；③ TPM：即全员维修保养，它的实质就是以人的因素为第一，依靠改善人的素质来改善设备的素质，以达到提高企业素质的最终目的，它要求打破操作人员与维修人员的分工局限，实行由设备使用者本身自主维修设备的制度；④ "三为"：即以生产现场为中心，以生产工人为主体，以车间主任为核心的现场管理体制，它为实现准时化生产提供了组织、制度上的保证；⑤ "6s"：即整理、整顿、清扫、清洁、习惯、修养。它们均以日本语音"S"开头。通过这些活动，达到人力与物力的和谐结合，实现生产力的不断优化，促进企业发展。

（4）柔性生产（Agile Production，简称 AP）方式。将管理思想与电气化、标准化、系列化相结合，成功地实现了"少品种大批量生产"的生产模式。我们把大批量的生产方式称为刚性生产模式，这一模式的生产效率高，单件产品成本低，但它是以损失产品的多样化，掩盖产品个性为代价的。随着经济的不断发展，企业的竞争形式也在发生变化，它不仅仅是表面的价格、数量、质量的竞争，更重要的是刚性生产模式的高成本、过量库存、适应市场的灵敏度低。为此，1998 年美国里海大学和 GM 公司共同提出了柔性生产模式。柔性生产模式的内涵实质表现在两个方面，即虚拟生产和拟实生产。虚拟生产是指面对市场环境的瞬息万变，要求企业做出灵敏的反映，而产品越来越复杂、个性要求越来越高，任何一个企业已不可能快速、经济地制造产品的全部，这就需要建立虚拟组织机构，实现虚拟生产。拟实生产也就是模拟真实的产品开发，它运用仿真、建模、虚拟现实等技术，提供三维可视环境，从产品设计思想的产生、设计、研发、到生产制造全过程进行模拟，以实现在实体产品生产制造以前，就能准确预估产品功能及生产工艺，掌握产品实现方法，减少产品的投入、降低产品开发及生产制造成本。这两点是柔性生产区别于刚性生产模式的根本所在。很明显，柔性生产的精髓在于实现弹性生产，提高企业的应变能力，不断满足用户的需求。

柔性生产模式与刚性生产模式相比具有以下特点：① 建立虚拟企业，实现虚拟生产与拟实生产。② 订单决定生产量。柔性生产模式认为，只有适应市场不断变化的需求，才能提高企业的竞争力，价格与质量不是全部的竞争手段，而只是重要竞争手段之一，要不断地研发新产品，创造产品的特殊使用价值来满足用户，根据订单来确定生产量及小批量品种，这就是柔性生产管理的基本出发点。③ 建立弹性生产体系。柔性生产根据市场需求不断变化来生产；它产品多、个性强、多样化。而要满足这一生产需求，势必要建立多条流水生产线，由此而带来不同的生产线经常停工，产品成本过高。因此，必须建立弹性生产体系，在同一条生产线上通过设备调整来完成不同品种的批量生产任务，既满足多品种的多样化要求，又使设备流水线的停工时间达到最小。即"只在必要的时间内生产必要数量的必要产品"。④ 生产区位趋于集中。为了满足市场需求，柔性生产必须在一个生产区位完成整个生产过程。尤其是零配件供应商要与装配厂保持距离，以保证零配件及时交货并实现零库存，从而实现对市场需求变化的灵敏反应。⑤ 人员素质要求高。人是最灵活最具柔性的资源，这是因为人有社会动机，有学习和适应环境的能力。人能够在柔性生产模式下通过培训、学习、模仿和掌握信息技术等而获得所需要的知识与技能。

（5）并行工程（Concurrent Engineering，简称 CE）方式。并行工程是通过传统生产模式的重构，优化组织与流程，提高生产效率。其核心内容包括以下几个方面：① 产品开发队伍的重构，将传统的部门制或专业组变成以产品为主线的多功能集成产品开发团队，并赋予团队相应的责权利，对开发的产品对象负责，这样可以打破功能部门所造成信息流动不畅的障碍。② 过程重构，从传统的串行产品开发流程转变成集成的、并行的产品开发过程，并行过程不仅是活动的共发，更主要的是下游过程在产品开发的早期即参与设计过程，另一方面则是过程的精简，以使信息流动与共享的效率更高。③ 数字化产品定义，包括两方面内容：即数字化产品模型和产品生命周期数据管理；数字化工具定义和信息集成。④ 协同工作环境，用于支持多功能集成产品开发团队的网络与计算机平台。

2.1.3 订单及其生命周期

订单是企业经营活动的重要文档，记录物料在企业中物理状态或化学状态的变化全过程，依此开展企业的采购、生产和销售活动。在订单中详细记录了物流下一个结点对上一个结点所需物料的品名、规格、型号、数量、交货时间，对物料的价格、质量和付款方式等信息往往是在企业之间产生物流时才详细描述，这类记录往往采用合同、契约等方式描述与约束。

1. 订单分类

在制造企业中，订单分成客户订单、生产订单和采购订单三类，分别描述销售部与客户之间的物料需求、生产过程各工序之间的物料需求和供应部与供应商之间的物料需求。生产订单和采购订单往往受客户订单的制约，客户订单对物料的需求完全受市场影响因素决定。当企业采用 MTO 方式时，客户订单确定后经 ERP 系统处理可以自动产生生产订单与采购订单的建议信息，提示相应的生产部门与供应部门在什么时间生产或采购多少物料。也就是说 ERP 系统只能输出生产订单与采购订单，而客户订单是 ERP 系统的重要输入数据，订单类型与特征如表 2-1 所示。

表 2-1 订单类型及其特征

序号	订单类型	使用部门	ERP 系统关系
1	客户订单	销售部、物资部	作为重要的输入数据
2	生产订单	生产部、物资部	产生派工单和领料单处理的依据，ERP 系统的输出信息
3	采购订单	供应部、物资部	作为供应部和物资管理部门的重要依据，ERP 系统的输出信息

企业日常经营的主要活动是面对这三类订单（客户订单—生产订单—采购订单）重复过程，通过订单明确相应活动的结束时间。

2. 订单生命周期

订单是 ERP 系统运行的重要数据来源和输出信息。从软件处理数据的角度来看，所提供的数据不仅要正确、实时和完整，而且要求数据相对稳定。数据的随意变动不仅影响数据处理效率，而且严重地影响输出信息的有效性。事实上，订单数据不可能一经确定就不再变更，不变的情况极少。在订单上确定了的物料数量、型号规格和交货时间都可能发生变化，不许变化的软件系统是不实用的。因此，为了适应生产经营活动过程中订单变化现象，ERP 系统通过订单生命周期满足管理过程中订单变化需要，解决软件处理过程中数据不变的问题。订单的生命周期的应用主要是针对生产订单和采购订单。事实上，客户订单同样也存在产生到退出的过程，因此，对客户订单的管理也可以引用这一方法。

在 ERP 系统中订单从产生到退出系统全生命周期要经过初始、已经确认、准备下达、已经下达、完成五个阶段。也有的软件为确保数据完整增加一个退出阶段。

（1）"初始"阶段指 MRP 按 MPS、BOM 和库存记录，定期展开运算，产生相关需求物料在将来时区的物料需求情况，等待相关部门核准。订单在这个阶段离订单执行还有一段时间，因此，订单上的数据除了物料代码，其他约定都将应是可以调整的，不影响正常生产经营活动。

（2）"已经确认"阶段指 MRP 产生的初始订单已经由计划部门核实确认，从这阶段开始，物料相关部门可以去准备物料的生产或采购，当在准备过程中发现生产能力或采购供应能力无法满足时，可以提前将问题提供给相关领导进行协调解决。因此，在这阶段的数据还可以修改，修改结果不会对生产经营造成很大的影响。

（3）"准备下达"阶段指离订单生产或采购日期将近，订单所需要的资源已经能满足，等待下达执行订单任务。在这一阶段的订单数据仍然可以修改，但对企业的正常经营活动造成影响，尤其是中间件物料的生产订单在准备下达之前，物料的底层物料已经完成，会造成库存积压或缺货补料，影响正常的生产安排。

（4）"已经下达"阶段指已经按计划下达生产或采购任务，对于生产订单，相应工作中心已经输出派工单和领料单,开始组织生产,采购单已经与供应商达成供货协议或合同,一旦再发生变化需要承担经济责任。因此,订单在这一阶段一般是不允许变化的,发生特殊情况产生变化时,一定要追究经济责任。

(5)"完成"阶段是指生产部门或采购部门已经按订单将所需要的物料全部入库,订单已经完成。

在实际系统中为了使系统能自动更新数据,减少系统中历史数据的积压,确保系统运行快速有效,还会增加订单的"退出"阶段。这个阶段指订单数据已经按约定进行备份,可以从系统的运行数据库中撤销。

3. ERP 系统中订单的状态

在 ERP 系统中订单的生命周期各阶段是通过订单特征字段来标记,一般采用一个字节来标记,标记符号可以是数字(分别依次用 1、2、3、4、5 和 6)表示,也可以用字母(分别依次用 A、B、C、D、E 和 F)表示。

订单生命周期各阶段的特征符(值),仅表示订单变迁过程的顺序,不能表达订单生命周期的时期。在实际 ERP 系统操作过程中,订单的生命周期变迁可以是人工操作的,也可以是系统自动操作的。人工操作是按上述各生命周期将状态值逐个修改,而自动变迁是根据订单的下达日期自动下达。当人工设置订单生命周期值时,不能逆向修改。

4. 产品生产周期

生产周期是指产品从开始投产至产出的全部时间。也就是指该产品从原材料投入生产开始,经过加工,到产品完成、验收入库为止的全部时间,如图 2-3 所示。

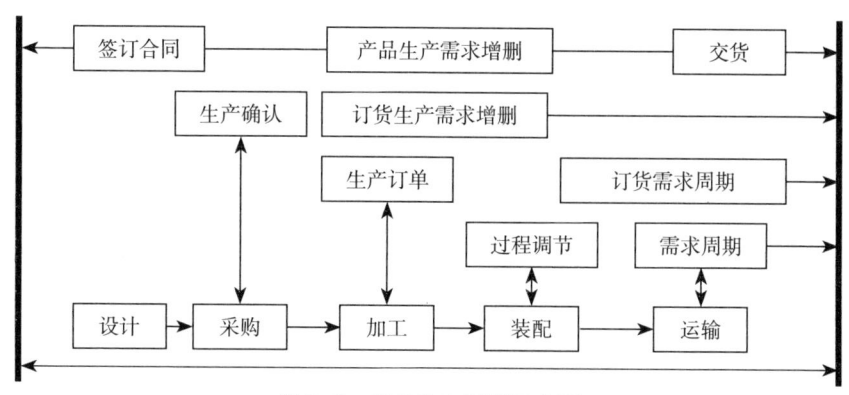

图 2-3 产品生产周期示意图

由图 2-3 可知，为了对工序时间进行计算，只需要前道工作中心的加工结束日期（D1）、本工作中心加工结束日期（D2）。则本任务的工序时间为（D2–D1）。

在离散加工型车间的生产中，每批零件通常是集中地进行运输，在工作中心上顺序进行加工和控制。因此在工序层次上仅需考察整个批量的情况就足够了。只有在大批量制造时才有必要讨论单个零件或子批量的流量情况，因为此时的加工时间大于间隔时间，需要协调相继工序的重叠。

工序时间相对于生产周期来说很小，通常为 2%—10%。因此在进行分析和控制时可以省去对加工开始时间和准备开始时间的记录，只要计算任务时间就足够了。

订单的生命周期与产品生产周期之间有着密切的关系，但并不是相同概念。通过产品生产周期可以在产品贸易时预测需要给制造企业预留的时间长度，确保订单交货日期的正确。同时也可以通过订单的生命周期预估产品还需要多少时间才能完成交货。

2.2　ERP 系统组成及作用

ERP 系统集成了企业各职能部门的管理控制功能，形成了一个十分庞大复杂的信息系统，已经成为现代化企业必备的管理工具。通过 ERP 系统的各种功能可以实测企业的运行现状，及时发现企业存在的问题，提高企业的管理水平。

2.2.1　ERP 系统组成

ERP 系统是企业现代化管理工具，其结构复杂、功能繁多，是随着信息技术的发展逐步形成的。ERP 系统的组成可以从形成过程结构、功能结构和结构发展趋势来分析，具有不同的组成部分。

1. 形成过程结构

ERP 系统经历了时段式 MRP、闭环 MRP 和 MRP Ⅱ，近五十年的信息技术应用实践形成的。ERP 系统的功能与性能也是随着企业信息化发展逐步完善，至今还在向深度与广度发展。其结构如图 2-4 所示。

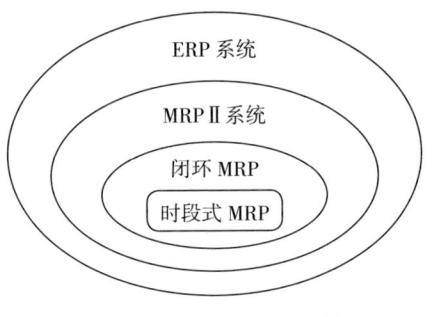

图 2-4　ERP 系统形成结构图

从图 2-4 可知，时段式 MRP 是闭环 MRP 的一个核心组成部分，闭环 MRP 是 MRP Ⅱ 的一个核心组成部分，MRP Ⅱ 是 ERP 系统的一个核心组成部分。因此，一般制造企业实现 ERP 系统必须从构建时段式 MRP 开始。经过闭环 MRP 和 MRP Ⅱ，最终实现 ERP 系统。

2. 主要功能结构

随着 ERP 系统功能的不断扩大和性能提高，其应用不断普及，应用对象不再局限在制造业，涉及商业、服务业和金融业等多个行业。为使强大的功能与众多的应用有机地协调，将 ERP 系统划分为若干个功能模块，这些模块既能独立运行，又能集成运行，提高系统运行效率和降低企业信息化成本。ERP 系统的一般功能结构如图 2-5 所示。

从功能上看，ERP 系统由制造管理、财务管理、分销管理、人力资源管理、质量管理和内控内审循环等子系统组成。各个子系统又由若干个功能模块组成。

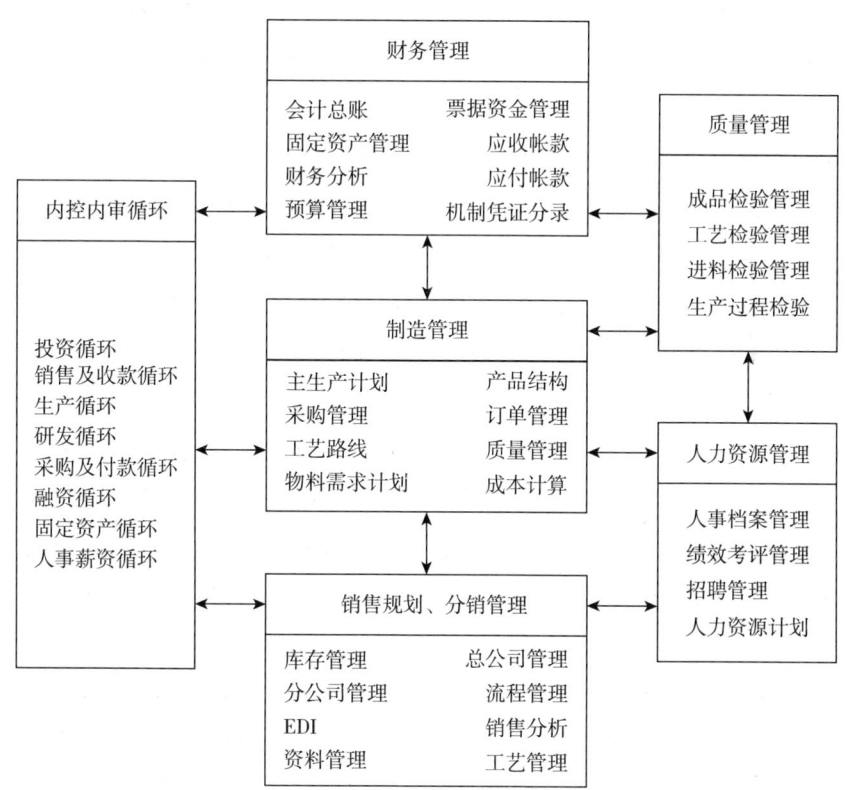

图 2-5 ERP 系统功能结构示意图

制造管理实现闭环 MRP 的所有功能，侧重在物流管理与控制；财务管理体现了 MRP Ⅱ 功能特点，融合物流管理过程，从价值角度和经济管理的角度描述企业经营活动和资金链；分销管理将制造企业内控延伸到企业之间，实现了跨地区、跨国经营管理模式；人力资源管理将企业经营活动所需人力资源有机协调和最大限度地发挥作用；质量管理不仅融合企业生产过程与质量标准体系，而且全面地提高质量可追溯性和全员质量意识；内控内审有机地监控企业的各种流程，通过内控内审的活动确保经营处于最佳状态。

3. ERP 系统结构延伸与集成

ERP 系统虽然已经成为现代企业信息化工程的重要标志。但是，传统 ERP 系统在企业经营管理中孤军奋战，不仅困难重重，而且风险巨大。无论是已经实施 ERP 系统的企业在深化提高和拓宽其应用领域，还是准备实施 ERP 系统的企业在信息化规划时，都应当立足全局，集成整合，协调优化。采用先进的信息技术，减少人为因素影响。从决策到运行操作、从设计到制造、从运行状态记录到测评控制，各个环节开展全面集成整合。使客户随时可以透过信息系统直接了解所需求产品的生产制造动态过程和企业运行能力现状。提升 ERP 系统效应，实现企业现代生产经营管理方式，开展准时化和精准生产方式，随时透析生产管理和质量形成全过程。因此，相对应用企业而言，向外扩大系统应用广度，与客户关系管理和供应商资源管理集成；向内提高系统应用深度，与产品设计、工艺设计集成。相对企业管理层次而言，向下提高系统的实时有效性，与制造设备自控系统集成，向上提高系统应用效能，与数据分析、决策支持系统集成，如图 2-6 所示。

（1）向外延伸。以 ERP 系统为核心，向外延伸到客户与供应商。把客户与供应商作为企业资源的一个重要组成部分。集成的关键在于管理技术，如何处理好企业间信息资源的共享与知识产权保护。将供应商的 BOM 和客户的 BOM 集成到制造企业的 BOM 中是不现实的，通过 SCM 和 CRM 与 ERP 的接口，实时交换数据实现系统一体化集成。

在 SCM 系统集成时，首先要与采购原材料质量监控系统有效集成，加快采购物流执行速度；其次与供应商的物流、资金流宏观监控，实现采购物料价格预算的实时动态控制；通过请购单调度，均匀分配分供方的供货量，在保证到货期的基础上，有效控制采购成本；严格按照采购价格表的有效期，控制采购结算；方便定点采购管理，速度快，减少工作失误。在 CRM 系统集成时，与市场动态监测系统集成，实时分析运营情况，为市场策划提供依据，缩短外商与企业的管理差距。

（2）向内集成。ERP 系统在企业内部的集成将涉及多方面的技术关键。主要体现在向上要与决策支持系统（DSS）集成，向下要与制造执行系统（MES）集成，向前要与计算机辅助设计（CAD）和计算机辅助产品工艺（CAPP）等集成，向后直接与企业外部的 CRM 集成。

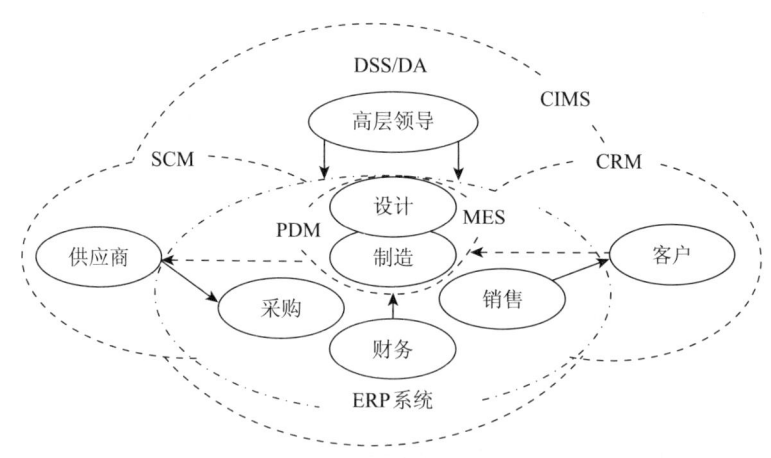

图 2-6　ERP 系统集成整合示意图

2.2.2　ERP 系统作用

ERP 系统是在信息技术基础上，以系统化的管理思想，为企业计划层及员工提供计划运作手段的管理平台。ERP 系统集先进的信息技术与制造技术和管理思想于一身，成为现代企业的运行模式，满足时代对企业合理调配资源，最大化地创造社会财富的要求，成为企业在信息时代生存、发展的基石。ERP 系统应用对企业生产的效益逐步彰显出来，可以从企业经营角度和各个职能部门透析其功效。

1. 提高经营管理水平

企业面临多变的市场需求，要准确及时地做出客户承诺，确保产品质量和交货期。提高价格与环境影响竞争优势，以及客户服务水平。这是当前市场国际化，技术经济水平不均等因素所引起剧烈竞争的必然。ERP 系统可以控制企

业行为,帮助企业实现规划目标,主要通过如下特性实现其功效:

(1) ERP计划的层次和连续性。ERP系统将计划从宏观到微观,由粗及细和由远及近分层,各层之间存在密切联系,上层是下层的汇总,下层是上层的分解,从经营规划到能力需求计划完全是一个分解过程。这为指挥协调企业的运作提供科学的依据,同时使企业的所有动作都是围绕企业经营规划目标。

(2) 企业运作的透明与可控性。运用ERP系统的企业,组织、活动、记录、考评、计量、行动等都是在ERP系统的指导、控制下运行。企业所有部门、职员可以通过ERP系统随时了解到授权信息,也可以及时将各部门活动结果输入ERP系统。企业的运作既是透明的,也是可控的。

(3) 企业活动的模拟与预测性。根据制造原理可以推算出将来各时区的物料需求和能力需求;根据成本核算方法不仅可以推算出相应物料的成本,还可以推算出不同时区的资金需求。因此,通过ERP系统的制造原理与成本核算方法不仅能有效地预测将来企业的活动,而且还可以在ERP系统的帮助下快速、自动地模拟各种因素对企业运行结果的影响,从中选取最佳方案。

(4) 数据处理的集中与一致性。在ERP系统中,企业所有经营管理需要或产生的一切数据被集中存储在中央数据库中,企业各部门各岗位(也称用户)仅是ERP系统的一个视窗。用户在ERP系统控制下输入数据,获取信息。这不仅降低存储数据的冗余度和成本,而且有效地避免各部门之间由于时差等因素造成的数据不一致性,提高了经营管理水平。

(5) 指挥协调与及时性。企业经营管理过程中时常遇到各种问题,而且解决十分棘手。运用ERP系统可以对企业经营管理活动进行追溯、复原、分析、归纳和推理,及时、自动地寻找产生问题的根源,减少问题分析的人为因素影响。这不仅使企业处事公平、公正,而且及时有效,提高决策层对企业指挥协调能力。

2. 增强职能部门间沟通与协调

企业由硬件与软件资源构成,厂房、生产线、加工设备、检测设备、运输工具等构成企业的硬件资源,人力、管理、信誉、融资能力、组织结构、员工的劳动热情等就是企业的软件资源。企业运行发展中,这些资源相互作用,形成企业进行生产活动、完成客户订单、创造社会财富、实现企业价值的基础,反映企业在竞争发展中的地位。

ERP 系统作为企业现代化管理的工具，以上述各种资源及生产要素为管理对象，通过 ERP 系统的使用使企业的生产过程能及时、高质地完成客户的订单，最大程度地发挥这些资源的作用，并根据客户订单及生产状况做出调整资源的决策，最终达到提高企业的综合竞争能力，ERP 系统在各个主要职能部门起到了关键性的作用。

（1）计划部门。ERP 系统的核心功能是计划，针对企业的所有资源通过计划、控制和协调优化资源的配置，由 MRP 与 CRP 保持均衡的生产计划和活动。

（2）销售部门。通过 ERP 系统使企业的销售计划可执行性提高，销售部门在对客户承诺交货日期与满足客户订单量时，不再是一种经验估算或理论推算，而是从企业的实际生产能力出发的可视化的结论，提高了客户服务水平。

（3）生产部门。使用 ERP 系统生产不再盲目和被动，生产现场不再混乱和深不可测，产品质量在有序的控制下稳步提高，通过 ERP 系统不仅可以使计划员和与生产相关的人员掌控现状，而且可以更科学、有效地预测未来。

（4）仓储部门。MRP 引入了库存记录时间的方式，从理论上使 JIT（Just In Time 准时制生产方式）的管理理念便于实现，物料在将来各时区的需求量是已经确定了的，避免了库存的短缺和积压。

（5）财务部门。ERP 系统的标准成本和现行标准成本解决了事后分摊问题，可以很方便地实现事前计划，生产过程成本透明化，完全掌控成本动因和成本形成过程，有效地降低产品成本，及时做好财务分析，真正地发挥财务管理的计划、控制和分析的作用。

（6）采购部门。ERP 系统的核心子系统 MRP，将制造企业的生产管理与物流控制引入时间段并对物料分类，有效地诠释如何避免物料短缺，以便更加有效地管理供应商。

3. 优化资源利用

企业发展的重要标志便是合理调整和运用各种资源，在没有 ERP 系统时，企业资源状况及调整方向不清楚，要做调整安排是相当困难的，调整过程会相当漫长，企业的组织结构只能是金字塔形的，部门间的协作交流相对较弱，资源的运行难于比较、把握和做出调整。信息技术的发展，特别是针对企业资源进行管理而设计的 ERP 系统正是针对这些问题设计的，成功推行的结果必使企业能更好地运用资源。

4. 改善企业间协作

计算机技术特别是数据库技术的发展为企业建立管理信息系统，甚至对改变管理思想起着不可估量的作用，管理思想的发展与信息技术的发展是互成因果的环路。而实践证明信息技术已在企业的管理层面扮演越来越重要的角色。

信息技术最初在管理上的运用，也是十分简单的，主要是记录一些数据，方便查询和汇总，而现在发展到建立在全球 Internet 基础上的跨国家，跨企业的运行体系，Internet 技术的成熟，为企业信息管理系统增加了与客户或供应商之间实现信息共享和直接数据交换的能力，从而强化了企业间的联系，形成共同发展的生存链，体现企业为达到生存竞争的供应链管理思想。ERP 系统相应实现这方面的功能，使决策者及业务部门实现跨企业的联合作战。

由此可见，ERP 的应用的确可以有效地促进现有企业管理的现代化、科学化，适应竞争日益激烈的市场要求，它的导入已经成为大势所趋。

2.3 ERP 系统的基础数据

ERP 系统以计划为核心，计划的准确性和有效性在很大程度上是依赖于为计划提供的历史数据和现实变化数据，也就是说：计划的重要依据之一是数据。ERP 系统是在实时、完整、系统的数据支持下运行。基础数据的建立和维护是 ERP 系统赖以生存的环境，数据是 ERP 系统的基础，ERP 系统是企业管理运行数据加工成管理信息的工具。不同 ERP 系统开发商对基础数据的组织形式、构建方法和操作集成界面不完全相同，但是基础数据需求的内容基本相同。

2.3.1 公司基础数据

公司基础数据描述 ERP 系统使用单位的基本属性，这类数据一般是固定不变的。通常在系统安装或系统初始化操作时依据企业实际确定，在以后的日常操作中直接引用。

公司基础数据将描述公司基本属性、单据的编号方式，以及交货厂址、部门设置、员工编号和公司工作日历等实体。ERP 系统投入运行前首先要定义这类数据，否则相关的其他实体数据无法正常接受。这类数据输入和维护时，按系统提示逐项输入公司的实际情况，数据输入操作不能有误，否则影响系统运行的准确性，一旦公司基本属性发生变化时，必须及时更正。公司基础数据操作简单，容易理解，在 ERP 系统启用前不要遗漏即可，其中比较抽象复杂的数据是公司工作日历。

公司（也称为工厂）工作日历是一种对连续工作日计时方式的描述。在公司工作日历中，日期从 000 至 999 连续循环编号，所有的日期都是工作日，不存在节假日。当 ERP 系统启用时，可以调整公司日历为 001 号，随后依次连续循环计时。也可以采用 ERP 系统研发时内定的计时日期。公司日历是为方便能力需求计划的计算，仅用于系统内部计时。当一个企业不同的工作中心每天的工作时间不相同时，还可以为 ERP 系统设置多种日历。系统默认的公司日历编号是 SYSTEM，用户还可以自定义公司日历，在定义公司日历时，要设置公历中的工作日期和工作时间，系统默认每周六与周日为休息日，如果公司规定不是在周六与周日休息，则通过公司日历维护修改调整。

在 ERP 系统安装前必须整理出完整的公司基础数据，在 ERP 系统安装过程中将其输入系统。

2.3.2 生产管理基础数据

生产管理基础数据将描述主生产计划的产生到生产现场控制的全过程。这类数据内容繁多，结构十分复杂。这里仅给出物料主文件、物料清单、工作中心、工厂日历和工艺路线等与生产管理直接相关的主要基础数据。

1. 物料主文件（Main File of Material）

在 ERP 系统中物料的概念比较广泛，不同的软件系统对此界定范围也不尽相同。用友公司的 ERP 系统定义为存货，归入到存货档案管理中，早期的版本又把物料称作为料品。四班公司的软件系统把物料通称为项目。在 ERP 系统中，物料不仅是生产用料、生产过程的在制品、半成品、产成品、采购件、外协件、零件、部件等有形的消耗物，还包括为生产加工提供的图纸、工具、参考文件、说明书等可重复利用的物品，还包括为方便管理人为设定的虚项物料。

物料主文件是 ERP 系统最基本的文件之一，在 ERP 系统中描述的物料首先要登录到 ERP 系统的物料主文件中，这相当于 ERP 系统物料管理对象的户籍档案。其作用是标识和描述用于生产过程中的每项物料的属性和信息。

物料主文件的内容反映了物料本身的基本属性和信息，同时还描述了与设计、计划、库存和成本管理相关的数据。

（1）物料主文件的基本属性。一般应当包含物料代码、物料描述、物料类型、购制代码、单位、单位换算、计划员或采购员等字段。

物料代码是物料主文件的主键，所以它必须是唯一的。在ERP系统中通常以物料代码作为统计、搜索的关键词。从ERP系统的角度对物料代码不赋予任何含义，只要求物与码之间一一对应，不存在重复即可。但是，在公司实施ERP系统时，遇到的第一个非技术问题是如何定义物料代码更合理。在传统管理模式下物料主文件将涉及计划、生产、工程、技术、财务、仓储等管理部门，每个部门对物料都有一套编码方案，实施ERP系统必须统一这些编码，一个物料不允许有两个编码。因此，各部门之间存在物料编码统一协调问题，解决这一问题，往往是ERP系统实施的第一步，是否能顺利跨出这一步，不仅影响ERP系统实施权威性，而且直接影响ERP系统实施的顺利进行，公司在实施ERP系统前必须对此有足够的认识。

物料描述相当于物料的名称，用于人工识别物料的主要属性，通过借用该字段区分物料的规格、型号等其他属性；物料类型是用于标识物料是独立需求，还是相关需求，或是主生产计划物料；购制代码用于标识物料的特征，一般分产品、自制件、外协件、采购件、参考、图纸、工具和虚项等；单位是标识物料计量的单位，一般物料往往有几种计量单位，至少有一个主计量单位，当一个物料有几个计量单位时，需要确定每个辅助计量单位与主计量单位之间的单位换算；每个生产性物料要设定计划员或采购员，自制物料或外协件需要设定计划员，采购件需要设定采购员，在输入计划员或采购员代号时，必须事先在员工档案中登录。生产性物料指定计划员与采购员的主要目的是当MRP展开生成MRP计划订单时，生产订单自动归入计划员的日常工作提示，采购订单自动归入采购员的日常工作提示中，也就是说：每天计划员或采购员打开ERP系统，可以直接查看到所管属的相关物料。

（2）与设计管理相关的数据。这类数据并非所有物料都有，主要是描述设计自制零件、部件、组件和产品的相关信息。主要数据有图号、重量、体积、版次、生效日期和失效日期等。在产品设计过程中，随着技术革新、新材料的运用、产品结构改进、功能完善和性能提高，对物料设计也会不断改进，旧的物料被新的物料所替代。物料替代过程必须通过物料的版次、生效日期和失效日期来实现。也就是说：一个物料当指定其失效日期时，这个物料到时将退出使用，新的物料通过生效日期到时投入使用。

（3）与计划管理相关数据。这类数据主要有物料的提前期、需求时界、计划时界、预测代码和分组代码等数据。提前期是指下达订单到物料入库所需要的全部时间，包括准备时间、排除时间、加工时间、等待时间、运输时间和检验入库时间等。在 ERP 系统实施过程中物料的提前期很难确定，我们可以轻易地发现组成提前期的时间长度往往受很多因素的影响。自制件不仅与物料生产单位可用能力有关，而且与订单数量，以及生产单元的任务量有关，订单量少，生产单元任务轻、能力大，则该物料的排队时间和等待时间短，反之则时间长。在 ERP 系统实施过程中，对物料的提前期可以通过历史记录的统计法获取经验值，然后在实际应用过程中调整；也可以先固定订单批量，通过实测法给出提前期的极限值，然后充分考虑各种影响因素后给出一个值，在以后的应用中修正。提前期的值不可能一步到位给出精确值，都需要在实际应用时调整。是否能确定物料的提前期直接影响到 MRP 的实施，提前期的准确与否直接影响到 ERP 系统的有效性。需求时界、计划时界和预测代码数据的含义在以后相关章节中解释。

（4）与库存管理相关数据。这类数据主要有订货批量、订货批量调整因子、订货策略、优先库位、批号、安全库存量、最大库存量和最少库存量等数据。确定订货批量的方法有许多种，需要依据企业供货条件，因此，订货批量与订货策略相关。例如，订货策略采用固定订货批量法，则订货批量的值是该物料每次下达订单的数量。如果采用需要多少订多少的策略，则订货批量的值为1。批号是用于物料跟踪管理时使用的，如果说一个物料在生产过程中不跟踪，则批号可以暂时不定义。安全库存量是为确保正常生产提供的储备量。最大与最少库存量控制是用于面向库存生产计划方式，当物料超过最大库存量时封停该物料下达订单，如果低于最少库存量，ERP 系统自动按订货批量下达订单。

（5）与成本管理相关数据。这类数据主要有账号、材料费率、人工费率、外协费率、间接费率、累计成本和计划价格等数据。当物料入库、出库和报废等操作时都会自动记账。采购入库记入应付账，销售出库记入应收账，报废处理计入成本账户。账号是将物料控制与成本控制融为一体的主渠道。各费率都是单位物料所需要的费用，间接费率将分摊于各种物料；累计成本是从外购的原材料加工、组装形成该物料所需要的全部费用；计划价格是在充分考虑累计成本与利润的前提下确定的，因此，计划价格必须大于累计成本。

例如：圆珠笔产品具有包装盒、笔体、笔芯、笔帽和笔墨水等物料。这些物料的基本属性和相关计划管理的部分属性如表2-2所示。

表2-2 圆珠笔部分物料主文件部分属性

物料代码	物料描述	物料类型	购制代码	单位	计划员或采购员	提前期
BS01	包装盒	B	B	只	P01	2
BM01	笔体	M	M	支	P02	1
BM02	笔芯	M	M	支	P02	1
BM03	笔帽	M	M	只	P02	1
BM04	笔墨水	B	B	KG	B01	2
BM00	圆珠笔	P	M	支	P00	1

注：物料类型 M 为自制、B 为外购、P 为产品，购制代码 M 为制造、B 为采购。

2. 物料清单（Bill Of Material，简称 BOM）

物料清单是描述物料结构性的数据文件，是 MRP 计算物料需求量的控制文件。在机械、电子等行业通过物料清单描述产品结构和生产、加工、组装、总装的全过程，在化工、制药、食品等行业通过物料清单描述产品成分的配方或处方。

物料清单是制造业公司的核心技术，涉及公司的知识产权。BOM 文件与公司的各个职能部门直接相关，不同部门往往具有不同的 BOM。财务核算部门有成本 BOM，工程部门具有工程 BOM，设计部门具有产品设计 BOM，生产部门具有装配 BOM，采购与销售部门对产品结构也有着自己的理解。实施 ERP 系统首先要把不同部门对产品结构的理解进行统一，然后集成、整合、核对产品的实际结构，最后形成公司共享的 BOM 数据文件，并加以保密控制。

（1）BOM 数据的重要性。在 BOM 文件中主要描述独立需求物料与相关需求物料，以及相关需求物料之间的层次关系和数量关系。BOM 文件提供的数据必须正确，否则严重影响 ERT 系统运行结果的正确性。

① 在销售管理方面，若 BOM 数据不正确，将无法或影响形成最终产品，交货期得不到保证，客户服务水平下降。

② 在采购管理方面，若 BOM 数据不正确将无法制定正确的采购计划，采购物料与实施需求不一致，造成采购成本提高，给库存管理与生产管理造成混乱。

③ 在库存管理方面，若 BOM 数据不正确，数值偏高时，造成不必要的库存积压，库存管理成本增加，库存损失加剧；数值偏低时，催货人员东奔西跑，寻找货源解决短缺，采购成本增加。

④ 在生产管理方面，若 BOM 数据不正确，数值偏低时，因生产用料缺货，造成停工待料，生产混乱，引发连锁反应，造成的损失很难估量。

⑤ 在总体上，若公司内部的协调困难，将直接影响到员工对 ERP 系统的信心，也将影响到员工的工作士气，公司各种资源不仅没有优化，反而造成失控和浪费。

因此，公司实施 ERP 系统必须重视 BOM 数据的建设，要将它作为 ERP 系统实施成功的关键因素来抓，在实施前、实施中和实施后分别测试 BOM 数据的准确性、正确性和可靠性。要求在实施后运行过程中达到 98% 的正确性，这 2% 的差错在原料配比。零件、组件、装配件的数据关系不允许有任何差错。在 BOM 文件中，出现差错的层次越高，隐藏的风险越大。

（2）BOM 文件的内容。BOM 文件描述产品结构数据，以单层的形式（即单层物料清单）保存于数据文件中。单层物料是描述父项物料与子项物料的关系，子项物料相对下层物料而言又是父项物料，依次分别逐层父项物料与逐个子项物料之间的关系。构建 BOM 的主要输入有父项物料与子项物料代码、使用点和工序、子项数量和子项数量类型、有效日期、子项提前期偏差和损耗率等数据。

① 父项物料代码。在构建单层物料清单时，先确定父项物料，父项物料代码输入后系统自动给出该物料的基本信息，这些信息都是只读。

② 子项物料代码。当一个父项物料含有多个子项物料时，通过插入栏输入新的子项物料，当输入子项物料代码后系统自动给出物料描述。

③ 使用点，也称为工作中心，是指在制造本层父项物料时，该子项物料送达的工作中心位置。

④ 子项类型指明子项物料是在生产过程中被消耗掉的普通物料，还是可以重复使用的图纸、工具等物料。

⑤ 数量类型是指子项物料的数量是随父项物料由 MRP 展开计算得到，还

是不随父项物料直接由订单份数计算得到。多数据情况下子项物料的数量是由父项物料的数量决定，只有少量的子项物料是按发货用户的订单份数确定。

⑥ 子项物料提前期偏差是指在装配一个大型或复杂产品时，所需要的子项物料有一个前后时差，并不是同时需要。当这个时差大于单位计划时区时，可以通过该数据迟后发料，在生产过程中可以调整交货日期，减少物料库存时间，提高生产效率。

（3）BOM 文件的维护。BOM 数据是否正确，直接影响到 ERP 系统运行结果的正确性，因此，要求 BOM 数据的准确度达到 98% 以上，否则 ERP 系统运行都会存在很大的风险。在运行 ERP 系统时，BOM 数据从理论上讲应该十分完备，可是，事实上保存在不同部门的 BOM 往往不一致，在产品设计交付生产过程中，由于各种影响因素会做少量的调整，正是因为少量而不引起关注，结果造成生产 BOM 与工程设计的 BOM 不一致。另外，产品在销售过程中，用户通过对产品的使用也会提出各种建议，一些合理的建议常常会被采纳，使产品的功能和性能不断改进。改进后的 BOM 与前期 BOM 同样存在不一致。在创建 BOM 文件时，必须要从产品实际结构出发。从生产现场跟踪或库存产品分解获取，在 ERP 系统运行过程中，随时按实施变化维护 BOM，使 BOM 数据正确有效。

（4）BOM 数据的输入与输出方法。BOM 数据反映了物料之间的内在关系，在输入与输出时可以采用特定的方式方法实行。

① BOM 数据输入。输入 BOM 数据文件时，只能输入父子之间的单层物料，通过父子关系将产品结构关联起来，因此在为父项物料输入其子项物料时不能有差错，更不能将上层父项物料作为其子项物料的子项，否则会发生死循环错误，也就是说 BOM 最终形成物料之间的树型结构，不能出现循环。有的 ERP 系统为了防止 BOM 中物料循环错误发生，增加了自动检验功能模块。

② BOM 数据输出。BOM 数据输出形式比较灵活，可以指定一个父项物料，仅输出其子项的单层物料清单，也可以输出其下层所有物料，即多层物料清单，这种输出的结果是一棵树。还可以指定一个子项物料输出其所有上层物料，即物料的反查功能，这种输出的结果是一个链路。

例如：一支圆珠笔产品由一只包装盒和一支笔体组成，一支笔体由一支笔芯、一支笔帽和笔套组成，笔帽和笔套分别由于 0.001 KG 和 0.002 KG 的塑料制成，一支笔芯由一支笔筒和 0.003 KG 笔墨水组成，笔筒由 0.000 2 塑料制成。因此，圆珠笔产品的物料清单如表 2-3 所示。

表 2-3　圆珠笔产品的物料清单

父物料代码	子物料代码	使用点	工序	子项数量类型	子项数量	损耗率
BM00	BS01	WC01	S01	O	1	0
BM00	BM01	WC01	S02	O	1	0
BM01	BM02	WC01	S03	O	1	0
BM01	BM03	WC01	S04	O	1	0
BM01	BM06	WC01	S05	O	1	0
BM03	SM01	WC02	S06	O	0.001	0
BM06	SM01	WC02	S07	O	0.002	0
BM02	BM04	WC03	S08	O	0.003	0
BM02	BM05	WC03	S09	O	1	0
BM05	SM01	WC02	S10	O	0.0002	0

注：相关物料代码 BM05 为笔筒、BM06 为笔套、SM01 为塑料

3. 工作中心（Work Center）

工作中心是一种生产能力衡量、表述、统计、计量、考评的单位，也是生产组织的特殊形式。无论是主生产计划、还是能力需求计划的检验与生产负荷协调都是以工作中心为对象。一个工作中心可以是相近功能设备与工序、相同技术工种员工的组织。在定义工作中心时可以是一个班级、一台特殊设备、一条生产线等，对于外协工序，则对应的工作中心是外协单位。

（1）工作中心的作用。工作中心是完成某道或几道工序派工对象，通常以标准工时、工时费率和制造费率等要素来定量表述，反映了成本消耗的程度。因此，工作中心的主要作用如下：

① 计算自制件的成本消耗。在计算零件、装配件和最终项目等加工成本时，通常以工作中心记录定额的数据为依据进行计算。如：

人工直接成本 = 工作中心记录的实际消耗工时 × 工作中心人工费率

② 检验是否满足生产能力需求计划的负荷。在能力需求计划（CRP）计算时，以工作中心及时区为汇总单元，分析 CRP 执行情况时，也是以工作中心为单元进行投入与产出分析。

③ 作为生产订单下达和编制生产进度的基本单元。生产订单通常按工艺路线的工序，下达到各工序对应的工作中心，因此，也是车间作业管理中派工单下达的单元。在工作中心按工序和紧迫系数编排、统计、控制生产执行进度。

（2）工作中心的基本属性。工作中心的基本属性主要由工作中心的编码、名称、所属部门、能力、人工费率和制造费率等组成。

① 能力。工作中心的能力是指用一定的时间完成生产任务的能力，通常以标准工时来计量，在特殊情况下也可以用长度（米）、重量（公斤）、数量（件、台、张）等方式来计量，本书采用标准工时来计量。在确定工作中心能力时，不仅要统计工作中心拥有的设备数量或操作员工人数、统计每天工作的班数、每班的工作时间，还要充分考虑工作中心的利用率和效率。工作中心的能力为：拥有的设备数量（或操作员工人数）× 每天班数 × 每班工作时间 × 利用率 × 效率

利用率 = 实际投入人工时数 / 计划投入人工时数

效率 = 完成定额工时数 / 实际投入人工时数

因此：工作中心的能力 = 拥有的设备数量（或操作员工人数）× 每天班数 × 每班工作时间 × 完成定额工时数 / 计划投入人工时数

② 人工费率。是指工作中心在单位标准工时需要消耗的费用。

③ 制造费率。是指工作中心在单位标准工时需要的制造费。

（3）工作中心定义。定义工作中心是一项十分细致的工作，直接影响到能力需求计划的计算、执行和协调控制，在划分、编码、命名工作中心时，既要充分考虑 ERP 系统原理的特点，还要考虑企业或公司实际管理的需要。

① 划分工作中心的原则。在划分工作中心时必须以工作中心的作用为依据，遵循实用、简洁、科学合理的原则。工作中心是 CRP 计算归属不可分割的最小单元。一道工序只属于一个工作中心，一个工作中心可以包含多道工序。

② 划分工作中心的方法。在划分工作中心时，首先考虑工作岗位、设备功能、员工的技术工种等要素，然后，尽可能地与生产现场管理相结合。把完成特定工序的相同设备、工作岗位定义为工作中心，把外协件的完成单位定义

为工作中心。在定义工作中心时充分运用成组技术的思想与方法，简化生产管理过程和 ERP 基础数据处理。对同类设备中新度差异大的情况可以分别定义不同的工作中心，对于关键设备、精大稀设备和瓶颈工艺要通过工作中心属性标记出来。

③ 工作中心属性确认方法。工作中心的属性取值，不仅影响到 ERP 系统运行结果，而且直接影响到产品成本管理水平和工作中心的可协调性。因此，在确认工作中心属性值时需要参考较长一段时间的历史数据，采用统计方法确定各种费率。在 ERP 系统启用后还需要跟踪一段时间，检验工作中心属性值的可用性、准确性和正确性，及时调整原始差值和环境变化引起的差值。

例如：圆珠笔生产公司共三个工作中心，各工作中心的属性如表 2-4 所示。

表 2-4　圆珠笔生产公司工作中心属性

中心编码	名称	所属部门	能力（H）	人工费率（元）	制造费率（元）
WC01	总装	总装车间	1 000	8	1
WC02	塑造	塑造车间	8 000	3	12
WC03	注墨	注墨车间	1 200	6	2

4. 工厂日历（Factory Calendar）

工厂日历又称公司日历，用于描述工厂连续工作的计时文件。一个公司可以设置几套工厂日历，系统自动默认一套工厂日历。在工厂日历中不存在节假日，计时方式从 000 至 999，即一千个工作日为一个循环。工厂日历与公司之间是通过系统内置功能模块按工厂日历文件的设置自动转换。一般用户不涉及工厂日历的计时方式，这是系统内容数据处理的一种方式，但对于 ERP 系统启用初始化和工厂工作、节假日调整时，需要系统管理设置和修改工厂日历，还可能会出现派工单派工在休息日的错误。

工厂日历的属性是要有工厂日历编码、名称、公历日期对应的工作日和工作时间。

工厂日历编码系统默认为 System，称为系统工厂日历，如果公司在各工作中心分别具有不同的工作安排（如班次不同、上班时间不同等情况），则可以设置不同的工厂日历文件。

公历日期对应的工作日与工作时间是一个十分繁杂的定义过程，系统默认为每周六与周日是休息日，自动将工作时间设置为 0，如果有一些特定的休息日，则需要逐个设置。最后保存在工厂日历的数据文件中。

5. 工艺路线（Routing）

工艺路线是详细描述一项自制物料制造过程的数据文件。在工艺路线文件中不仅描述加工过程所涉及的工序、工时、加工对象、加工场所和加工工具，而且还描述了自制过程中的技术水平、检验与测试的需求。

（1）工艺路线的作用。工艺路线是闭环 MRP、MRP Ⅱ，以及 ERP 等生产管理软件中最重要的文件之一，没有工艺路线文件就不能进行能力需求计划，也不可能进行成本实时计算、跟踪和控制，无法实现成本管理中提出的事前计划、事中控制和事后分析的管理方式。工艺路线的主要作用有如下四个方面：

① 推算自制物料加工件的提前期。在工艺路线文件中完整地记录加工件生产过程的各种时间定额数据，同时还可以通过 BOM 将所有产品结构各分支的提前期分别累计，从中可以获得最长的提前期作为产品生产周期的估算值，为销售管理提供订单可承诺交货日期。

② 提供 CRP 计算数据。CRP 计算是根据 MRP 展开生产的自制件物料的需求（下达订单与未下达订单）量、工艺路线文件和工作中心数据实现的。

③ 提供计算加工件成本的数据。通过工艺路线文件可以计算出各加工件每道工序所需的计划标准工时数，再由该工序所在工作中心的人工费率和制造费率计算出人工费和制造费，形成各个加工件的成本费用。

④ 提供跟踪在制品的数据。当一批或一个物料下达后，可以通过物料的批号和工艺路线文件中各种定额时间，跟踪该物料计划完工状态和生产进度。

（2）工艺路线的主要数据。工艺路线的数据将涉及生产管理和成本管理等方面的数据，分成父项数据和子项数据，父项数据是记录物料订单数据，子项数据是描述物料加工过程定额数据。父项数据主要有：物料代码、制造数量、订单交货日期等数据。子项数据主要有：工序号、工序名、使用点、序号、工作中心、准备时间、传递时间、等待时间、排队时间、加工时间，时间的单位均是标准小时。

使用点是指完成加工的场所编号。这可能是指一个工作中心、车间或岗位。序号是指加工顺序号。有些工序具有严密的前后关系，也有些工序不存在严密的前后关系，因此，通过序号指明具有严密前后关系的工序。如果两道工序不分前后，则序号相同，系统按序号升序排列。

准备时间和传递时间与父项的批数有关，即每批物料的每道工序需要准备与传递时间和加工件数量无关，等待时间、排队时间和加工时间与父项的加工物料数量有关，即需要时间的长短与加工件数量直接相关。

外协件也要设定其工艺路线文件，但相对自制件的数据要简单得多，往往作为一道工序完成，把外协单位作为完成这道工序的工作中心，在数据描述工序时，主要有加工的时间与费用。在指定加工件的工作中心时，往往存在一个加工件可以在不同工作中心完成加工，在这种情况下要指定一个默认的主工作中心，还要指定可替代的工作中心。

（3）工艺路线的数据维护。工艺路线数据的确定比任何其他数据的确定更困难，这不仅涉及生产管理与成本管理的水平、ERP 系统运行的有效性和企业经营管理能力，而且涉及企业全体操作人员的切身利益。特别是加工定额的长短，直接体现出相应工作中心的工作量大小，影响员工的工作积极性。因此，对每道工序的定额都要反复核实。在实施 ERP 系统过程中，对工艺路线的数据要逐步校准，通常把工艺路线数据维护工作贯穿于整个 ERP 系统的实施与运行过程中。

① 在 ERP 系统实施前，通过人工方式全面整理、定义工艺路线的基础数据，由 MRP 试点和 BOM 的建立逐项输入物料的工艺路线数据，并检验输入数据的正确性。这时主要确保输入数据与整理数据的一致性。

② 在 ERP 系统实施过程中，通过运行系统逐项检验整理数据的正确性，可以按已经执行的结果与系统数据进行比较，并确保 80% 的工艺路线都得到证实可行。

③ 在 ERP 系统正式运行后，还要关注工艺路线数据的正确性，检验系统数据与实际运行情况是否一致，通过投入与产出统计分析结果，以及工艺改革情况等因素及时调整工艺路线文件。

工艺路线与物料清单一样，关系到 ERP 系统的有效性和管理水平，特别是工艺路线数据还直接反映生产管理的精细程度。这些数据由工程部门具体负责维护，但是数据的确定还需要由生产部门、财务部门和主管领导共同确认。

2.3.3 库存管理基础数据

库存管理又称之为库存控制，是指制造业或者服务业生产经营全过程所需要的各种物品、产成品以及其他资源进行管理和控制，使其储备保持在经济合理的水平。如果控制库存不力，有可能导致库存的过剩或不足。库存不足将错过送货、失去销售额、使顾客不满、产生生产力瓶颈等；而库存过剩则要占用过多的资源，这些资源如果用在别处会产生更大的效益。尽管库存过剩看起来是这两种不良中危害较小的一个，但如果过剩库存的情况较为严重，那么其成本是非常惊人的，当库存成本较高时应当加强控制。

1. 库存类型

库存货物十分复杂，从不同侧面可以对存货进行不同的分类。

（1）按货物的管理部门可以将库存分为：原料库、在制品库、成品库、备件库和报废库等。

① 原料库。该库归属采购部门管理，主要用于采购验收入库的所有物料。也是库存管理的主要对象。

② 在制品库。该库归属于生产部门管理，往往存放在生产现场。库存控制中提出的零库存的主要对象。

③ 成品库。该库存一般归属于销售部门管理，在供应链管理过程中，有时将这类库存延伸到客户的原材料库或商场的货架。

④ 备件库。这类库存物料不是直接生产消耗品，而是为了当生产设备发生故障时，确保生产设备快速恢复正常运行所需要的配备件。

⑤ 报废库。在生产过程中，一旦发生加工精度偏差或质量不能达标，将产生中间件报废。因此该库存是记录生产过程的损失。

（2）按库存用途可以将库存分为周转库存、安全库存、调节库存和在途库存等。

① 周转库存。为满足日常生产经营需要而保有的库存。周转库存的大小与采购量直接有关。企业为了降低物流成本或生产成本，需要批量采购、批量运输和批量生产，这样便形成了周期性的周转库存，这种库存随着每天的消耗而减少，当降低到一定水平时需要补充库存。

② 安全库存。为了防止不确定因素的发生（如供货时间延迟、库存消耗

速度忽然加快等）而设置的库存。安全库存的大小与库存安全系数或者说与库存服务水平有关。从经济性的角度看，安全系数应确定在一个合适的水平上。例如国内为了预防灾荒、战争等不确定因素的发生而进行的粮食储备、钢材储备、麻袋储备等，就是一种安全库存。

③ 调节库存。用于调节需求与供应的不均衡、生产速度与供应的不均衡以及各个生产阶段产出的不均衡而设置的库存。

④ 在途库存。处于运输以及停放在相邻两个工作或相邻两个组织之间的库存，在途库存的大小取决于运输时间以及该期间内的平均需求。

2. 库位定义

库位定义是描述企业仓库、货架等基础设置情况。先根据物料在企业生产过程所起作用的不同分成原料库、在制品库、成品库和废品库。再根据物料的特性分成各种特殊的库位。

库位定义数据比较简单，通常由库位编码、名称和类型等组成。库位定义是 ERP 系统基础数据中的基础，在建立物料主文件前首先建立库位定义数据，否则物料主文件中的优先库位数据无法输入。

3. 库存信息

库存信息是保存企业所有产品、零部件、在制品、原材料等存在状态的数据库。库存信息主要有：物料编码、现有库存量、计划收到量（在途量）、已分配量、订购（生产）批量和安全库存量等数据。

① 现有库存量：是指在企业仓库中实际存放的物料的可用库存数量。

② 计划收到量（在途量）：是指根据正在执行中的采购订单或生产订单，在未来某个时段物料将要入库或将要完成的数量。

③ 已分配量：是指尚保存在仓库中但已被分配掉的物料数量。

④ 订购（生产）批量：在某个时段内向供应商订购或要求生产部门生产某种物料的数量。

⑤ 安全库存量：为了预防需求或供应方面的不可预测的波动，在仓库中经常应保持最低库存数量作为安全库存量。

本章小结

本章围绕 ERP 系统的运行基础，分别介绍了 ERP 系统应用企业的生产管理方式、生产计划方式、订单类型、产品生命周期等概念，同时分析了生产计划方式与产品生命周期各阶段之间的关系；生产方式分类方法与 ERP 系统的关系；ERP 系统的订单的生命周期各阶段之间的控制方式和演化机理。系统地介绍了物料主文件、物料清单、工作中心、工厂日历、工艺路线和库存记录等 ERP 系统的重要数据文件，以及这些数据文件的组成、数据内涵、对数据精确度要求和收集整理数据的方法，为 ERP 系统运行提供基础保障。

习　题

一、名词解释

1. 生产方式　2. 产品生命周期　3. 订单生命周期　4. 物料主文件　5. 物料清单　6. 工作中心　7. 工厂日历　8. 提前期　9. 工艺路线　10. ETO　11. MTO　12. ATO　13. JIT　14. 数量类型　15. 能力

二、简答题

1. 生产方式有哪几种？各有何特点？
2. 计划方式有哪几种？各有何特点？
3. 产品生命周期有哪几个阶段？这与计划方式有何联系？
4. 订单有几种？对应哪个部门管理？在 ERP 系统中有何作用？
5. 简述订单生命周期各阶段的演化机理。
6. 提前期包含哪些时间？如何获取提前期数据，提前期与产品生产周期有何关系？
7. 工厂日历是如何计时的？与日常公历有何关系？
8. 物料清单和物料主文件分别起什么作用？

三、设计题

1. 选择你身边熟悉的某一产品，整理编制出该产品物料主文件的主要数据（数据包含：物料编号、物料描述、物料类型、提前期、计划员或采购员编号、优先库位、单位、订货批量、订货倍数等）。

2. 选择你身边熟悉的某一产品（可以是第一题相同的产品），画出该产品结构的示意图，列出该产品物料清单的主要数据（数据包含：父项物料编号、子项物料编号、数量类型、数量、提前期偏差、损耗率等）。注：物料编号与物料主文件的编号相同。

3. 从你选定的产品中选择一个自制物料，定义该物料的工艺路线文件，并以表格形式列出工艺路线的主要数据（数据包含：序号、工序编号、工序描述、使用点、准备时间、运输时间、等待时间、排队时间、加工时间等，并且不少于4道工序）。

4. 为你选定的产品整理编制列出对应物料的库存记录（数据包含：物料编号、库位编号、现有库存量、安全库存量等）和工作中心定义（数据包含：工作中心编号、工作中心描述、能力、人工费率、制造费率等）。

第 3 章 MRP 系统

ERP 系统在企业信息化建设过程中经历了时段式 MRP、闭环 MRP 和 MRP Ⅱ，是近五十年的信息技术应用实践形成的。ERP 系统的原理也是随着企业信息化发展逐步完善，至今还在向深度与广度发展。

3.1 订货点法

3.1.1 订货点法的提出

在 18 世纪工业革命后，人类进入工业经济时代，社会经济的主体是制造业。工业经济时代竞争的特点就是产品生产成本上的竞争，规模化大生产（Mass Production）是降低生产成本的有效方式。由于生产的发展和技术的进步，大生产给制造业带来了许多困难，主要表现在：生产所需的原材料不能准时供应或供应不足；零部件生产不配套，且积压严重；产品生产周期过长和难以控制，劳动生产率下降；资金积压严重，周转期长，资金使用效率降低；市场和客户需求的变化，使得企业经营计划难以适应。总之，降低成本的主要矛盾就是要解决库存积压与短缺问题。如何提高库存物料的可控性是当时管理学急需解决的重大问题。订货点法是在这种社会环境下产生的先进管理理论与方法。

3.1.2 订货点法原理

假设：某一物料在单位时区内的需求量（即消耗速度 V）是已知的，物料的提前期（T）也是已知的，如图 3-1 所示。在这种情况下，该消耗库存物料在消耗到一定量（即订货点 Q_0）时，提出订货，既能确保正常生产，又能使库存积压最少。同时考虑防止供应过程中的不稳定因素对物料需求产生的影响，设定一个安全库存量 Q_s。该库存物料的这种控制方法称为订货点法，这个库存量称为订货点。即：

$$Q_0 = V \times T + Q_s \qquad (3-1)$$

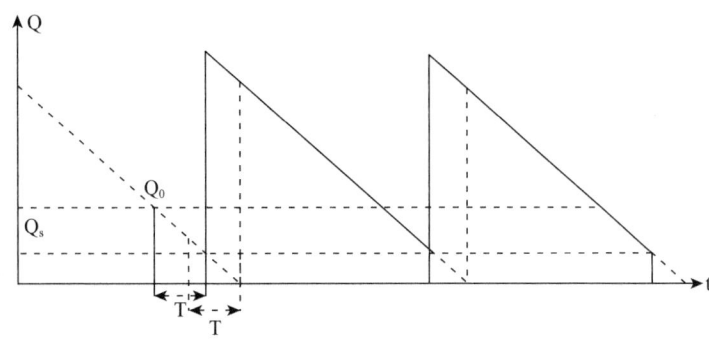

图 3-1 订货点法示意图

订货点法是在当时社会背景下（物资匮乏，供不应求）提出的，从理论上看，订货点法的数据处理十分严密，可以对每个物料通过式（3-1）进行计算和推导出物料控制的订货点，确保物料的供应。

3.1.3 订货点法的应用

订货点法是最简单有效的库存管理方法之一。运用订货点法管理物料，要求该订货物料能明确其提前期和消耗速度，以及可能产生的最大波动，即安全库存量。但是在实际企业生产运行过程中，完全能明确这些参数是很困难的，只能在相对有限的情况下运用订货点法。运用订货点法确定订货物料的订货周期和订货批量。

1. 定期定量

这种方法是先确定固定采购时间间隔，后确定每次的订货批量。如果该企业的物资可以随时购买，实行等批量订货，也就是企业的物资消费速度（日耗量）变化不大，可以直接用订货点库存量进行管理，采用限额法或分堆法控制购买。

（1）限额法。即将订货点作为订货时的库存限额，标在库存卡片和库存明细账页上。当库存量下降到订货点时，发出订货信息，派员订货。

（2）分堆法。即将库存实物分为三堆，第一堆堆放安全库存量，第二堆放订货提前期库存量，余数为第三堆。在物资出库时，先发第三堆。第三堆发完时，说明已到订货点，要发出订货信息。然后发第二堆，第二堆发完时，订货应该到货。第一堆是安全储备，一般不动用。但因物资本身有保管限期，所以应定时更新。如果企业由于生产任务调整或由于生产不均衡，造成消费速度（日耗量）发生较大变化时，则要对订货点进行调整。

2. 定量定期

这种方法是先确定订货批量，后确定订货时间间隔。运用订货法，其订货周期是不能改变的，但是订货量可以调整。在这种情况下物资消费速度变化对订货点库存量有影响，订货点（即订货日期）是固定的，当消费速度变化时，库存曲线到达订货日期的实际库存量小于（消费速度加快）或大于（消费速度减慢）订货点库存量。

在订货点法中，假定订货提前期是不变的，即物资是按预定时间到货的。但是，由于受到各种因素的影响，会经常发生提前或延期到货现象。这种由供方、运方造成的问题，同样会使企业遭受超储或缺货损失。

物资提前或延期到货，事先如缺乏联系，是不能通过订货点库存量来发现和调整的。而且企业消耗速度的变化和到货的提前或延期，往往是交织在一起发生的。这就要对库存物资超储和缺货的原因进行具体分析，对于因消耗速度变化造成的超储和缺货，可以通过订货点库存量发现，并可用调整订货周期或订货量的方法加以调整和防止；对于因到货提前或延期造成的超储和缺货只能通过事前联系、事后积极调整补救的办法进行处理。

3. 运用订货点法的调整方法

在实际库存管理过程中，很少能固定物料的提前期和消耗速度，由于订货点法的简单，深受库存管理者的喜欢，对于提前期和消耗速度变化较少的情况下，均可采用订货点法，但在控制时还要做适当调整和监控。

（1）事前密切联系。企业对所需物资，应采用 ABC 分析法，将占用资金很多而品种较少的 A 类物资和一部分 B 类物资（指占用资金较多，品种数也较多的物资）同 C 类物资区分开来，进行重点订货点法管理。对 A 类和少数 B 类物资的需用量要详细核算，订货量和库存量要以严控制，在订货后要与供方密切联系，互通信息，避免发生提前或延期到货。具体措施可在订货合同中写明本企业的要求，在执行合同中双方密切联系或派员驻厂催发催运等。这是一种预防为主的方法。

（2）事后积极调整补救。在已经发生提前或延期到货时，应当采取以下措施：

① 在可能发生超储时，必须研究多余量如何处理，如准备存放条件和所需资金，积极外调或调整生产任务等，力争减少损失。在可能发生缺货时，则应筹措所缺物资或调整生产任务。

② 总结经验教训，改进与供方的联系办法和驻厂催货工作，以避免类似事件再次发生。

③ 根据实际超储或缺货数量调整下一个周期的订购量，使之符合储备定额的要求。

3.1.4 应用订货点法存在的主要问题

事实上，随着市场竞争加剧，客户需求的多样性和生产能力的过剩，订货点很快暴露出很多缺陷。主要表现在如下几方面：

1. 物料需求趋向间断，而且需求量往往存在随机性。

2. 物料控制对象繁多，即使通过努力，管理水平大大提高，缺货降到2%。但是，一个产品往往由众多物料组成，例如由1 000个零件组成，则最终还会有20种零件发生缺货，造成管理混乱。

3. 何时订货无法事先确定，只能等待库存物料消耗到订货点时才能发出订单。

4. 单位时区的物料需求量越来越难以确定，在市场经济条件下，当产大于供时，根本无法确定。

3.2 时段式MRP

1957年，美国生产与库存控制协会（APICS）成立，开始进行生产与库存控制方面的研究与理论传播。针对订货点法暴露出来的问题，提出了时段式物料需求计划（Material Requirement Planning，简称MRP）理论与方法。时段式MRP是在原订货点法的基础上提出的生产、库存管理理论与方法。随着20世纪60年代计算机的商业化应用开始，第一套时段式MRP系统软件面世，并应用于企业物料管理工作中。

3.2.1 时段式 MRP 特点

在时段式 MRP 管理模式下,将物料控制对象和库存记录进行了调整,这体现了时段式 MRP 管理特点。

(1)物料分类:按需求的来源不同,物料可分为独立需求和相关需求两种类型。独立需求是指需求量和需求时间由企业外部市场需求来决定,例如,客户订购的产品、配件、科研试制需要的样品、售后维修需要的备品备件等,即独立出售给客户的物料;相关需求是指根据物料之间的结构组成关系由独立需求的物料所产生的需求,例如,组件、半成品、零部件、原材料等的需求。

(2)库存记录(InVentory Records,简称 INV):从时段式 MRP 管理模式开始,库存物料不仅记录了过去、现在的详细情况,更侧重于记录将来物料的库存情况。在库存记录中引入了时间轴的理念。在时间轴上按一定的时间长度(可以是一个月、一周、一天或者一小时)分段,该时间段称为时段,或时间区域,简称时区。在库存记录中详细记录该物料在各个时区的毛需求、库存量和净需求量等信息。

在某一个企业实施 ERP 系统时,时段选定后在相当一段时间内不变,时段取值的长短反映了企业管理水平和 ERP 系统应用效能。取值越大效能越低,反之越大。但是在企业起步阶段,不能取值太小,不仅系统切换工作大,而且容易造成混乱。

(3)物料联系:时段式 MRP 管理模式开始,相关物料(或称为非独立需求物料)不是孤立的,相关物料的需求是受独立需求物料约束的。独立需求物料与相关物料之间通过物料清单(BOM)描述。BOM 正确全面地描述了物料之间的层次关系和层次之间的数量关系(K)。BOM 数据的正确性、完整性直接影响到 MRP 的应用。

例如:一个玻璃水杯由盖子和杯子组成,盖子使用 50 克塑料粒子制成,杯子使用 200 克玻璃制成。则:玻璃水杯的物料清单(BOM)如图 3-2 所示。

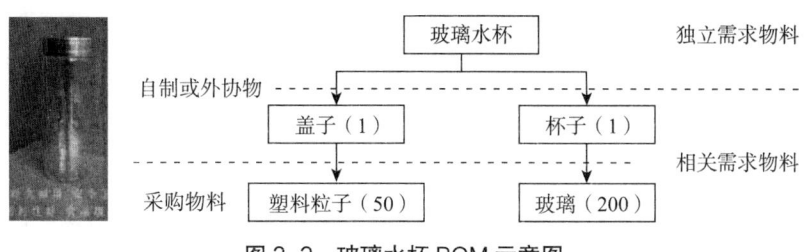

图 3-2 玻璃水杯 BOM 示意图

3.2.2 时段式 MRP 原理

假设：企业对独立需求的物料通过主生产计划（Master Production Schedule，简称 MPS）事先确定的；物料清单（BOM）是已知的，库存记录是完整可靠的。则：相关物料在各时区的需求计算根据如图 3-3 所示的逻辑展开。

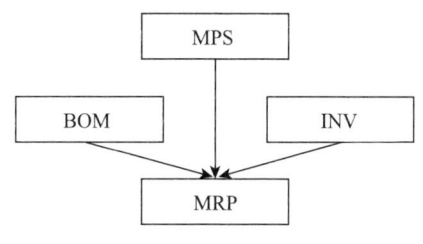

图 3-3 MRP 逻辑示意图

在库存记录中，记录数据分别有毛需求量（Q_M）、净需求量（Q_Q）、计划订货量（Q_O）、计划下达量（Q_X）、库存量（Q）、可供货量（Q_K）和已订货量（Q_D）等。

毛需求量（Q_M）是反映上层物料对下层物料的需求量，因此，在 BOM 中顶层独立需求物料没有毛需求量；

净需求量（Q_Q）是反映实际至少需要投入生产、外协或采购的物料数量；

计划订货量（Q_O）是根据净需求量和批量调整等因素确定的生产、外协或采购的物料数量；

计划下达量（Q_X）是反映实际下达生产、外协或采购的物料数据；

库存量（Q）是反映该物料的库存数量；

可供货量（Q_K）是反映该物料可以供使用的数量；

已订货量（Q_D）是反映该物料已经下达订货的数量。

MRP在展开计算时,沿着BOM图从顶向下,逐层计算每个物料毛需求Q_M、净需求量Q_Q、计划订货量Q_O和计划下达量Q_X。

各时区相关需求物料的毛需求量Q_M等于上层物料的净需求量Q_Q乘两层物料之间的数量关系K;

在同一时区内,某一物料的可供货量Q_K等于库存量Q减去净需求量Q_Q,再加已订货量Q_D;

后一个时区的可供货量Q_K等于前一个时区的库存量Q;

计划订货量Q_O等于净需求量Q_Q;

计划下达量Q_X等于该物料提前期T的计划订货量Q_O。

计算方法见式(3-2)。

$$\begin{cases} Q_M = Q_Q \times K \\ Q_K = Q - Q_Q + Q_D \\ Q(t) = Q_K(t-1) \\ Q_O = Q_Q \\ Q_X(t) = Q_O(t-T) \end{cases} \quad (3-2)$$

在实际应用中,可供货量与库存量合并使用,隐含着前一个时区的可供货量等于后一个时区的库存量。直接引用计划下达量Q_X推算出计划订货量Q_O和净需求量Q_Q;在实际计划订货时,不仅要满足净需求量,而且要符合订货倍数和订货批量。订货倍数是指由于物料包装、容器等条件的限制,必须按计量单位的某一倍数订货。例如,一箱啤酒有12瓶,如果需求物料的单位是瓶,但是供应商只以箱为单位供货,因此,在采购啤酒时要折算到箱。订货批量是由于订货成本、运输成本等原因,在下达订货订单时,每批订货量不能少于每一个阈值,否则,物料的运输与订货费用不经济。有些单位对具体物料订货下达的订单数据有一个范围,用于提高生产经营效率和效益。

3.2.3 实例演算

假设上述玻璃水杯及相关物料库存量、安全库存量、订货批量和提前期如下表3-1所示,已知玻璃水杯的需求量如表3-2所示。请推算出各个相关物料的毛需求、预计入库量、净需求、库存量和计划订货下达量。

预计入库量是指某一物料在下达订单后，经过该物料的提前期时间后生产或采购入库的数量。对于下达订货的量在理论上都可以实现预期入库。但是，为了区分计划前与计划后的订单量，以及统计计划期内的总需求量，有时把计划期内的下达订货量不列入预计入库量中。本文为了便于计算，将所有计划订货按时列入预计入库量中。

表 3-1 玻璃水杯的基础数据

物料代码	物料名称	单位	原库存量	安全库存量	订货批量	提前期（时区）
P100	水杯	只	0	1	1	1
P210	盖子	只	20	5	5	1
P220	杯子	只	20	5	5	1
P311	塑料粒子	g	2 000	1 000	500	2
P321	玻璃	g	4 000	2 000	1 000	2

表 3-2 玻璃水杯（P100）需求量和预计入库量

时区	1	2	3	4	5	6	7	8	9	10
需求量	10	20	15		20	8	20	10	14	25
预计入库量	30	20	16	15						

推算过程如下：

推算出玻璃水杯各时区的库存量、净需求量、计划订货量和计划订货下达量如表 3-3 所示。

① 第一个时区的库存量 = 原（前一个时区）库存量 + 第一个时区预计入库量 – 第一个时区的需求量；即：0 + 30 – 10 = 20。

第二个时区的库存量 = 原（第一个时区）库存量 + 第二个时区预计入库量 – 第二个时区的需求量；即：20 + 20 – 20 = 20。

依次计算出各时区的库存量。当库存量出现负值或低于安全库存量时，将产生净需求。第一次净需求是在第 7 时区，库存量将少于安全库存量。净需求的计算方法如下：

② 净需求量 = 需求量 + 安全库存量 - 前一个时区库存量 - 预计入库量 + ε

ε 是一个调整因子，净需求要大于等于订货批量，水杯的订货批量是 1，因此不需要调整，ε 取 0。

表 3-3　水杯（P100）需求量和预计入库量

推算值名称	1	2	3	4	5	6	7	8	9	10
需求量	10	20	15		20	8	20	10	14	25
预计入库量	30	20	16	15			13	10	14	25
库存量（0/1）	20	20	21	36	16	8	1	1	1	1
净需求量							13	10	14	25
计划订货量							13	10	14	25
计划订货下达量						13	10	14	25	

注：表中原库存量括号内数据分别表示（库存量/安全库存量）粗黑体为推算结果，斜体为预期数据，以下相同的规定。

③ 随后填写计划订货与计划订货下达量。

④ 再填写预计入库存量。

⑤ 修改库存量。

依②③④⑤次序循环推算到各时区。

计算下层物料（盖子与杯子）毛需求，结果如表 3-4 所示。

表 3-4　盖子与杯子毛需求量的计算

物料代码	推算值名称	1	2	3	4	5	6	7	8	9	10
P100	计划订货下达量						13	10	14	25	
P210	毛需求量						13	10	14	25	
P220	毛需求量						13	10	14	25	

下层物料的毛需求 = 上层物料的下达订单量 × 上下层物料之间的倍数

根据时段式 MRP 原理可以分别推出盖子、塑料在各时区的毛需求、预计入库量、库存量和计划订货下达量，如表 3-5 所示。请学员在课后自己推算瓶子和玻璃的需求、预计入库量、库存量和计划订货下达量。

表 3-5 MRP 展开实例

物料	推算值名称	1	2	3	4	5	6	7	8	9	10
玻璃水杯	需求量	10	20	15		20	8	20	10	14	25
	预计入库量	30	20	16	15			*13*	*10*	*14*	*25*
	库存量（0/1）	20	20	21	36	16	8	*1*	*1*	*1*	*1*
	计划订货下达量						13	10	14	25	

*1

物料	推算值名称	1	2	3	4	5	6	7	8	9	10
盖子	毛需求量						13	10	14	25	
	预计入库量							*10*	*15*	*25*	
	库存量（20/5）	20	20	20	20	20	7	7	8	8	
	计划订货下达量						10	15	25		

*50

物料	推算值名称	1	2	3	4	5	6	7	8	9	10
塑料	毛需求量						500	750	1 250		
	预计入库量							*500*	*1 000*		
	库存量（2 000/1 000）	2 000	2 000	2 000	2 000	2 000	1 500	*1 250*	*1 000*		
	计划订货下达量					500	1 000				

注：盖子的提前期是 1 个时区，所以在第 7 个时区的计划订货量 10，在第 6 时区计划订货下达。塑料的提前期是 2 个时区，所以在第 7 个时区的计划订货量 500，在第 5 时区计划订货下达。按 MRP 计算，塑料在第 7 时区的库存量还有 750，已经低于安全库存量 1 000，根据订货批量每次至少 500，所以计划订货下达 500，库存量推算结果是 12 500。

对水杯—杯子—玻璃粒子的物料需求计划的展开，请读者按 MRP 原理尝试推算。读者也可以对简单的日常用品，如钢笔、铅笔、眼镜等拆分，构建相关产品的物料清单和假设相关的物料主文件数据。反复演练。

3.3 闭环 MRP

时段式 MRP 对物料的生产管理与库存控制从理论上看十分完美。根据主生产计划可以分别推算出相关物料在各时区的需求量，为生产与采购任务下达提供了科学的依据。但是，时段式 MRP 存在的严重问题是没有考虑企业实际制造能力和经营成本。这些问题的解决依靠人工在主生产计划中考虑。实际企业生产经营是动态变迁的，随着企业规模的扩大人工无法实现正确的计划。闭环 MRP 将物料需求按时段（周或天）进行分解，使得 MRP 成为一个实际的计划系统和工具，而不仅仅是一个订货系统，这是企业物流管理的重大发展。闭环 MRP 系统的出现，使生产计划方面的各种子系统得到了统一。只要主生产计划真正制订好，那么闭环 MRP 系统就能够很好运行。

3.3.1 闭环 MRP 特点

20 世纪 70 年代，人们在时段式 MRP 的基础上，一方面把生产能力作业计划、车间作业计划和采购作业计划纳入 MRP 中，同时在计划执行过程中，加入来自车间、供应商和计划人员的反馈信息，并利用这些信息进行计划的平衡调整，从而围绕着物料需求计划，使生产的全过程形成一个统一的闭环系统，如图 3-4 所示。从上至下进行展开，由粗及细，从宏观到微观。从下向上实现反馈，及时检验上层计划的合理性，并提供调整的依据。

闭环 MRP 与时段式 MRP 相比，具有如下特点：

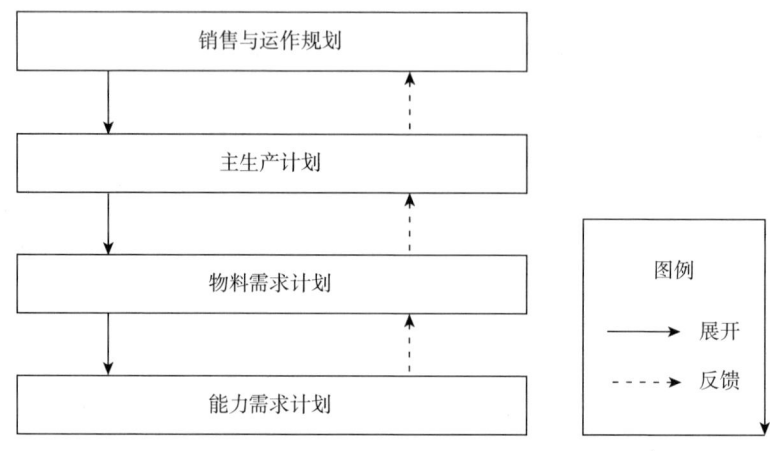

图 3-4　闭环 MRP 计划层次示意图

（1）计划层次性。在闭环 MRP 系统中把计划分成销售与生产规划、主生产计划、物料需求计划和能力需求计划等。最高层生产规划是宏观的，具有指导性。底层能力需求计划是微观的，根据实际生产过程具体指派到各工位的生产任务。

（2）计划之间的反馈性。企业计划从宏观到微观，各层之间具有反馈功能，即当确定经营规划时要充分考虑销售与生产规划是否能实现，确定销售与生产规划时要充分考虑主生产计划是否能实现，在确定物料需求计划时要充分考虑生产与采购能力是否能实现，如果不能实现，则调整上层计划。计划之间从上到下的分解，从下到上的验证，形成一个完整的封闭循环。这个循环不仅能充分利用企业资源，同时还能不断适应市场变化。

（3）增加能力需求计划。物料需求计划产生的采购订单与生产订单是否能按质、按量与按时完成取决于物料执行情况，生产计划的完成将取决于企业的生产能力，通过生产能力的计划更加明确生产任务的落实。

（4）连续计工作时间制。系统内部的计时方式采用连续的工作日编制，称为工厂日历，或公司日历。系统可以将工厂日历与日常日期通过设置自动转换。在工厂日历中没有节假日，以一千个工作日作为一个循环。

（5）增加工艺路线。工艺路线是描述物料加工过程的数据文件。记录自制物料每道工序所需的准备时间、加工时间、运输时间、排队时间和等待时间。在通常情况下准备时间与运输时间是按批产生，不与批量发生直接关系。加工时间、排队时间与等待时间往往与批量有关，批量越大消耗的时间越多。工艺路线不同于工艺文件，工艺文件是描述物料加工精度、外观、形状要求和生产过程步骤。

（6）划分工作中心。工作中心是分派任务、能力核算、成本核算的考核单位，也是企业生产组织的单元。工作中心的划分、定义和设置往往与企业的管理基础和物流控制有关。管理水平越高划分越细，一个工作中心可以是一个车间、一条生产线、一个班级或一台设备等。

3.3.2 闭环 MRP 原理

闭环 MRP 是在时段式 MRP 的基础上，针对生产管理与库存控制中出现的问题提出的更完美的管理理念与管理方法。企业生产过程与库存控制方法实现内部封闭循环，有效地利用企业资源，及时发现管理问题，适应市场需求的变化。使计划从刚性趋向柔性发展，计划的可执行性大大地提高，闭环 MRP 的工作原理如图 3-5 所示。

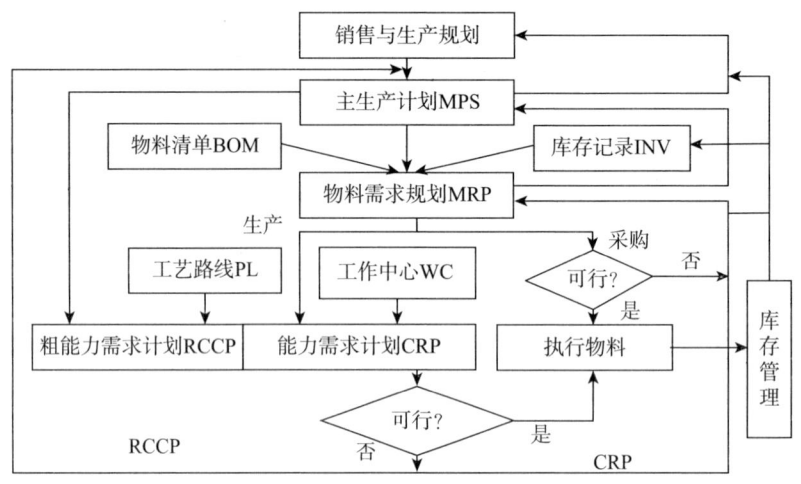

图 3-5　闭环 MRP 原理示意图

在计划层次控制上，严格使下层计划是上层计划的分解，内容上更加具体，时间上更接近现实。上层计划是下层计划的提炼、总结和汇总。首先，企业高层领导根据企业现状和产品市场开拓状况制定出企业发展的战略规划，在企业战略规划的指导下制定企业经营规划，然后根据经营规划制定出销售与生产规划，由销售与生产规划确定主生产计划，主生产计划直接输入 MRP 系统，MRP 系统根据主生产计划、物料清单和库存记录推算出相关需求物料在各时区的需求量。对 MRP 生产或已经下达的生产订单，按工艺路线分别计算出各工作中心在各时区负荷。根据工作中心的能力与推算的负荷进行比较，一旦出现负荷超过能力时，提示计划员进行调整；如果工作中心之间无法调整平衡，则系统反馈给 MRP，调整物料需求量；如果物料需求的调整无法满足实现状况时，反馈到主生产计划员，调整主生产计划；如果主生产计划的调整无法满足实际状况时，调整销售与生产规划；当销售与生产规划调整无法满足实际状况时，调整经营规划。为了减少调整的频繁次数，在制定主生产计划时，先进行粗能力需求计划推算。当工作中心的能力满足负荷需要时，则执行任务，完成物料的生产加工，或开展采购活动，这类物料执行活动完成后通过库存管理返回到库存记录。采购物料记录在原料库,生产过程中间件记录在在制品库,最终产品记录在成品库中。

3.3.3 粗能力需求计划

粗能力需求计划（Rough Cut Capacity Planning，简称 RCCP）用于对生产规划与主生产计划的制定或改变的合理性检验。如果粗能力需求计划的结果使企业资源无法满足时,及时调整相应的生产规划或主生产计划。粗能力需求计划是根据生产规划或主生产计划量、关键工艺路线、工作中心的数据计算出对能力需求量,然后按关键工艺路线对应工作中心的负荷比重,推算出对工作中心所需要的资源。并与工作中心的能力进行比较,估算出生产规划或主生产计划对各工作中心的能力需求,检验生产规划或主生产计划的合理性。

关键工艺路线：这是指在组织生产过程中所需要时间最长的工艺路线,也就是说如果这条工艺路线所需要的资源能够满足,时间足够,则可以按期完成,生产任务的成功率很高。

关键工作中心：这是指在企业生产过程中独一无二的设备、人员等形成的工作中心,也就是说,如该工作中心的能力发生变化,直接影响到企业的整个生产过程。

在粗能力需求计划时特别要关注关键工艺路线上的关键工作中心。一定要检验这类工作中心的能力是否满足负荷需要。

3.3.4 能力需求计划原理

能力需求计划是在时段式 MRP 基础上新增加的功能,也是与时段式 MRP 区分的主要特点之一。能力需求计划作为落实生产订单作业任务的现代化管理工具,必须要求企业明确生产物料的生产过程（工艺路线）和工作中心的能力。通过工艺路线,ERP 系统可以推算出每道工序的开工时间与完工时间,我们先看一个例子。

例如：假设在生产玻璃杯时要经过五道工序,分别是选料、粉碎、熔化、吹制和冷却,这五道工序的工艺路线的基本数据如表 3-6 所示。请推算出生产订单号为 B080321 的各道工序的开工日期和完工日期,订单的下达日期和交货日期。生产订单 B080321 的主要内容物料名称是玻璃杯子,生产数量是 50 只,交货日期是第 421 日（工厂日历）。

表 3-6 制造玻璃杯子的工序文件（时间单位：标准工时）

序号	工序号	工序名	工作中心	准备时间	运输时间	等待与排队时间	加工时间
1	B-10	选料	WC010	1	2	0.5	0.1
2	B-11	粉碎	WC010	2	0.5	0.4	0.2
3	B-20	熔化	WC020	4	1	0.3	0.3
4	B-21	吹制	WC020	3	0.2	0	0.3
5	B-51	冷却	WC050	2	0.5	0	2

注：1. 选料、粉碎和熔化均随杯子以只为计算单位。
2. 时间单位是小时。
3. 订单下达批量是 50。
4. 工序之间只能串行作业，冷却工序并行作业。
5. 准备与运输是每批单位时间，等待、排队与加工是每件单位时间。
6. 数据纯属虚构，仅供原理演示。

能力需求计划（CRP）计算的依据是工厂日历、工作中心、工艺路线和下达的生产订单。推算过程如下：

第一步：计算订单对各道工序所需要的等待、排队和加工时间，计算结果如表 3-7 所示。

等待、排队和加工时间等于订单批量 ×（等待与排队单位时间＋加工单位时间）

第二步：计算订单对各工序总时间。

总时间是准备时间＋运输时间＋等待、排队和加工时间

B-10（总时间）= 1 + 2 + 30 = 33

其他工序依次推算，结果如表 3-8 所示。

表 3-7 各工序所需时间明细（单位：标准工时）

工序号	准备时间	运输时间	等待、排队和加工时间计算方法	等待、排队和加工时间
B-10	1	2	= 50 ×（0.5 + 0.1）	30
B-11	2	0.5	= 50 ×（0.4 + 0.2）	30

（续表）

工序号	准备时间	运输时间	等待、排队和加工时间计算方法	等待、排队和加工时间
B-20	4	1	=50×（0.3＋0.3）	30
B-21	3	0.2	=50×0.3	15
B-51	2	0.5	=2	2

表 3-8　各工序所需总时间（单位：标准工时）

工序号	准备时间	运输时间	等待、排队和加工时间	总时间
B-10	1	2	30	33
B-11	2	0.5	30	32.5
B-20	4	1	30	35
B-21	3	0.2	15	18.2
B-51	2	0.5	2	4.5

第三步：计算订单对各工序所需工作日。

在计算各工序所需的工作日前，先要计算出每天的标准工作时间。

标准工作时间＝工作时间 × 工作时间利用率 × 工作时间效率。

工作时间利用率指单位工作时间内能实际投入到工作中的时间，工作时间效率指在单位投入工作的时间内能完成工作定额的时间数。设该企业工作时间利用率是88%，工作效率是92%，则：标准工时＝8×0.88×0.92＝6.476 8，以6.5计算各工序所需工作日，计算结果如表3-9所示。

表 3-9　各工序所需工作日（单位：天）

工序号	B-10	B-11	B-20	B-21	B-51
工作日	5	5	6	3	1

第四步：计算各道工序的开工日期和完工日期。

在计算过程中必须遵守最后一道工序的完工日期等于订单的交货日期；上一道工序完工日期等于下一道工序的开工日期；第一道工序的开工日期等于订单的下达日期。因此，计算过程是从最后一道工序倒推算出各道工序的开工日期与完工日期，计算结果如表 3-10 所示。

表 3-10　各道工序开工日期与完工日期（单位：日）

工序号	工作日	开工日期	完工日期	备注
B-10	5	401	406	开工日期是订单下达日期
B-11	5	406	411	
B-20	6	411	417	
B-21	3	417	420	
B-51	1	420	421	完工日期是订单交货日期

通过能力需求计划的计算，我们可以清晰地获得 B080321 生产订单在各个工作中心不同时间轴上的负荷分布情况。

假设：系统当前工厂日历为 400 号，每 7 天为一个时区，则相应每道工序在工作中心负荷分布情况如表 3-11 所示。

表 3-11　各工作中心负荷分布情况

工作中心	工序号	开工日期	完工日期	负荷	1 时区	2 时区	3 时区
WC010	B-10	401	406	30			
WC010	B-11	406	411	30			
WC020	B-20	411	417	30			
WC020	B-21	417	420	15			
WC050	B-51	420	421	2			

根据上述方法，可以将所有的生产订单全部计算出各个工作中心在各时区的负荷，然后进行汇总。汇总结果分成已下达订单对各工作中心各时区的负荷（实心框）和计划下达订单对各工作中心各时区的负荷（空心框）。工作中心 WC010 汇总计算结果如图 3-6 所示。

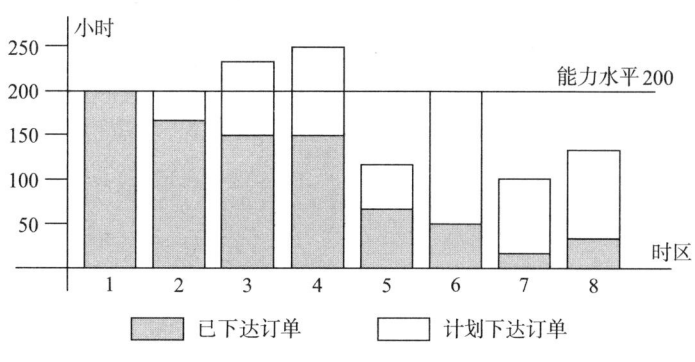

图 3-6 工作中心 WC010 能力负荷示意图

从图 3-6 可知，WC010 工作中心在第一个时区已下达的订单负荷与能力相同，而且没有计划下达订单负荷。在第二个时区已下达订单与计划下达订单的负荷和恰好等于工作中心的能力，因此，完全可以按计划下达订单。但是，在第三时区，已下达订单与计划下达订单的负荷超过了工作中心的能力，已下达的订单负荷没有达到工作中心的能力，所以，在下达计划订单时，必须按工作中心的能力进行调整。

本章小结

本章围绕库存物料控制的理论与方法，分别介绍了 MRP 系统的提出原因和对应解决方案。以时段式 MRP 系统为核心，针对库存控制理论的发展和企业管理的需要，重点阐述了时段式 MRP 系统形成前的订货点法和闭环 MRP 系统的物料控制思路、特点和库存物料控制的推算方法。分别介绍了 MRP 系统发展过程中各阶段的应用前提，以及物料分类的方法与作用。较系统深入地探讨了 MRP 系统对传统库存管理、生产方式、采购管理和销售管理的影响，以及管理方式的改变。

习 题

一、名词解释

1. 订货点法　2. 毛需求　3. 独立需求物料　4. 相关需求物料　5. 能力需求　6. 粗能力需求　7. 时段　8. 时区　9. 时段式 MRP 系统　10. 闭环 MRP 系统

二、简答题

1. 在什么背景下应用订货点法控制库存才有效？现在背景下应用订货点法会存在哪些主要问题？
2. 时段式 MRP 系统与订货点法有何区别？时段式 MRP 系统解决了订货点法存在的哪些问题？
3. 闭环 MRP 系统与时段式 MRP 系统有何区别？闭环 MRP 系统解决了时段式 MRP 系统存在的哪些问题？
4. 时段式 MRP 系统应用的前提条件是什么？
5. 闭环 MRP 系统应用的前提条件是什么？
6. 物料分成独立需求与相关需求有何用途？
7. 简述 MRP 系统推算的基础数据主要有哪些？
8. 简述 CRP 推算的基础数据主要有哪些？

三、计算题

1. 推算物料需求。假设某一产品 P 由 2 个 A 部件组成，A 部件由 2 个 B 零件组成，B 零件需要用 5 公斤 C 原料。物料 P、A、B 和 C 的提前期分别是 1、2、3、3 个时区，现有库存量分别是 20、50、60、100，订货批量分别是 1、1、1、10，订货倍数分别是 1、2、4、10，P 产品预计在第 1 时区和第 2 时区分别有 20、15 入库，A 部件预计入库量分别是第 1 时区 20、第 3 时区是 40，P 产品每个时区需要 30。根据上述提供的基础数据和相关假设，请完成如下推算。

（1）如果 P 产品的安全库存量是 10，请推算出 P 产品的订货点。

（2）如果 P 产品及其各物料的提前期为 0，请推算当需要 100 个 P 产品时各相关物料在第一时区的毛需求、净需求和库存量。

（3）根据上述提供数据，推算出 P 产品各时区的毛需求、净需求和库存量。

（4）根据上述提供数据，推算出 P 产品及相关物料各时区的毛需求、净需求和库存量。

2. 推算工作中心负荷，进行能力需求计划。假设某一生产订单的订单号是 M1501，需要生产 A 物料 400 只，交货日期是 428 号，该物料的工艺路线如表 3-7 所示，请完成如下推算。

（1）计算出各道工序所需标准工时。

（2）折算出各道工序所需的工作天数（每天工作 8 标准小时）。

（3）推算出各道工序的开工日期和完工日期，确定订单的下达日期。

（4）汇总各工作中心的负荷。并画出工作中心负荷图。

第 4 章 MRP II 系统

在企业经营管理中,生产管理只是一个方面。生产管理所涉及的主要是物流,而与物流密切相关的还有资金流。如何将生产与财务有机结合起来形成一体化的集成系统是MRPII诞生的前提。

4.1 MRP II 的概念

4.1.1 MRP II 的提出

闭环 MRP 虽然是一个十分完整的计划与控制系统,通过信息系统能有效地掌控所有物料。但是,它还无法表述生产过程中的投入与产出所发生的成本与效益。而效益是企业经营管理的最终目标。企业的运行以达到这一目标为企业管理的关键。通过理论与企业界长期的研究发现,企业经营状况和效益是以货币形式表达,而且可以从物料状态转换而来。20世纪70年代末,MRP 系统推行近10年后,一些企业又提出了新的要求,要求 MRP 系统在处理物料计划信息的同时,同步地提供财务信息。即要求物料不仅要提供数量信息,还要考虑经济信息,随着物流同步表达资金流。产品销售计划同时表示出物料的数量和金额,总之要求将财务系统与生产系统集成为一体。企业高层领导能从生产系统中获取资金信息,随时控制和指导经营生产活动,符合企业的战略目标。

为了达到这一目标,必须在原闭环 MRP 系统的基础上把企业的宏观决策纳入系统中来,也就是说,把企业经营目标的规划、企业销售与运作规划作为系统闭环控制的高层谋划。由此,将企业从宏观到微观的各层计划集成、闭环控制。使系统更具有实用性。

经过对闭环 MRP 系统的改进和探索,1977 年 9 月,美国著名的生产管理专家奥列佛·怀特（Oliver W. Wight，1929—1983）在美国《现代物料搬运》（Modern Materials Handling）月刊上由他主持的"物料管理专栏"中，首次倡议给同资金信息集成的 MRP 系统一个新的称号——制造资源计划，为了表明是 MRP 的延伸与不同，取名 MRP Ⅱ，从此 MRP Ⅱ 诞生了。MRP Ⅱ 从诞生之日起受到理论界与企业界的高度重视，并且不断改进，提升。涉及制造企业的各种资源计划，有机地把人、财、物、信息集成为一整体，把设计、工艺、工程、生产、管理等集成为一体，成为 20 世纪 80 年代现代管理的先进工具。

4.1.2 MRP Ⅱ 的内涵与特点

1. MRP Ⅱ 的含义

在 20 世纪 80 年代，人们在闭环 MRP 的基础上，把制造企业生产经营的主要功能：制造、财务、销售、采购、工程技术等各个子系统通过统一规范的中央数据库集成为一个一体化的系统，称为制造资源计划（Manufacturing Resource Planning）系统，英文缩写还是 MRP，为了区别物料需求计划系统（亦缩写为 MRP）而记为 MRP Ⅱ。MRP Ⅱ 的计划、记录、控制、协调、分析、报告的内容不再局限于物料的全程活动，而是以制造过程需要的主要资源人、财、物为对象，有效地利用各种制造资源、控制资金占用、缩短生产周期、降低成本，最终达到使企业运行在最佳姿态。MRP Ⅱ 为企业管理人员提供了一种现代化管理先进的工具和管理平台。

MRP Ⅱ 的所有功能仍然局限于企业内部物流、资金流和信息流的管理，它最显著的效果仍然是以减少库存量和减少物料短缺现象为前提，也就是说，企业实施 MRP Ⅱ 必须从物流控制、成本控制和生产效率提高等方面着手，才能产生效益。

2. MRP Ⅱ 的特征

MRP Ⅱ 是在闭环 MRP 基础上发展形成的现代管理工具，与闭环 MRP 相比具有明显的特点，主要体现在如下几点：

（1）计划的一贯性与可行性。MRP Ⅱ 是一种计划主导型管理模式，计划层次从宏观到微观、从战略到技术、由粗到细逐层优化，但始终保证与企业经营战略目标一致，如图 4-1 所示，通过自上而下的展开确保计划的一贯性，通过反馈功能确保计划的可行性。

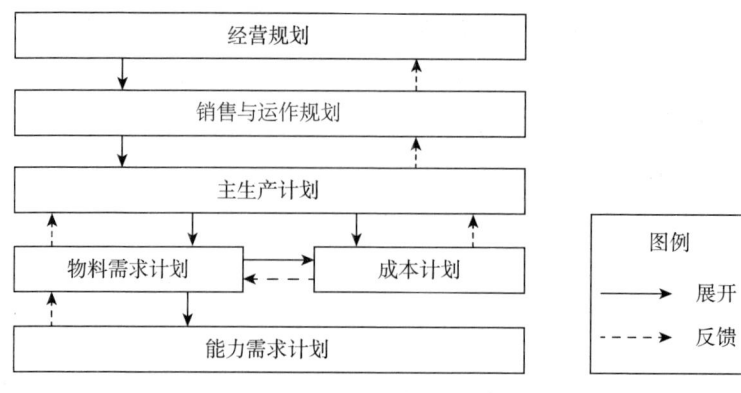

图 4-1 MRP Ⅱ 计划层次示意

（2）管理的系统性。MRP Ⅱ 将制造业的主要资源人、财、物有机地集成统一管理，把企业所有与生产经营直接相关部门的工作联结成一个整体，各职能部门在 MRP Ⅱ 系统整体协调下做好为系统整体贡献的本职工作，每个员工都明确各自岗位对系统的作用，尤其重要的是明确各自工作质量对其他职能的关系及影响。打破了条块分割、各行其是的人工管理局面，为打造团队精神创造有力的平台。

（3）资料的共享性。MRP Ⅱ 是在集成一体化的中央数据库平台上操作，企业各部门都依据同样的数据进行管理工作，拥有一套完整、动态、实时的数据库。任何岗位的任何数据变动都能及时地记录到中央数据库中。在统一的数据库支持下，按照规范化的处理程序进行管理和决策。提高了计划、控制、管理效率与效益，改变了部门间信息壁垒、信息孤岛、盲目决策、相互矛盾的现象。

（4）模拟的灵活性和预见性。通过 MRP Ⅱ 的物料清单、工艺路线和模拟成本等数据，可以从客户订单、采购物料价格和生产能力等因素的变动运用 MRP Ⅱ 的模拟功能，解决"如果怎样……将会怎样"的问题。通过模拟结果分析和预见在相当长的计划期内可能发生的问题，事先采取措施消除隐患。同时，还可以虚设企业运行环境的变化将产生的经营状态分析，提供多个可行方案供领导决策。

（5）动态应变性。MRP Ⅱ 是一个闭环系统，它要求跟踪、控制和反馈瞬息万变的实际情况，管理人员可随时根据企业内外环境条件的变化迅速做出响应，及时决策调整，保证生产正常进行。它可以及时掌握各种动态信息，保持较短的生产周期，因而有较强的应变能力。

（6）物流、资金流的统一。MRPⅡ包含了成本会计和财务功能，可以由生产活动直接产生财务数据，把实物形态的物料流动直接转换为价值形态的资金流动，保证生产和财务数据一致。财务部门及时得到资金信息用于控制成本，通过资金流动状况反映物料和经营情况，随时分析企业的经济效益，参与决策、指导和控制经营和生产活动。

以上几个方面的特点表明，MRPⅡ是一个比较完整的生产经营管理计划体系，是实现制造企业整体效益的有效管理模式。MRPⅡ的特点体现了管理模式的变革和人员素质或行为变革，并且这些特点是相辅相成的。

4.2 MRPⅡ的原理

4.2.1 MRPⅡ基本思想

MRPⅡ的基本思想就是把企业作为一个有机整体，从整体角度出发通过运用科学方法对企业制造资源最优配置，对企业生产经营的产、供、销、财各个环节进行有效地计划、组织和控制，使他们得以协调发展，并充分地发挥作用。

MRPⅡ的管理思想与功能都是在闭环MRP的原有基础上，为充分发挥企业信息资源的作用，从宏观规划到业务处理全过程集成为一体化的综合计划、集成控制的系统。将生产经营活动中的销售活动与财务管理中的应收账款模块融合；采购活动与财务管理中的应付账款模块融合；库存管理、采购管理、车间作业管理和销售管理与财务管理中的成本管理模块融合，形成生产、采购、销售、工程等功能与财务管理功能有机结合的一个整体，如图4-2所示。

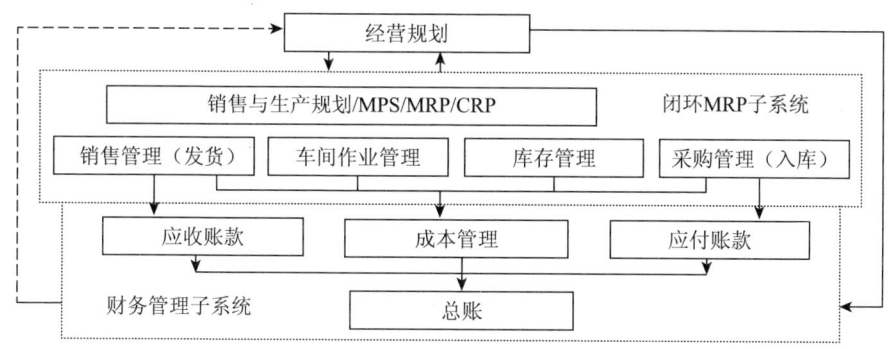

图4-2 MRPⅡ原理示意图

在 MRP Ⅱ 系统中，主生产计划前，针对生产规划要开展需求管理，分析客户订单、预测市场对产品需求，确保跟踪市场变动，及时响应市场，让企业以最小的投入抓住最大的商机。在财务管理系统中不仅处理日常的利润管理、资金管理和成本管理，而且将成本核算与生产过程同步，将财务会计的种类核算与企业经营运动同步，改变传统会计核算与经营活动的滞后性和时差性，使会计核算结果与生产经营过程记录达成一致。

4.2.2 MRP Ⅱ 的成本管理

成本是企业参与市场竞争的主要因素之一，降低成本是企业追求的主要目标之一，在相同生产经营环境下，成本直接影响企业产品的价格。如何有效地控制成本不仅是财务管理的主要研究内容，也是企业界和理论界关注的热点问题。

1. 成本管理对象

MRP Ⅱ 成本管理的对象主要是生产成本。生产成本是以货币的形式描述生产过程中对各种制造资源消耗的情况，也是衡量企业制造技术与管理水平的重要指标。在企事业生产经营管理过程中，生产成本管理起到以下作用：

（1）反映各层经营管理水平依据，往往以行政部门、作业中心和成本中心等组织形成进行考核管理绩效。

（2）为销售人员和企业高层领导对产品定价和制定目标利润提供依据，在利润目标确定后，生产成本是确定产品价格的主要因素，MRP Ⅱ 通过现行标准成本核算体系较正确地估算出产品的生产成本。

（3）作为补偿产品生产消耗尺度与衡量的基础。

2. 成本构成要素

MRP Ⅱ 生产成本主要由直接成本与间接成本构成。直接成本是直接用于生产产品的费用，可以计算出单位产品的费用，直接成本由人工费用和材料费用构成。间接成本是为生产组织、管理、生产环境等在设置期间内发生的费用，无法直接计入生产产品的消耗，间接成本主要是制造费用。

（1）人工费用是用于完成某项生产任务需要支付的劳动报酬。人工费用的大小不仅与耗用的时间相关，而且与人工费率相关，自制物料都会消耗人工费用。

人工费用 = 产品生产需要的工时数 × 工作中心记录的工时费率

（2）材料费用是指用于生产某项物料所需要外购的原料、材料、辅料、零件、半成品等物料的费用。

材料费用 = 材料价值 + 采购间接费用

材料价值 = 用料数量 × 单价

采购间接费用 = 用料数量 × 采购间接费率

采购间接费率是采购部门在采购活动中用于支付管理、运输、保管及保险等费用。在MRP Ⅱ系统中为了简便，将采购间接费率与材料价格合并为采购费率，即：

材料费用 = 用料数量 × 单价 + 用料数量 × 采购间接费率

   = 用料数量 × （单价 + 采购间接费率）

   = 用料数量 × 采购费率

（3）制造费用是指企业用于各种生产部门为组织和管理生产而发生的无法直接计入生产产品的各项费用。包括管理人员的工资和福利，车间房屋建筑资产和机器设备资产的折旧费、租赁费，各种维修费、办公费、水电费、燃料费、动力费、机物料消耗和劳动保护等费用。

制造费用 = 产品生产需要的工时数 × 工作中心记录的制造费率

3. 成本管理体系

MRP Ⅱ成本管理是按照管理会计的原理，对企业的生产成本进行预测、预算、计划、决策、核算、分析与控制。MRP Ⅱ采用标准成本体系，将成本分别设置成标准成本、现行标准成本、模拟成本和实际成本四类，不同成本类型采用成本编码表示，例如，用"0"表示标准成本，是系统默认值。用"1"表示现行标准成本，"2"表示实际成本，其他符号表示模拟成本。

（1）标准成本（Standard Cost）。这是经营管理目标的尺度，反映企业经营管理的水平，是用于成本计划与控制的依据。标准成本在会计计划期内不受环境变化的影响，生产过程成本保持不变。这样便于成本企划、成本预测和预算。每个会计计划期满后，根据实际变化修改调整。在制定标准成本时，应当充分考虑有效作业状态下所需要的制造资源，以及在正常情况下所分摊的各种间接费用，充分考虑材料的价格涨落、产品工艺的革新对材料用料和材料选用的变化、制造费用的变化等因素。在制定标准成本时应当充分听取销售、采购、生产、工程、设计、人事、车间等部门的意见，共同商定形成各项物料所需的工时、费率、用量和价格等参数。

（2）现行标准成本（Current Standard Cost）。这是用于考核与评价各个职能部门管理工作实绩的重要指标，简称为现行成本，或定额成本。现行标准成本反映生产计划期内的成本标准，也就是说该成本在生产计划期内一般保持不变。但是，当生产经营过程中影响成本产品结构、加工工艺、材料价格、劳动生产率等因素发生重大变化时（即成本变动值超过了成本变化容限），根据实际变化会同相关部门共同商定修改方案，并上报主管领导审准。修改期间一般控制在3至6个月，当获得领导批准后，在下一个时区及时进行调整。现行标准成本是考核员工完成任务的数量和质量指标之一，直接影响到全体员工的工作积极性，数据修改特别要慎重。

（3）模拟成本（Simulated Cost）。这是 MPR II 功能特征之一，通过模拟成本可以方便地模拟分析生产经营过程是成本动因，以及成本变化对经营业绩的变化。模拟成本还可以通过分析为制定现行标准成本和标准成本提供决策依据。在一般情况下，我们可以根据成本构成的各种因素和实际状态，假设相关数据，进行试算各物料的成本和对工作中心的成本定额，给出成本方案，依此提供给相关部门进行商讨，确定后直接将该成本类型代码变换成现行标准成本或标准成本代码，也可以将该模拟成本复制成相应成本。

（4）实际成本（Real Cost）。这是由生产经营过程中实际发生的各种费用形成的，主要来自各个部门的统计信息，如：领料单、派工单、工票、单据、凭证和发票等数据。产品实际成本的计算方法分成完全成本计算、变动成本计算和制造成本计算方法，我国企业现行会计准则规定，应当采用制造成本计算法。

完全成本计算法亦称吸收成本计算法。在计算产品或库存存货成本时，将所消耗的材料费用、工资、制造费用和管理费用等全部费用都包含在内计算。

变动成本计算亦称直接成本计算。在计算产品或库存存货成本时，只包含在生产经营过程中的材料费、工资和变动制造费用。而把固定制造费用以"期间费用"计入本期损益，作为本期产品销售利润的减少。

制造成本计算。在计算产品或库存存货成本时，只包含直接材料费、直接人工费和制造费用。而把管理费、财务管理费、销售费等作为以"期间费用"处理，在发生期内全部列入当期损益，作为产品销售利润的扣除。

4. MRP Ⅱ 成本推算方法

MRP Ⅱ 成本计算。MRP Ⅱ 系统的成本计算是在指定成本体系条件下进行的，如采用标准成本、现行标准成本、模拟成本或实际成本。其计算方法与 MRP 展开方向相反，是按从下向上逐层累加，称为滚加法。在物料主文件中，设置本层成本（C_B）与累计成本（C_S）两个字段。采购物料只有材料费用形成的本层成本，本层成本 C_B 等于物料数量乘材料费率；自制件物料不仅有人工费用和制造费用，而且还有累计成本，本层成本 C_B 等于工艺路线的标准工时（H）乘（工作中心的人工费率 R + 制造费率 F），其累计成本等于 BOM 结构中所有下层物料的本层成本与累计成本之和；外协件的成本计算要看外协件在 BOM 中的位置，如果处于中间层，则计算方法与自制件相似，本层成本等于外协数量乘外协费率。

假设有一个自制物料在产品结构（BOM）中处于第 M 层，该物料的下层（M+1）有 N 个子项普通物料，则该物料的本层成本（C_B）、累计成本（C_S）和物料成本（C_M）的计算公式如式 4-1 所示。

$$\begin{cases} C_{BM} = H_M \times (R_M + F_M) \\ C_{SM} = \sum_{i}^{n}(C_{b(m+1),i} + C_{s(m+1),i}) \\ C_M = C_{BM} + C_{SM} \end{cases} \quad (4-1)$$

通过各个物料成本的计算，可以估算出该物料的最低成本价格。

例如：制造玻璃水杯产品工作中心的基础数据如表 4-1 所示，其他相关基础数据如表 4-2 所示。

表 4-1 玻璃水杯产品工作中心基本数据表

工作中心代码	工作中心名称	能力（H）	制造费率（元/H）	人工费率（元/H）
WC002	制瓶	3 000	0.5	0.5
WC003	组装	500	0.3	0.5
WC004	塑型	500	0.5	0.4

表 4-2 玻璃水杯物料清单与工艺路线部分数据

父物料代码	子物料代码	数量	工作中心	耗用工时
P100	P210	1	WC003	0.1
P100	P220	1	WC003	
P210	P311	0.01	WC002	0.3
P220	P321	0.15	WC004	0.5

依据 MRPⅡ 原理，玻璃是采购物料，没有下层物料的本层累计成本，因此取 0，玻璃总成本是 0.6 元。

杯子在工作中心 WC004 完成，WC004 的人工费率是 0.4 元/小时，制造费率是 0.5 元/小时，由玻璃做成杯子需要用时 0.5 小时，因此，其本层成本是 0.45 元，本层的下层只有玻璃，成本是 0.6 元，本层总成本是 1.05 元。

水杯在工作中心 WC003 完成，WC003 的人工费率是 0.5 元/小时，制造费率是 0.3 元/小时，需要用时 0.1 小时。因此，水杯本层成本是 0.08 元；水杯是由杯子和盖子做成，各需要一只，其总成本分别是 0.35 元和 1.05 元，本层累计成本是 1.4 元，本层总成本是 1.48 元。

玻璃水杯各部件的标准成本计算结果如表 4-3 所示。

表 4-3 玻璃水杯及部件的标准成本表

物料代码	物料名称	单位	本层成本或单价×用量	本层累计	本层总成本
P100	水杯	只	0.08	1.40	1.48
P210	盖子	只	0.30	0.05	0.35
P220	杯子	只	0.45	0.60	1.05
P311	塑料粒子	KG	0.05	0.00	0.05
P321	玻璃	KG	0.60	0.00	0.60

注：依据玻璃水杯物料清单可知，一只杯子需要 0.15 公斤玻璃，玻璃单价是 4 元/公斤，则玻璃的成本是 0.6 元。

请同学们用同样的方法计算出盖子的本层成本、本层累计成本和本层总成本。并且依此推算自定义产品的各物料成本。

5. MRPⅡ成本分析

MRPⅡ成本分析首先通过标准成本计算出各物料和工作中心的计划成本，通过现行标准成本计算出各物料和工作中心的定额成本，然后分析出在实际生产过程中物料的消耗和工作中心的耗时往往是与计划和定额不一致的。可以用直接材料成本差异分析、直接人工成本差异分析和制造费用差异分析快速找到管理工作中的薄弱点，加强管理力度，提高企业经营效益。

（1）直接材料成本差异分析。影响材料成本的主要因素是材料用量和价格，直接材料成本差异是材料实际用量乘实际价格减去材料标准（或定额）用量乘标准（或定额）价格所得的结果。造成这种差异的原因是多方面的，例如：产品工艺改进、产品结构变化、生产过程浪费和发生报废等都会引起材料用量变化。材料市场价格波动往往是最直接和经常影响材料成本变化的主要原因。

（2）直接人工成本差异分析。影响人工成本的主要因素是实际耗用工时和人工费率，直接人工成本差异是实际用工的工时数乘实际工资率减去标准（或定额）工时乘标准（或定额）人工费率所得的结果。造成这种差异的原因是多方面的，例如：工人等级变化、工作中心定级变化、工资调整、设备故障、停工待料、缺勤和任务不足等因素。

（3）制造费用差异分析。影响制造费用的主要因素是实际耗用工时和制造费率，直接制造成本差异是实际用工的工时数乘实际制造率减去标准（或定额）工时乘标准（或定额）制造费率所得的结果。

通过上述各种差异的计算，将超过容限的各种成本记入专用账户，并找出发生差异对应的材料、工序、工作中心和工作岗位，分析造成差异的原因，寻找解决差异的方案。使系统数据更正确有效，管理工作更突出重点，抓住主要矛盾，真正做到事前有计划、事中有控制、事后有分析。

4.2.3 实施 MRPⅡ 系统的影响

企业实施 MRPⅡ 后，改变了传统管理模式，将企业的物流和资金流有机地集成一体化管理，对企业经营决策提供的依据更加全面科学合理。

1. 对企业财务管理的影响

MRPⅡ 系统的运用改变了传统的财务管理模式，改变了资金流始终滞后于物流和事务流的局面，财务管理部门与实际运行状态更加实时、准确、有效，财务系统真正意义上成为企业经营控制系统的重要组成部分，会计信息更有说服力。

（1）管理内涵影响。MRP Ⅱ 扩大了财务管理的内容，在传统工业经济时代，经济增长主要依赖厂房、机器、资金等有形资产。而知识经济时代，企业资产中以知识为基础的专利权、商标权、计算机软件、人力资源、产品创新等无形资产所占比重将大大提高，无形资产将成为企业最重要的投资对象之一。然而，由于无形资产确认、计量的困难，传统核算型软件受到很大限制，进行财务决策时也很少考虑这些无形资产。MRP Ⅱ 系统除了财务系统外，还包括供应链管理、客户关系管理、人力资源等子系统，可以从各方面对这些无形资产进行分析、预测，丰富了财务管理的内容。

（2）会计信息质量影响。MRP Ⅱ 系统突出了财务管理的整体性，获取信息的时效性和信息服务全面性，MRP Ⅱ 系统除了提供必需的财务报表外，还能提供多种管理性报表和查询功能，并提供易于使用的财务模型和分析模块，更全面地提供财务管理信息，为战略决策和业务操作等各层次的管理提供服务。MRP Ⅱ 系统可以方便地通过初始化工作规范业务，设置计量，自动生成相应的机制凭证，实现全程自动跟踪记录，完成相应的计算处理，生成用户需要的各种报告。MRP Ⅱ 系统提供的会计信息确保可靠性、及时性、完整性和关联性，保障了财务管理所需信息的质量。

（3）生产经营的一致性影响。MRP Ⅱ 系统有机结合财务管理与生产管理，充分发挥计划与控制作用。生产经营系统在正常运行情况下，通过制造原理和财务规则，很容易驱动会计核算系统的正常运行。生产人员与财务人员在生产经营过程中，面对相同的事物，从不同角度描述、分析、筹划和控制，生产者侧重于用物料的计量单位，财务人员则侧重于用货币单位表示物料的价值。因此，在MRP Ⅱ 系统中生产经营子系统比以往任何时候都更为有效可信，所以，财务会计子系统将会得到一套比以往任何时候都更为有效的数据作为工作的基础。

（4）成本核算影响。MRP Ⅱ 上线后，可以细化成本核算，加强成本管理。系统带给成本管理的直接影响是需要建立完整的标准成本体系。将公司所有物料的收、发、存都采用标准成本核算，对产成品的直接材料消耗定义物料清单。成本核算对象进一步细化，按物料编码核算成本，通过子库存转移实现同一法人内部物资转移，成本费用控制高度集中。同时还能适时监控采购物资的实际采购价格，及时了解公司各项大宗原材料等市场信息，促进采购成本降低，保证公司成本、利润核算更加真实、科学、准确。

（5）资金管理模式影响。作为公司的管理者，必须时时关心整个公司的资产流动性，防止发生公司整体的支付危机。在现实情况下，大型企业发生财务危机甚至倒闭，很多是由于资金的周转不灵。MRP Ⅱ资金管理的两个重要功能，即自动实时生成现金流量表和利用内部银行结构对企业的资金使用情况进行量化考核，可以使集团总部作为投资中心，进行资金的合理分配与运用。MRP Ⅱ资金管理模块中的资金预测功能加强了企业对中短期现金流量的预测，能及时预警，保证公司的顺利运作。

（6）MRP Ⅱ系统与ABC成本法相结合得到了广泛的应用。随着MRP Ⅱ系统的广泛应用，越来越多的企业利用MRP Ⅱ系统的集成性，将ABC成本法融入整个财务管理系统，成本动因数据可以自动从MRP Ⅱ系统中的其他相关模块中获得，比如销售、采购、生产、人力、财务等，使得ABC成本法能在企业中得到很好的应用。

2. 与会计电算化的关系

从实施MRP Ⅱ系统对企业财务管理的影响可以清楚地看到，MRP Ⅱ系统全面地提高了财务管理水平，使财务管理部门提供的会计信息更加实时、有效，资金管理与其他事务处理可以同步监控。现代化的财务管理应充分利用及时更新的数据信息，对企业各个环节进行实时监控，有效发挥财务预警功能，当出现危机前兆时即向决策者做出反应，及时纠正，使企业风险降至最低。如今，MRP Ⅱ在我国企业信息化管理中已处于核心支撑地位。MRP Ⅱ的引入带来了企业管理的深刻变革，特别是对处于企业管理核心地位的财务管理提出了新的要求。

（1）成本核算应更准确精细。成本核算关乎财务管理工作的成败。在MRP Ⅱ系统的支持下，企业各个部门实现了充分的信息共享。有别于传统财务管理，财务人员可以了解到采购、生产、库存、销售各个阶段的详细数据，因而，对于每一次作业的进行，财务管理都应进行相应的反映，进行阶段的成本核算，提高成本数据的精细程度和准确性，从而使财务控制与财务监督更加有效。

（2）风险防范应更有效。MRP Ⅱ系统使企业管理实现了信息化，使企业信息数据实时更新成为可能。因此，现代化的财务管理应充分利用及时更新的数据信息，对企业各个环节进行实时监控，有效发挥财务预警功能，当出现危机前兆时即向决策者做出反应，及时纠正，使企业风险降至最低。

（4）预算管理应更全面。MRPⅡ系统为企业的预算管理提供了更加强大的技术支持：企业各业务部门的负责人，可以随时看到它所应承担的各项费用情况，在会计期间的任何一天，都可以获得截至当时的利润情况表，并且与预算进行比较。MRPⅡ的这种技术支持，不但使经营者可以根据预算对经营策略做出及时调整，使预算管理真正落到实处，而且为预算编制积累了更加丰富的历史数据。因此，在MRPⅡ系统支持下，一方面预算管理应发挥事前、事中和事后全面控制作用；另一方面，预算管理应在丰富历史数据的基础上，做好各产品、各业务、各部门、各地区的预算工作，使预算编制更全面，财务管理更科学。

（4）资金管理应更严格。企业财务管理的核心是资金管理，是对资金流的集中管理与控制。MRPⅡ系统在实施过程中对企业的业务流程进行了重组，充分实现了信息共享，减少了采购、销售与财务之间的穿梭往来。MRPⅡ系统下的财务管理，应充分利用财务与其他业务之间数据信息的联通，提高管理效率。对资金的管理从传统的事后算账、做账、统计、结算向前推进，使之贯穿于企业业务流程的每一个环节。从市场调查、产品开发、洽谈合同收取订单开始，就应充分考虑企业的资金问题，做好资金计划，全面分析项目的盈利能力，减少漏洞，保证企业经济效益的最大化。另外，企业财务人员应充分利用MRPⅡ系统提供的数据资源，尽最大可能实时关注每个客户的财务状况，为客户建立更为详细的信用档案，在进行是否发货的资金审核时，尽最大可能减少人为判断的随意性，并根据客户具体的信誉情况设计出更为适合的收账政策，提高资金使用效率。

（5）财务分析应更及时。作为财务管理重要组成部分的财务分析，是以财务报表为基础的。财务报表是否及时详尽，在相当程度上将影响到财务管理的有效性。在传统财务报告体系中，财务人员只在年终编制年度财务报表。改进的财务报告虽然增加了中期的财务报表，但依然不能满足日益激烈的竞争下，企业财务管理的需求。由于MRPⅡ系统的支持，企业的数据库中存储了大量数据信息。在这种情况下，通过不同的报表处理模块，以不同的核算方式和计算方法，可以随时获取基本财务报表、地区销售状况报表、特定产品的利润报表等各种形式的详尽的财务报表。财务人员应充分利用MRPⅡ系统提供的这一便利,随时更新各类财务报表,进行及时的财务分析,为企业决策提供更具实效性的资料。

4.3 财务共享服务案例

4.3.1 案例简介

随着信息技术的普及应用,企业经济信息需求的不断提高,财务共享服务中心(Financial Shared Service Center,简称 FSSC)作为一种新的财务管理模式正在兴起与推广。在信息系统的支持下,构建的财务共享服务中心是企业集中式一体化管理在财务管理上的最新应用。我国宝钢集团、海尔集团和华为集团等纷纷开展这一模式。

1. 宝钢集团

宝钢集团以向管理要效益,标准化流程支持业务快速扩张为主题,进行了专业化的财务管理分工。组建了采购至付款室、销售至收款室、费用室、税务单证室(含扫描中心)、专项服务室、总账与报表室、系统支持室和运营室等八个小组。总部财务部负责策略的制定;业务财务人员则需要成为业务伙伴;而共享中心的定位则是专业化,加强质量控制,成为效率提升的执行者。共享中心的主要管理目标也明确:提升集团整体管控力度与水平;快速复制标准化的财务管理模式,支撑公司快速增长扩张的需要;同时快速提升子公司管理水平。

宝钢管理层充分意识到流程与系统优化是一个不断更新的工作,为此在共享中心内部专门成立系统支持与运营小组,主要负责理清哪些流程需要优化,并负责组织优化项目的设立。因为宝钢内部管理长流程的特点,在共享中心设立之初就充分强调流程管理与优化的重要性,理顺并标准化流程,为后续稳定奠定了基础。

2. 海尔集团

海尔集团以统一 ERP 平台固化优化流程,操作中心向知识中心转变为主题,从 2006 年起海尔财务管理部进行了组织变革,着眼构建更专业化的财务管理体系,将原来各个产品线的财务单元分为三个中心,即核算中心、成本中心和经营中心。伴随着海尔的逐步发展与成长,2007 年在全公司范围内实施了流程再造项目,海尔财务共享是海尔财务管理模式转变的重要前提,通过将各业务单元的核算中心分步集中共享，先物理集中了总部所在地青岛地区的业务单元，之后逐步扩大至青岛地区之外的业务单元，全过程基本持续了三到四年时间。海尔设置共享中心的目的是为了强化财务管理效率的提升，财务信息质量的控制以及有效降低财务风险。海尔通过流程再造项目以及共享中心信息化平台的实施与上线，塑造了目前的财务管理模式。目前海尔财务人员分为三类角色：首先是战略财务，整个集团的财务方向、路径、政策、资源和风险都集中在战略财务；其次是共享财务，通过整合互联网资源打造云端管理模式，为集团提供高效、合规的会计服务；第三类是分散的业务财务，在实现最大限度的集中管控之后，海尔财务更多地融入到业务中去，用他们的专业技能为业务的发展提供事前的决策支持，成为与业务水乳交融的一份子。目前财务管理部中70%的人员在扮演业务伙伴的角色，10%在扮演技术财务（涵盖税务、现金、风险控制等领域）的角色，另外20%在共享中心扮演交易处理者、资金管理者、绩效（数据）支持者与风险管控者的角色。

3. 华为集团

华为集团以全球共享中心网络，支持全球化业务拓展为主题。自2006年起华为集团在全球范围内，统一体系规范，陆续建立了七大区域账务共享中心。共享服务中心的建立和网络的完善，加强了公司总部对全球业务的财务控制，成为财务内控有效实施的最强有力的保障；同时通过持续推动流程的标准化与简化，大幅提升了财务专业流程的运行效率，创建财务职能卓越专精、精益管理的领先实践。构建全球共享服务网络对于华为而言创建了一个全球标准化的财务会计处理与核算管理平台，为华为在过去10年业务的腾飞提供了很好的财务资源保障和风险控制基础。"共享的首要目标不是为了成本的节约，而是集团企业加强财务管控的强有力的手段。财务共享最终是为业务服务的，因此共享的运营模式应该配合业务布局来设置。"

4.3.2 案例分析

财务集中是对过去分散管理方式的变革。任何变革，背后一定有利益的重组和冲突，没有高层的推动，没有自上而下的强大执行力，变革很容易夭折。在向共享财务模式的转变过程中，集团和专业公司高层领导的推动力起到了不可替代的决定性作用。

在推进过程中需要不断争取业务部门的认同，集团的务实文化让这样的沟通更加顺畅。大家均比较客观务实地去谈可能面临的问题。例如在一个集中流程的设计讨论中列出了 300 多个问题，需要大家非常客观地就每一个问题进行深入讨论。流程有误或者系统设计上有不方便客户的地方，就需立即采取行动进行修改；有一些暂时改不了但可能还可以接受的地方，必须清楚说明几时可以完成改造。当然任何远程的集中运营模式也有赖于社会科学技术的支持，平安集团也有着一个非常强大的信息技术团队，可以支持并确保他们的系统需求完全顺利地予以开发和实施。

在集团提出"科技引领传统金融"的目标下共享服务领域，服务创新和新科技应用是工作的重点。为此他们一直在思考，如何去把服务体验做得更完善，同时如何依靠一些新科技的应用，让流程更加合理或者让成本更加节约。财务共享服务平台如何适应新的变化，如何利用新的技术满足新的业务需求，如何为专业公司和客户提供超越期望的服务，既是财务共享服务平台于未来所面临的新挑战，也是其持续发展和成长的新机遇。

本章小结

本章分析了 MRP 运用过程中存在的问题和随着企业参与市场竞争的加剧，以及物料属性描述的完善，从物流与资金流同步构思出发介绍了 MRP Ⅱ 的提出思路、内涵和特点，强调了企业集成一体化管理和中央数据库共享的理念，重点介绍了在 MRP 系统基础上发展和形成的 MRP Ⅱ 系统下的成本管理理论与方法，突出在 MRP Ⅱ 系统下的成本管理体系、成本结构，标准成本、现行标准成本和模拟成本等概念。阐述了 MRP Ⅱ 系统下成本预算、成本计划和成本核算的方法，分析了 MRP Ⅱ 系统对传统成本管理的影响。

习 题

一、名词解释

1. 价值链　　2. 成本管理　　3. 标准成本　　4. 现行标准成本　　5. 模拟成本　　6. 人工费率　　7. 制造费率　　8. 滚加法

二、选择题

1. 时段式 MRP 是在订货点法的基本上改进形成的,主要用于控制(　　)。

　　A. 物流　　　B. 资金流　　　C. 信息流　　　D. ABC 全部

2. MRP Ⅱ 的应用对象起源于(　　)。

　　A. 企业　　　B. 商业　　　C. 教育　　　D. 政府

3. 在 MRP Ⅱ 系统中提前期是(　　)。

　　A. 随机选取的　　　　　　B. 预先确定不变的

　　C. 预先确定可变的　　　　D. 不一定

4. 在订货点法中确定订货点时,物料的耗用速度是(　　)的。

　　A. 变化　　　B. 不变　　　C. 不确定　　　D. 任意给定

5. (　　)是订货点法与 MRP 的主要区别之一。

　　A. 提前期　　　B. 库存量　　　C. 物料分类　　　D. 控制对象

6. 闭环 MRP 是在时段式 MRP 基础上改进的,主要增加了(　　)功能。

　　A. 主生产计划　　　　　　B. 物料需求计划

　　C. 能力需求计划　　　　　D. 库存控制

7. 在 MRP Ⅱ 系统中,通过 MRP 模块的展开,可以获得(　　)。

　　A. MPS　　　B. MRP　　　C. CRP　　　D. MRP 和 CRP 等

8. MRP 的数据处理逻辑是根据库存量、MPS 和(　　)推算的。

　　A. 物料清单　　　B. 订货批量　　　C. 提前期　　　D. 计划时界

9. 在 MRP 展开后,对 BOM 底层物料产生(　　)。

　　A. 生产订单　　　B. 采购订单　　　C. 客户订单　　　D. ABC 全部

10. 在库存管理中,对物料进行 ABC 分类时,数量多价值低的物料是(　　)。

　　A. A 类　　　B. B 类　　　C. C 类　　　D. D 类

三、简答题

1. MRP Ⅱ 系统解决了闭环 MRP 系统应用过程中存在的哪些问题?

2. 物料的经济性在 MRP Ⅱ 系统中主要有哪些属性表示？
3. 生产成本主要有哪些要素构成？
4. 简述 MRP Ⅱ 滚加法的计算方法。
5. MRP Ⅱ 系统对传统成本管理有何影响？
6. MRP Ⅱ 系统有何特点？

第 5 章　ERP 系统

20世纪90年代中后期，社会开始发生革命性变化，即从工业经济时代开始步入网络经济和知识经济时代，信息时代的到来给企业所处的时代背景与竞争环境带来了巨大的变化。MRPⅡ系统提供的功能和局限的应用对象已经不能适应时代发展的需要。面对企业共同的赢利目标、竞争参与意识和管理职能，以及人、财和物成为企业的重要资源，企业提出了更高层面的管理思想、管理方法和管理平台。ERP系统成为时代发展的产物，被学术界、理论界和企业界所接受，并且几乎在不到两年的时间，所有研发、销售MRPⅡ的厂商、提供商全部转型为ERP系统的厂商和提供商。ERP系统像雨后春笋般迅速发展，成为当今企业信息化工程的重要标志。

5.1　ERP系统的企业规划与主生产计划

ERP系统的计划管理继承MRPⅡ的所有计划管理内容和方式，并在此基础上不断完善计划方式和扩充计划对象，形成一个完整的计划体系。这些计划、控制和管理模块又可以根据企业信息化基础分阶段集成和运行，提高了软件系统的适应性、经济性和实用性。

5.1.1　ERP系统的企业规划

1. 经营规划

经营规划是ERP系统的最高计划层次，属于决策层。它是根据市场的信息与情报、企业的自身情况、企业发展战略和业内同行竞争等状况制订的。经营规划不直接输入ERP系统，而是作为企业生产经营的奋斗目标，这个目标往往是以经济指标的形式体现。例如，企业在行业内的排名、企业赢利目标、总产值、筹资和投资等指标。

经营规划的制订与运用都不受 ERP 系统直接控制，ERP 系统也不具有经营规划功能，ERP 系统只能提供企业资源计划与计划执行结果的历史数据，企业决策者可以利用这些历史数据和数学模型，通过决策支持系统制定企业的经营规划。可见，经营规划的制定基本上是由人工或采用决策支持系统辅助完成的。

经营规划是企业其他规划与计划的总目标，一切其他规划与计划都是围绕这一目标展开的。因此，在制定企业经营规划时要充分考虑企业的财力、人力、物力、生产能力和技术支持等多方面的因素，需要经过从下向上地整合，从上向下分解、讨论和确认，最后经企业最高领导审批通过后执行。

经营规划往往按年度制定、考核和分析，但是随着企业经营环境的瞬息万变，尤其是突发事件的冲击，还需要定期调整。例如，2008 年美国的次贷危机进而引发的金融危机，波及全球经济和人们的消费理念，更严重地直接影响到制造业的发展。世界各国陆续出台新政策，拯救金融危机，制造业在 2008 年第二季度开始纷纷调整企业年度预算。在这样的风暴冲击下，企业必须调整规划目标，适应市场变化。ERP 系统可以及时响应经营规划的调整，迅速将这些调整分解到日常事务中，以求最大限度地减少损失。

2. 销售与生产规划

经营规划制定的利税、产值等相关经济指标的完成必须通过销售产品或服务来完成，销售与生产规划是对经营规划的具体化，是把财务经济指标落实到销售与生产任务上去。

销售与生产规划是从企业的高层战略向中层计划过渡的管理层级，在形式上属于高层规划，而实际上是中层计划控制。

销售与生产规划可以按企业生产方式分成面向订单生产方式和面向库存生产方式两种。前者通过控制未完成订单量来反映管理水平，后者则通过控制库存量来反映管理水平。

在制定销售与生产规划时，首先将企业的经营规划制定的所有产值按产品类（或产品族）划分，可以分解到产品类（或产品族）的年度销售量。经营规划的分解应充分考虑市场需求预测值、客户订单、生产能力和资源配置等因素，还要考虑历史统计数据、产品生命周期、产品需求等因素。如中国 2008 年的奥运会和 2008 年 12 月国家投资 1 000 亿元促进经济建设等因素对产品销售量产生巨大的影响，尤其是对特殊行业的特殊产品需求变化影响更大。

生产规划是根据销售规划量和管理水平的控制确定的。面向订单的生产方式的生产规划量（Q_G）等于销售规划量（Q_S）加未完成订单的调整量，未完成订单的调整量等于期初未完成订单量（Q_{DC}）减期末未完成订单量（Q_{DM}），即：期末未完成订单量（Q_{DM}）等于销售规划量（Q_S）减生产规划量（Q_G）加期初未完成订单量（Q_{DC}）；面向库存的生产方式的生产规划量（Q_G）等于销售规划量（Q_S）加库存调整量，库存调整量等于期末库存量（Q_{KM}）减期初库存量（Q_{KC}），即：期末库存量（Q_{KM}）等于生产规划量（Q_G）减销售规划量（Q_S）加期初库存量（Q_{KC}）。计算公式如式5-1所示。

$$\begin{cases} Q_G = Q_S + Q_{DC} - Q_{DM} \\ Q_{DM} = Q_S + Q_{DC} - Q_G \\ Q_G = Q_S + Q_{KM} - Q_{KC} \\ Q_{KM} = Q_G - Q_S + Q_{KC} \end{cases} \quad (5-1)$$

例如：某企业生产玻璃水杯，当采用面向订单生产方式时，根据市场预测和经营规划确定每月规划销售1 000只，现在未完成订单量是300只，求期末未完成订单量是200只，计算过程如表5-1所示。

表5-1 面向订单的销售与生产规划

| 基础数据 | 产品类：M34 | 期初：300 | 期末：200 | 逐步提高管理水平 |

销售规划

时间	1月	2月	3月	4月	5月	6月	7月	8月	9月	10月	11月	12月
规划销售量	1 000	1 000	1 000	1 000	1 000	1 000	1 000	1 000	1 000	1 000	1 000	1 000
实际销售量	890	1 020	980	780	1 300	1 300						
偏差	-110	20	-20	-220	300	300						
偏差累计	-110	-90	-110	-330	-30	270						

生产规划

时间	1月	2月	3月	4月	5月	6月	7月	8月	9月	10月	11月	12月
规划生产量	1 000	1 010	1 010	1 010	1 010	1 010	1 010	1 010	1 010	1 010	1 010	1 000
实际生产量	1 000	1 200	1 000	800	1 020	1 020						
偏差	0	190	−10	−190	10	10						
偏差累计	0	190	180	−10	0	10						

未完成订单量

时间	1月	2月	3月	4月	5月	6月	7月	8月	9月	10月	11月	12月
计划未完成	300	290	280	270	260	250	240	230	220	210	200	200
实际未完成	300	110	120	310	300	290						
偏差	0	180	160	−40	−40	−40						
偏差累计	0	180	340	300	260	220						

从表 5-1 可知，当销售规划每月 1 000 只，在制定生产规划时，期初未完成订单是 300，要求在期末未完成订单 200，即在规划期内需要增加生产量 100，将这 100 只平均分布在第 2 至 11 月，因此，第 2 月至 11 月每月规划生产 1 010 只，第 1 和第 12 月 1 000 只，由此得到每个月的未完成订单量。

在统计实际销售量后，可以直接计算出相应的偏差，如第 1 月的规划销售是 1 000，实际销售是 890，当期的（实际销售量 − 规划销售量）是 −110，依此类推计算出各个月的偏差和累计偏差。同理，可以计算出实际生产量与生产规划量的偏差和偏差累计。

表 5-1 中的原未完成订单量是 300。本月份的未完成订单量是上月未完成订单量（300）+ 这个月的销售规划量（1 000）− 这个月的生产规划量（1 000），可得第 1 月是 300，第 2 月是 290。依此推算各月的未完成订单计划量，第 12 月是 200。实际未完成订单量是上月实际未完成订单量 − 本月生产规划量偏差，因此第 1 月的实际未完成订单量是 300−0=300，第 2 月的实际未完成订单量是 300−190 =110，第 3 月是 110−（−10）=120，依此类推分别计算出各个月的实际未完成订单量。其偏差与偏差累计计算方法同销售规划和生产规划。

当采用面向库存生产方式时,根据市场预测和经营规划确定每月计划销售1 000只,现在库存量是300只,求期末库存量是0只,计算过程如表5-2所示。

表5-2 面向库存的销售与生产规划

| 基础数据 | 产品类:M34 | 期初:300 | 期末:0 | 逐步提高管理水平 |

销售规划

时间	1月	2月	3月	4月	5月	6月	7月	8月	9月	10月	11月	12月
规划销售量	1 000	1 000	1 000	1 000	1 000	1 000	1 000	1 000	1 000	1 000	1 000	1 000
实际销售量	890	1 020	980	780	1 300	1 100						
偏差	−110	20	−20	−220	300	100						
偏差累计	−110	−90	−110	−330	−30	70						

生产规划

时间	1月	2月	3月	4月	5月	6月	7月	8月	9月	10月	11月	12月
规划生产量	1 000	970	970	970	970	970	970	970	970	970	970	1 000
实际生产量	1 000	940	940	950	1 000	1 000						
偏差	0	−30	−30	−20	30	30						
偏差累计	0	−30	−60	−90	−60	−30						

库存量

时间	1月	2月	3月	4月	5月	6月	7月	8月	9月	10月	11月	12月
规划库存量	300	270	240	210	180	150	120	90	60	30	0	0
实际库存量	410	360	350	550	280	210						
偏差	110	110	110	340	100	60						
偏差累计	110	220	330	670	770	830						

在规划期末库存量(或期末未完成订单量)时,根据全年期望控制水平,把期末与期初的差尽可能再均衡分解到各个时区(月)上,实际安排生产规划时,根据实际销售量与实际库存量(或实际未完成订单量)来调整。实际库存量是上月库存量 + 本月实际生产量 − 本月实际销售量。

5.1.2 ERP 系统的主生产计划

主生产计划是控制 ERP 系统进行展开其他计划（MRP 和 CRP）不可缺失的重要依据。在销售与生产规划确定后，把计划生产规划量按各产品在其产品族中的比重计算生产量，这个生产量作为主生产计划的预测量，并直接输入到系统数据库中。主生产计划的对象一般是独立需求的物料，在小批量多品种系列化生产方式下，主生产计划的对象往往不是最终装配的产品，而是组成这些产品的标准件、成组件和专用件。这时企业面对客户订单的是装配计划，主生产计划是各工位生产控制用的计划。

当生产规划的产品族仅有一个产品时，计划生产规划量就是主生产计划的预测量。主生产计划是明确企业生产安排的纲领性文件，企业各职能部门必须遵照执行，信息中心要及时检查生产部门、采购部门是否偏离主生产计划分解的相关需求，销售部门通过主生产计划可以明确客户的交货日期，反馈计划部门对计划的调整。

1. 主生产计划的作用

在 ERP 系统的计划层中，主生产计划是一个核心计划层，起到不可缺失的重要作用。在 ERP 系统的五层计划中，计划方式从人工到自动，主生产计划是人工与自动的分界线；计划对象从宏观到微观，主生产计划是宏观与微观的分界线。主生产计划起到了从市场需求的波动到生产组织的平衡协调作用。通过主生产计划不仅使 ERP 系统可以适应各种生产组织方式，同时有效地避免了市场变化对生产过程控制的冲击，使生产运作处于最佳资源配置状态。

2. 主生产计划的制定过程

主生产计划是企业生产执行文件，主生产计划的编制过程如下：

（1）确定时界。ERP 系统为需求时界和计划时界确定计划时间长度。需求时界是指大于计划物料最后装配的最少时区数时间长度点。计划时界是指大于生产累计时间的最少时区数。例如，设 ERP 系统以 7 天为一个时区，某最终项目（主生产计划对象）的总装配时间需要 13 天，生产该项目的累计时间为 43 天，则：需求时界是在第 2 时区，计划时界是在第 7 时区。也就是说在 2 个时区前的计划已经无法变更，生产已经到最后总装配了，变更者需要承担 100%的成本责任；在第 2 ~ 7 个时区间计划变更会产生影响，计划变更时间越短，生产的成本影响越大;在第 7 时区后计划的变更对生产成本不产生影响,如图 5-1 所示。

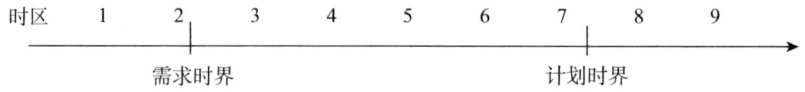

图 5-1 ERP 系统时界示意图

(2)确定生产预测。这是根据生产规划和计划清单确定的,往往是按该物料在生产规划中的比例,分解到每个时区。例如,某企业的产品类 A 在每个时区的生产规划量是 1 000,产品类 A 中的某一产品 M1 占 A 的比例是 20%,则产品 M1 的生产预测量是 200。

(3)确定统计各时区的客户订单,并把客户订单分成计划内和计划外两类。计划内客户订单即将消耗生产预测量,计划外订单将不消耗生产预测量,作为额外增加的市场需求。

(4)确定配件预测量。当计划对象有可能作为其他物料的配件时,不仅要考虑作为产品独立销售需求量,还要充分考虑作为配件的需求量。例如,发动机可以作为独立产品销售,也可以作为汽车的配件销售。

(5)计算未兑现预测量。这是指在一个时区内尚未由实际客户订单兑现的那部分预测量,也称为未消耗预测量。早于需求时界各时区的未兑现预测量以零计算,需求时界后的第一个未兑现预测量是该时区以前累计生产预测量减去对应实际计划内客户订单量,也有不考虑以前的未兑现预测量,仅计算该时区的未兑现预测量的情况。其他时区的未兑现预测量是对应该项时区的生产预测量减去客户订单量。

(6)计算总需求量。总需求量等于客户订单量加未兑现的订单量和配件预测量(也称为非独立需求量)。

(7)设置主生产计划量。主生产计划量往往根据生产预测量来下达,设置主生产计划量时,可以两个时区累计一次性下达,或逐个时区下达。该设置是否可行,还需要通过预计可用量、可签约量与累计可签约量来验证。

(8)计算预计可用量。预计可用量等于前一个时区的预计可用量加本时区的主生产计划量减总需求量。当预计可用量出现负值时,说明主生产计划量偏低，反之，当预计可用量随时区后移越来越高时，则说明主生产计划量偏高。

（9）计算可签约量。可签约量称为可承诺量，它的计算是从计划期的最后一个时区往回倒算的，可签约量等于主生产计划量减去实际需求量（不考虑预测量）。当主生产计划以两个以上时区累计下达时，则计算可签约量也将相同时区累计后计算；当计算结果是负值时，可签约量设为零。这个负值累计到前一个时区的实际需求量中。如果倒推到第一个时区出现负值时，记下负值，说明预测量偏低，造成主生产计划量偏低。

（10）计算可签约量累计值。从第一个时区开始随时逐个累计可签约量。累计可签约量等于预计可用量加可签约量。这是指在不改变主生产计划的前提下，随着时间的推移到目前为止可向客户做出可供货的最大承诺量。

通过上述计算，如果可签约量在第一个时区不为零，而且预计可用量不为负，则需要形成主生产计划报告，提交高层领导审批，审批通过输入 ERP 系统，生产计划依此执行。

3. 主生产计划的示例

假设某主生产计划的对象最终 M10，单位是只，原有库存量是 150 只，该项目（产品）占生产规划量的 20%，该项目（产品）所有的产品类的生产规划量是每时区 1 000，则：该项目（产品）生产预测量每时区为 200 只，生产预测量、配件预测量和经统计该项目（产品）的客户订单量如表 5-3 所示。

表 5-3　M10 客户订单统计值

时区	1	2	3	4	5	6	7	8	9	10
生产预测	200	200	200	200	200	200	200	200	200	200
配件预测	0	0	0	0	0	0	0	0	0	0
计划外订单量				80	40	20				
计划内订单量	150	170	213	181	178	163	154	120	68	10

假设该项目（产品）的需求时界在第 2 与第 3 时区之间，计划时界在第 7 与第 8 时区之间，并将需求时区前的未兑现预测量累计到需求时区后的第 1 时区，设置主生产计划两个时区下达一次，计算结果如表 5-4 所示。

表 5-4　M10 主生产计划（两时区下达）

时区	1	2	3	4	5	6	7	8	9	10
生产预测	200	200	200	200	200	200	200	200	200	200
配件预测	0	0	0	0	0	0	0	0	0	0
计划外订单量				80	40	20				
计划内订单量	150	170	213	181	178	163	154	120	68	10
未兑现预测	0	0	67	19	22	37	46	80	132	190
总需求	150	170	280	280	240	220	200	200	200	200
主生产计划	400		400		400		400		400	
预计可用量（150）	400	230	350	70	230	10	210	10	210	10
可签约量	5	0		0		126		322		
累计可签约量	155	155	155	155	155	155	281	281	603	603

由于本产品的需求时界是在第 2 和第 3 之间，所以，第 1 和第 2 时区的未兑现预测为 0，第 3 个时区的未兑现预测是由第 1、第 2 和第 3 时区的生产预测量累计减计划内订单量累计的结果。

在计算第 5 时区可签约量时出现了 –1，因此以 0 标记，并把 –1 记入前时段。在计算第 3 个时区时不仅要考虑实际订单量，还考虑下一时段的 –1。结果为 –75，依此类推，计算出第 1 时区的可签约量为 5。

如果主生产计划每个时区下达，则计算结果如表 5-5 所示。

表 5-5　M10 主生产计划（每时区下达）

时区	1	2	3	4	5	6	7	8	9	10
生产预测	200	200	200	200	200	200	200	200	200	200
配件预测	0	0	0	0	0	0	0	0	0	0
计划外订单量				80	40	20				
计划内订单量	150	170	213	181	178	163	154	120	68	10
未兑现预测	0	0	67	19	22	37	46	80	132	190

（续表）

时区	1	2	3	4	5	6	7	8	9	10
总需求	150	170	280	280	240	220	200	200	200	200
主生产计划	200	200	200	200	200	200	200	200	200	200
预计可用量（150）	200	230	150	70	30	10	10	10	10	10
可签约量	-12	0	0	0	0	17	46	80	132	190
累计可签约量	138	138	138	138	138	155	201	281	413	603

从表 5-4 与表 5-5 可知，在同样的情况下，主生产计划下达的时间数量直接影响到预计可用量、可签约量和累计可签约量，当主生产计划在每个时区下达相同的 200 只时，可签约量在第 1 个时区出现负值，因此，这样的计划不合理。

5.2 ERP 系统的销售管理

销售管理是企业核心业务，关系到企业的生存与发展。因此这也是 ERP 系统的主要功能模块，该模块涉及销售管理的所有业务。

5.2.1 ERP 系统的市场销售预测系统

市场需求管理是通过管理技术有效地管理客户对企业提供产品的需求，这是销售规划、生产规划和主生产计划的重要依据。市场需求管理的对象是企业外部的客户和客户订单，既要有效地管理已签订的客户订单，还要预测未签订的订单量。因此，市场需求管理的主要内容是产品销售市场预测和客户订单管理。

1. 市场预测功能与方法

企业的规划和计划的制定，首先要进行预测，预测是决策者的重要依据。采用不同的预测技术，以及在预测时从不同的角度分析因果关系，同时考虑的影响因素的数量和各因素所起的作用不同，得出的结论相差很大，这也是预测被重视或不被重视的主要原因。当选用适当的预测技术，得出较准确、可靠的预测结果，往往备受关注；当选用不恰当的预测手段，得出错误的结论，预测造成误导，被认为预测无用。因此，预测技术的选用是预测准确性、有效性的关键。

（1）预测系统基本功能。预测系统的最大魅力在于用好预测需要具有较高的管理水平，具有对事物发展趋势的洞察力。为了使预测技术大众化，更多的管理者能使用好，必须构建预测系统。一个好的预测系统应具有如下几个基本功能：

① 具有多种预测功能和预测评价功能，在给出预测结论的同时给出预测评价报告；

② 具有考虑季节因素变化影响的功能；

③ 能按仓库、配置、包装规模和产品族等分解和分配预测的方法；

④ 在更新系统前具有检查和批准预测的方法。

（2）移动平均预测技术。移动平均法是一种十分简单的预测方法，完全根据历史数据来预测未来。这种方法首先要确定对未来影响的历史长度（N个时区），N取值越大，说明预测对象的变化程度越趋于平稳。N取值越小，预测值受影响的时间越短。

例如：某一产品M10的历史记录，N取2个时区，预测值如表5-6所示。

表5-6 移动平均法（N=2）预测结果

时区	1	2	3	4	5	6	7	8	9	10	11	12
预测量			160	200	222	197	180	171	167	169	168	169
实际订单量	150	170	230	213	181	178	163					

表中第3个时区预测值是第1、2时区实际订单量的平均值，第4个时区的预测值是第2、3个时区的实际订单量的平均值，依此类推。当计算第9时区的预测量时，第8时区还没有实际订单量，用第8个时区预测量计算，依此类推求出其他时区的预测量。

移动平均法在计算预测值时，对选定的历史时区对未来预测影响的程度相同，选取影响预测的长度（N）不同，预测的结果不同，请读者分别取N为3、5、7时，计算出相应的预测量，对比分析预测结果。

（3）指数平滑预测技术。当产品处于增长期或衰退期时，各时区对未来市场的需求影响程度是不相同的，与预测时区越近影响程度越高，指数平滑法是反映这种现象的预测方法，指数平滑的模型如公式5-2所示。

$$F_{t+1} = aV_t + (1-a)F_t \qquad (5-2)$$

式中，a 是平滑因子，取值域是 [0，1]，一般取（0，1）。当取 0 时，则下一个时区的预测值等于上一个时区的预测值；当取 1 时，则下一个时区的预测值等于上一个时区的实际订单量，即与前一个时区相同。

我们将历史预测值用实际值代入，则指数平滑模型如公式 5-3 所示。

$$F_{t+1} = aV_t + a(1-a)V_{t-1} + a(1-a)^2 V_{t-2} + a(1-a)^3 V_{t-3} + \cdots \qquad (5-3)$$

由于平滑因子 a 取（0，1），因此（1-a）的乘方越高其越小，对预测值的结果影响越小。当取 t、t-1 项，忽略后续项的影响，称为一阶指数平滑法；当取 t、t-1、t-2 项时，忽略后续项的影响，称为二阶指数平滑法，依此类推确定各阶指数平滑法的计算方法。

若对表 5-6 的 M10 产品订单量采用二阶指数平滑法，设平滑系统 a = 0.6，则预测结果如表 5-7 所示。

表 5-7　指数平滑法（二阶）预测结果

时区	1	2	3	4	5	6	7	8	9	10
预测量				153	178	297	189	167	162	154
订单量	150	170	230	213	181	178	163			

表中第 4 个时区预测值是根据第 1、2 和 3 时区实际订单量计算得到的，第 5 个时区的预测值是根据第 2、3 和 4 个时区的实际订单量计算得到的，依此类推。当计算第 9 时区的预测量时，第 8 时区还没有实际订单量，用第 8 个时区预测量计算，依此类推求出其他时区的预测量。

指数平滑法在计算预测值时，对选定的历史长度不同，预测的结果不同，请读者分别取一阶、三阶指数平滑法，计算出相应的预测量，对比分析预测结果。

（4）常用经验预测方法。在实际需求管理过程中，管理人员可以依靠这些数学模型进行预测，求出将来市场、需求的可能性，但是，从上述不同方法和不同假设可知，计算的预测结果相差很大，事实上管理人员往往可以运用更简单的（相当于凭经验的）预测方法快速地求出预测结果。例如：

① 与上一时区的需求量相同；

② 与去年同期相同；

③ 与前季度相同；

④ 与前时区增加百分之几；

⑤ 与前时区减少百分之几；

⑥ ……

这些方法在预测过程中结合实际生产经营情况还是很有作用的。

2. 预测效果检验

预测未来是一件十分困难的事，采用预测方法不当，会造成很大的误差，人们往往寻求能解决所有问题的预测模型，考虑的因素越来越多，分析因素的特征越来越细致，结果建立的数学模型越来越复杂。每年在《预测》杂志上发表的高论越来越多，模型纷繁复杂，似乎技术越来越完善，预测水平越来越高，事实上，不管哪一种预测方法都有环境要求，偏离了预测环境，无法获得预期结果。所有的预测方法都是风险的，预测只能是一种建议，不能机械地执行，还需要依靠人工去筛选。ERP 系统具有丰富的历史数据，可以方便地设置各种预测方法，快速地求出预测结果。在制定规划、计划等决策时采用哪种结果还需要评判。

调焦预测法（Focus Forecasting）是由美国五金公司提出并加以应用的，这不是预测方法，而是对预测结果的评价方法。通过 ERP 系统可采用一系列的预测技术，在评价预测技术时，先回退一个时区预测，然后将预测结果与实际值比较，选取误差最小的预测技术。如果现在是第 7 时区，首先运用预测技术和历史数据模拟预测第 7 时区，获得相应的预测结果与实际客户订单量比较，取误差最小的预测技术去预测第 8 个时区。

从上述的三种方法可知，采用移动平均法（n=2），第 7 个时区的预测结果是 180；采用二阶指数平滑法的结果是 189；一元回归分析法的结果是 185；如果采用简单经验，采用"与前一个时区相同"方法预测，则结果是 178，而实际的客户订单是 163。可见各种方法预测结果的误差绝对值分别是：17、26、22 和 15，在这种情况下误差最小的是 15，因此，采用"与前一个时区相同"的方法去预测第 8 个时区，第 8 个时区的预测值定为 163。

3. 客户订单管理

客户订单是企业与客户已定的供货事实。加强客户订单管理主要从企业内部管理出发，在提高客户服务水平的同时还要详细分析客户订单。通过客户订单分析及时敏捷地洞察市场波动，以最快的速度适应市场变化，及时规避市场风险，充分挖掘市场潜力，全面提高市场竞争力。客户订单管理的主要内容有客户订单分析和客户订单输入系统。

当企业接到客户的询价或订货请求时，企业销售部门进入客户订单管理程序，进行如下相关业务处理：

（1）识别客户类型。首先要识别客户的类型，进行客户关系管理，查询客户的基本信息：客户是老客户、还是新客户，客户的信誉记录，客户订货量异常识别，如果该客户是信誉好、订货需求正常的老客户，则可以立即自动进入下一进程。如果该客户是新客户，或者订货数量异常（超过一般需求的某一阈值，比如某一倍数或指定值），或者欠款太多或逾期太久等，需要进行调查，收集相关资料供领导审批。审批通过后，新客户先要建立客户档案，然后与其他类客户一样进入下一进程。

（2）询价与跟踪访问。已经获得客户需求相关信息后，要及时与客户进行沟通，沟通的主要内容是产品价格、型号规格、质量要求、需求量、需求日期和需求服务条款等事项，要记录沟通内容与方式，而且系统还要提供主动访客户功能，当客户还处在商谈阶段，定时与客户沟通。直到客户确定订货需求，签订订货合同，形成客户订单，然后可以进入下一进程。

（3）客户订单分析。并非所有的客户订单都在预料之中，ERP 系统是以主生产计划启动其他计划的，主生产计划的执行可以预测客户订单、预测加客户订单等多种方式，在一般情况下主计划是预测下达生产任务，只有这样可以有效地过滤市场波动对生产秩序的影响。企业采用面向订单设计或面向订单生产的方式时，以客户订单量下达生产任务。当出现插单或异常需求时，采用预测加客户订单的方式。如何弄清客户的异常需求是需求管理的关键，也是充分发挥 ERP 系统客户订单管理作用的关键。客户订单分析是将客户订单分成预测内订单和预测外订单，预测内的订单将消耗预测，不增加主生产量，预测外的订单不消耗预测量，应当在主生产计划外另外增加生产量，以满足新客户或老客户增加量的需求。在实际企业经营过程中，规模以上的企业销售业务数据繁杂，要对每一个客户订单量进行人工识别工作量很大，而且容易出错，因此，往往可以借助数据处理小系统帮助识别是否异常，对异常客户订单进行编号标记。识别客户订单是否异常的判定方法通常有：

① 一份订单的需求量在一个时区内是否超过客户阈值 X_1；

② 一个时区内订单总需求量是否超过预测的阈值 X_2；

③ 一份订单的需求量在一个时区内是否低于阈值 Y_1；

④ 一个时区内订单总需求量是否低于预测的阈值 Y_2。

阈值选取十分重要，直接影响到管理正确性和有效性，对上述四种阈值可以采用统计方法、经验法、迭叠法、神经网络、遗传算法等方法计算获取。阈值可以是某一定值、百分数，还可以以客户为对象求出其阈值。

当客户订单量不在 [Y, X] 范围内时，要编号标记。如果超出阈值，超出量是市场增长的潜力，低于阈值则存在市场紧缩的可能。通过客户订单分析及时揭示市场隐含信息，为企业决策者提供市场预警机制，提高企业市场适应力，规避风险、降低无效生产的损失，提高市场竞争力。

（4）录入客户订单。在录入客户订单前已经录入了客户的基本信息，客户订单的录入主要有订单生产信息和订单财务信息这两方面的数据。订单的生产信息主要有物料的编号、名称、单位、型号规格、数量、质量需求、需求日期、承诺日期和承诺量等内容。在订单生产信息录入时，可以对一个产品分批交货，或一份订单同时签约多种产品，也可以产品与配备件同时签约在一张订单上等多种操作方式。订单的财务信息主要有订单需求物料的编号、单位、单价、金额、付款方式、分批日期、违约罚款条款和责任人等内容。

对于预测内的客户订单采用预测消耗逻辑，从预测中减去客户订单量。预测外的客户订单通过标记自动增加到主生产计划中，以这类需求量来增加生产量。

（5）确认客户订单。客户订单录入 ERP 系统后处于待复核状态，在有限的时间内可以修改和删除。但是客户订单的录入、修改和删除统一由销售部门指定岗位和操作员进行，其他人员只有依权限查阅。客户订单录入后可以通过人工复核确认或自动确认（超时订单）。确认后的客户订单存档备案，不能修改。如果由于特殊情况确实需要变动，则采用倒冲修改，同时要记录发生的成本到相关账户。

（6）客户订单转生产订单。客户订单的确认是通过审核标记识别的，一旦客户订单被确认，立即转入生产订单，根据订单的编号标记自动识别是否是消耗预测。对于一些应急客户需求也可以跳过报价与订单录入过程，直接录入生产订单，然后根据生产订单自动产生机制客户订单，生产订单是下达生产任务的主要文件之一。

（7）客户订单查询。客户订单查询是 ERP 系统提供生产、销售、财务和相关用户提供查询服务的功能。通过 ERP 系统可以很方便地查询单份订单的跟踪情况、单个客户的需求情况、单个产品的销售与生产现状明细。同时给企业各层管理领导提供以客户、产品、时间等特征的单项或多项综合的汇总统计信息。

（8）客户订单关闭。当按客户订单需求生产和发货完成后，应当关闭订单，订单按财务约定转入应收账的账务处理系统。生产与销售系统中的客户订单已经完成，及时退出系统。已完成的客户订单在系统中停留时间越长，占用空间越大，查询速度越慢，系统效率越低。因此，及时整理更新系统数据是确保系统快速运行的有效手段。

客户订单管理是连接市场需求与企业生产能力的纽带，客户订单信息不仅直接与销售、生产和财务相关，而且与企业的计划、规划和战略密切相关，也为产品的服务、工程、工艺和设计提供了研发需求调研的途径。

5.2.2　ERP 系统的销售管理系统及功能

客户是企业的重要资源之一，ERP 系统不仅具有独立的营销管理模块功能，而且对营销计划、执行数据和客户基本数据进行管理。

1. 销售管理系统

销售作为企业产品进入市场的出口，资金回收的入口，直接影响着企业的利润。销售管理的好坏对企业全局有直接影响，销售是企业活动的出发点，对企业的技术、生产、财务、人事等各项管理都有决定性的作用。然而，众多企业都面临着销售问题，传统的销售管理模式存在诸多弊端：销售信息滞后、销售人员垄断市场信息、销售机会难以把握、简单重复作业、内部信息不畅、客户信息散乱、客户满意度低等。在企业的 ERP 系统中，销售管理系统是企业与外部客户的接口。它是实现企业资金转化和体现企业经济和社会价值的重要桥梁，为企业的再生产提供资金保障。同时，它提供的销售计划、市场预测也是企业制定生产计划的重要依据。销售管理系统是企业降低销售成本、保证生产计划的合理性以及提高客户服务水平的重要工具。

2. ERP销售管理的主要功能

ERP销售管理的主要功能包括：销售市场分析管理、销售价格管理、销售计划管理、销售订单管理、销售发货管理和销售服务管理等。

（1）销售市场分析管理。销售市场分析管理包括销售统计分析和销售预测分析。销售统计分析主要是对各种销售信息进行汇总统计分析；销售预测分析则是利用有关预测方法和销售统计分析信息，对市场信息进行预测，以指导企业今后的销售活动和企业的生产计划。

（2）销售价格管理。销售价格管理包括定价管理和折扣管理。定价管理是指制定出相应的科学合理的价格；折扣管理则是在定价的基础上，企业根据市场条件的变化来调整价格。

（3）销售计划管理。按照客户订单、市场预测情况和企业生产情况，对某一段时期内企业的销售品种、各品种的销售量与销售价格做出计划安排。

（4）销售订单管理。根据客户需求的信息、交货信息、产品的相关信息及其他注意事项制定销售订单；通过考察企业生产可供货情况、产品定价情况和客户信誉情况来确认销售订单；将销售订单信息传递给生产计划部门（以安排生产），并密切跟踪销售订单的执行状况。

（5）销售发货管理。销售发货管理的功能是按销售订单的交货期组织货源，下达提货单，并组织发货，然后，将发货情况转给财务部门。

（6）销售服务管理。为客户提供售前、售中和售后服务并进行跟踪。销售部门解答售前客户对产品的技术咨询，跟踪合同，了解订单的交货情况及客户对产品质量、交货期的满意程度，提供售后服务支持，并向质量部门和技术部门提供产品的售后质量记录。

3. ERP销售系统的业务流程

销售管理是ERP系统的重要环节，尤其在现在市场驱动生产模式下，客户订单确定了生产规模和生产任务，企业以销售为龙头。销售管理的业务十分复杂，在此仅讨论报价管理、订单管理和发货等主要业务流程。

（1）报价管理是销售管理的核心业务，在ERP系统中直接起到联系客户，反映企业服务能力的窗口作用，其业务流程如图5-2所示。

报价管理处理报价单的跟踪和审核作业，提供与销售相关的信息，以便能够有效地掌握销售的报价，及时控制报价的连续性及审核过程进行主动跟催，促成成交的目的。

① 报价单输入。在获得客户订货信息后，系统查询该客户或料品的报价历史资料，自动调用比较准确的成本数据，再加上必要的利润、税金等作为报价的底线；然后再根据设定的价格策略而制作报价单。

② 报价单审核。由销售主管对报价单进行报价确认，未确认的报价单需要进行修改，已确认的报价单授权相关人员进行审核处理。

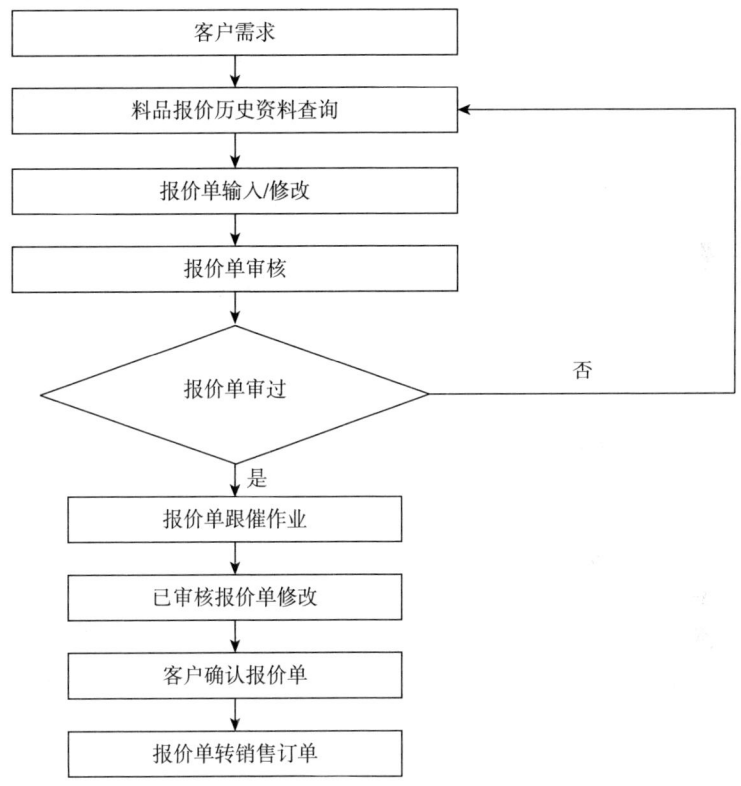

图 5-2　报价管理日常业务流程图

③ 报价单跟催作业。对客户订货信息进行及时跟踪处理，对客户的回应及时记录和响应，提高销售成功率和客户服务水平。

④ 报价单跟催查询。业务员或销售主管可以根据需要按照跟催日期和业务员进行报价单跟催资料的查询。

⑤ 已审核报价单修改。如果客户对报价有异议，经双方协商，可以对已审核报价单的内容进行修改。

⑥ 报价单客户确认处理。价格不再变化时的报价单需要经过客户确认，确认后才能转为销售订单。

⑦ 报价单转销售订单。报价单经过审核和客户确认后，就可以转为正式的销售订单，避免二次录入的工作量。

（2）销售订单管理子系统。销售订单主要内容：订单号、客户代码、订单类型、订单内容（产品规格、节余数量、订购数量、价格、需求日期、交运日期，以及是否要交税、是否单独装运等）、有关日期信息（订货日期、登记日期以及最后更改确认日期）、有关交运的信息（运输地点、所有权变更地点、运输路线等）、与客户有关的信息（客户采购号、采购者姓名等）以及其他信息（销售地区代码等）。销售订单自输入系统后，便跟踪产品销售的整个过程，直至完成全部业务处理。销售订单管理日常业务处理流程见下图，主要业务内容如图5-3所示。

① 销售订单输入。销售订单既可以由客户确认的报价单生成，也可以在获得客户订货信息后，人工输入销售订单。

② 销售订单审核。信用审核、技术审核、生产审核。

③ 生成销售合同。在全部审核合格时生成销售合同，否则与客户进行沟通，修改初步订单，重新进行审核。

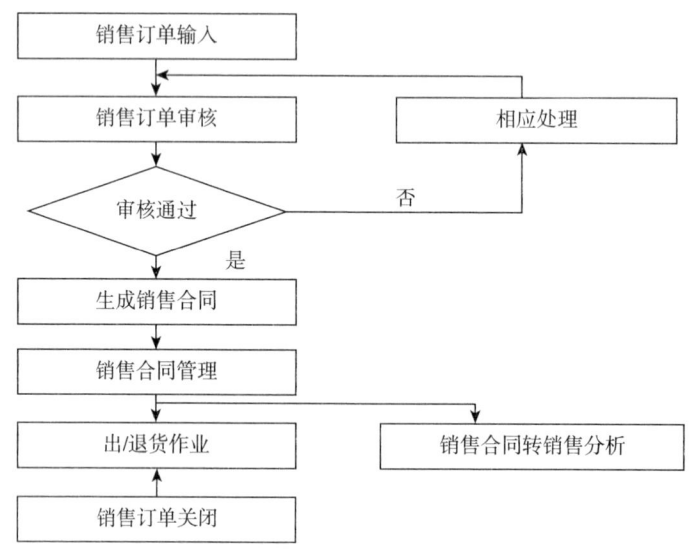

图 5-3　销售订单管理日常业务处理流程图

④ 销售合同管理。包括：有关查询、有关报表以及合同跟踪管理等。其中合同跟踪管理特别重要，是企业按合同组织生产的基础。客户需求在产品的生产过程中有可能发生变化，如客户要求延期交货、订货数量调整、客户希望提前交货等。因此，必须始终跟踪销售合同，根据变化对合同进行及时变更。以正确反映客户的需求，提高客户服务水平。

⑤ 销售合同转销售分析。已确认的销售订单及时转入分析系统，为销售分析提供原始数据。

⑥ 销售订单关闭。对已出货完毕的销售订单，系统将自动于出货后，进行各料品的自动关闭。

（3）销售发货管理是企业的日常业务，销售发货管理的功能是按销售合同的交货期组织货源，并按期发货，最后将发货情况及时转给财务部门，其业务流程如图 5-4 所示。

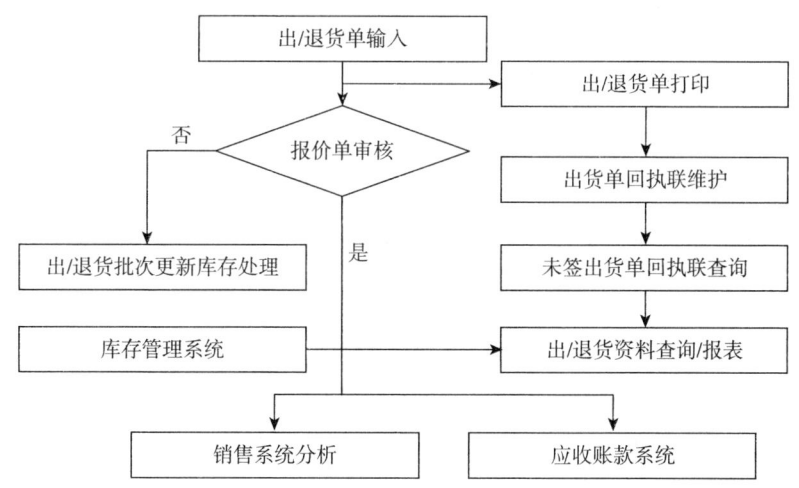

图 5-4　发货管理日常业务流程图

① 出货单输入。出货单输入时，系统首先检查客户的信用余额。根据销售合同出货时，如果出货数量超越了允许上限或允许下限，或者库存量不足，系统予以提示。

② 出货批次更新库存处理。系统提供两种出货更新库存的方式：立即更新库存和批次更新库存。

③ 出货单回执联维护。从开出出货单开始到客户收到货物（签回执联）

可能存在时间差，系统提供了对出货状况的查询功能。

④ 出货资料查询。对系统内的出入库资料，系统提供多角度查询功能。

⑤ 销售分析系统。出/退货数据应及时转入销售分析系统，为销售分析提供原始数据。

⑥ 应收账款系统。出货以后，需根据出货签回做应收账款的转账处理。既可以在出货的同时进行现结收款，也可以由出货单生成应收账款，而后在应收款系统中进行收款处理。

4. 销售管理系统的发展趋势

销售管理作为企业经营和运作的一项重要内容，是企业实现利润和经营目标的主要手段。近年，一些有用的IT工具，如多媒体、Internet等应用到销售管理中，为企业发展提供十分有利的机遇，传统的销售管理正逐渐向以客户为中心的网络销售方向发展。销售管理系统的发展趋势主要体现在以下三个方面：

（1）在电子商务（Electronic Commerce，简称EC）方面，由于Internet技术的发展，在内部工作和业务流程的控制方面，企业将会主动地大量采用电子商务模式进行交流。企业各种对外活动也已延伸到Internet上，企业管理软件应当支持Internet上的信息获取以及网上交易的实现。

（2）在客户关系管理（CRM）方面，随着市场竞争的日益激烈，不同企业的产品和服务本身已很难分出绝对优劣，而把客户、供应商以及合作伙伴连成一体的供应链已经成为企业与企业之间竞争的核心。

（3）在决策支持方面，随着人工智能和数据挖掘技术的发展与应用，销售管理系统还要增加新的模块，例如：预测为企业高层决策者服务，为他们的宏观决策提供科学依据。

5.3 ERP系统的库存与采购管理

ERP系统无论是研发过程，还是实施过程都是逐步形成的。ERP系统的诞生地美国与中国实施ERP系统的过程存在明显的差异，据大量资料分析表明，美国实施ERP系统往往从时段式MRP开始，经闭环MRP和MRPⅡ后实现ERP系统。中国企业实施ERP系统往往是先实施会计电算化（或称之为会计信息系统），然后由财务系统与生产系统集成形成MRPⅡ，最后实现ERP系统。

目前，运行 ERP 系统的全部功能并取得显著效益的企业为数不多，有些企业甚至还没有开展企业信息化，大部分企业仅仅应用了部分职能部门管理的信息子系统。在这种环境下，企业必须站在 ERP 系统的角度，从长远的目标出发，去实现这些功能模块，这样才能避免重复投入，降低成本，提高最终实现 ERP 系统的成功率。

5.3.1 ERP 系统库存管理

在 ERP 系统中，库存管理是整个系统的核心功能与基础数据模块，也是 ERP 系统发展过程中的管理聚集点。ERP 系统起源于库存控制，向与库存相关的各个职能、事务延伸，最终形成今天的集成一体化信息系统。

1. 库存管理业务流程

在 ERP 系统环境下，一切业务操作都是围绕企业总体目标，操作数据均直接面向中央数据库。在库存管理中，各个岗位在系统中的操作权限决定了拥有系统的操作功能。库存管理业务流程伴随物流，将物料状态信息及时传递给相关部门，业务流程如图 5-5 所示。

在 ERP 系统环境下，企业内部与外部的各类用户都是在同一平台下获取信息、输入数据，业务流程完全由 ERP 系统的内部功能控制操作顺序。企业与企业之间各组织结构完全处在同一层面上，所有的信息传递，事务沟通均通过中央数据库，大大减少了部门之间的数据传递和复核工作量，减少了数据传送环节和出错机会，提高数据传递速度，取消部门之间时差和描述事物的不一致性。

从 ERP 系统库存管理业务流程上，不能直接看到业务流程的操作之间时序，但是内部具有与传统业务相同的时序控制功能，相应业务流程系统具有自动控制规则。

（1）基础数据定义。库存管理的基础数据是 ERP 系统启用的关键。在 ERP 系统中启用库存管理功能模块前，必须在系统初始化时，输入完整正确的库存管理相关的基础数据，才能开展正常的库存管理业务处理工作。库存管理的基础数据除了与其他功能模块相同，还必须定义企业管理组织结构、岗位设置和人员基本信息，还要输入库存物料（不同的 ERP 系统软件对物料的名称定义有些差别，如用友公司的后期软件系统称为存货档案，Fourth Shift 的 MSS 系统称为物料主文件）基本信息和库位定义。在库位定义时，制造企业将仓库至少分为成品库、在制品库、原料库和废品库，商业部门可分成商品库和废品库，物流企业则按库位地理位置和存放物料的类型分类，有些制造企业将仓库另外增加逆向物流的回收库。在基础数据定义完整、正确后，库存管理相关岗位可以按授权功能模块进入正常的业务操作。

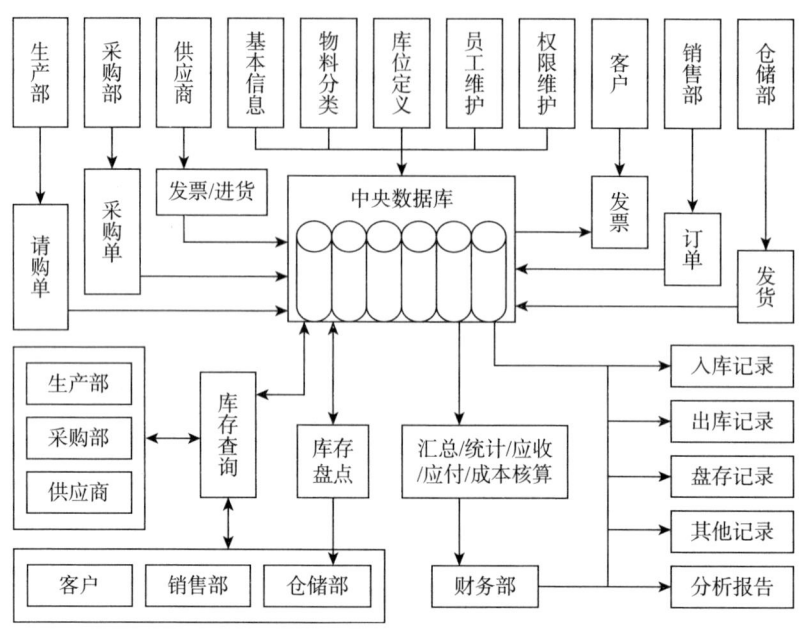

图 5-5　ERP 系统库存管理业务流程示意图

（2）入库操作流程规则。物料进货登记操作是在系统指定库存管理员，对指定物料和指定采购单根据验收合格数量、品名和规格入库分录。一张合格的采购单可以同时采购多种物料，也可以对同一个物料分批入库。系统登录入库物料时，自动复核入库物料是否是确认的物品和规定的数量，如果物料规格、名称、供应商等基本信息不正确，则系统拒绝接受物料，无法入库，严格控制入库物品的随意性。

（3）发货操作流程规则。物料发货是在系统提示下进行，没有销售订单或生产订单，系统无法登录发货物料，在发货登录时，登录物料的基本信息是由系统提供，操作人员只能登录系统指定物料的数量与时间，一次可以同时发出多种物料，也可以一个物料分多次发货。当一个客户订单或生产订单所要的物料发货完成后，系统自动关闭相应订单，订单将退出系统，如果在发货过程中发生错误,需要回收物料,则必须采用物料倒冲处理方式。物料发货操作必须是系统授权指定的库存管理员,并且按系统的提示操作,严格控制发货出库物品的随意性。

(4)库存操作盘点规则。库存盘点是库存管理的日常工作,库存管理人员根据人员数量情况,以及物料等级做好盘点计划和实施盘点工作,在库存盘点后及时调整库存量,在登记盘点发生账面数值与实际数值偏差时,必须通过财务系统采用非正常出、入库方式修正库存量。这类修改操作不仅通过授权严格控制操作人员,而且必须建立完整的账号和科目。列入相应账务处理系统中。

(5)查询统计操作规则。ERP 系统中央数据库的数据真实地反映了企业运行状态和运行过程,所有数据均是企业的信息资源,必须加于保护。查询和统计操作直接提供了企业经营状态,所以对进入系统需要查询和统计操作的人员加强管理,一方面监控查询与统计操作制空权,严格控制企业信息的外泄。

2. 库存管理功能结构

库存管理功能主要围绕物料的入库与出库操作,针对不同的库存货物的种类和库位分别设置出库、入库和查询操作,一个简易的 ERP 系统(例如,南京的网商 ERP 系统)可以根据用户对库存管理的不同组织方式分别按库位设置功能模块。网商 ERP 系统的功能结构如图 5-6 所示。

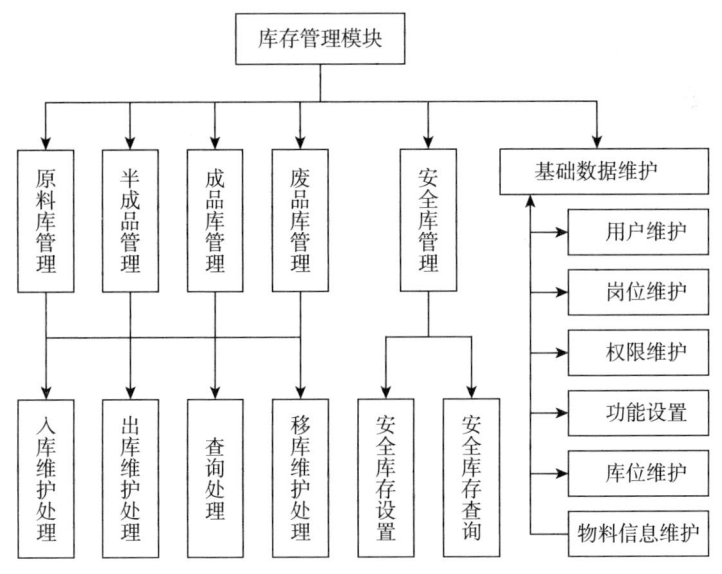

图 5-6　网商 ERP 系统库存管理功能模块结构示意图

库存管理不仅要做好库存物料的存储和保管工作，而且还要及时与供应商、生产部门、财务部门和客户实时沟通。在ERP系统库存管理模块中，为各个职能部门提供了实时库存查询功能，通过查询了解物料过去、现在和将来的库存状态。ERP系统库存管理模块的主要功能如下：

（1）入库操作功能。无论是原料、成品和废品，还是在制品，在其相应事务处理结束后必须及时入库登录，入库操作是数据输入过程。在入库物料输入系统时，操作员必须有权限，操作内容必须有依据，系统严格控制没有凭证的随意入库。因此，入库操作界面打开后需要输入入库物料的相应订单（生产订单或采购订单）号，相应订单号查核正确后才能输入相应数据。

（2）出库操作功能。在发货事务处理结束后必须及时进行出库登录。出库操作也是数据输入过程，在出库物料输入系统时，操作员必须有权限，操作内容必须有依据，系统严格控制没有凭证的随意出库。因此，出库操作界面打开后需要输入出库物料的相应订单（领料订单或客户订单）号，相应订单号查核正确后才能输入相应数据。

（3）物料移库功能。物料移库是属于内部库位调整，不涉及物料耗用和价值的变迁。因此，在移位处理时，指明移出库位编码、移入库位编码和移库物料编码、名称、规格和数据，系统自动更新相应库位物料的数量。移库操作往往是一个物料可以分别存储在多个库位的情况下出现的操作需求。

（4）报废处理功能。在生产或库存过程中由于各种因素可能会出现物料报废现象。库存管理系统在处理报废物料时，不是简单地将物料从库存中减去，而是有一套严格的报废确认、报废责任和成本归类制度。报废物料不仅要从库存量中减少，而且要独立统计，上报相关领导审批。

（5）盘点库存调整。在库存管理过程中由于各种因素（如抽样验收入库方式，样本与实际偏差）造成库存物料数量与账面数值不一致，需要定期或不定期盘点，当盘点结果与系统账面数值差超过容差时，需要调整库存量。盘点库存量的调整也是一件必须认真的工作，不仅要将调整值上报主管理审批，还要自动记入相应财务科目。

（6）基本数据维护。企业的组织结构、人员、岗位设置都有可能发生变化，使用库存管理模块还要及时更新与维护相应的基础数据。

3. 库存管理功能模块应用前提

在 ERP 系统环境下,库存管理不是一个独立的功能模块,需要与其他功能模块配合使用,才能发挥其作用。企业在实施 ERP 系统过程中,绝大多数专家提倡分步实施。有些专家将 ERP 系统实施分成基本 MRP、闭环 MRP、MRPⅡ 与 ERP 等阶段,也有的专家提出 ERP123,将 MRP 系统作为 ERP1,MPRⅡ 作为 ERP2,最终形成 ERP 系统作为 ERP3。在 ERP 系统环境下,一般以基本 MRP 为起点,以库存管理为核心,必须具备如下基本条件才能发挥 ERP 系统环境下的库存管理作用。

(1)主生产计划。主生产计划是 MRP 展开的依据,没有主生产计划的面向客户订单生产方式,很难做好生产计划的平衡和日常工作的有序开展。主生产计划是提高 ERP 系统库存管理运行良率的关键之一。

(2)完整的物料基本信息。物料基本数据的完整性直接影响系统运行的正确性,基础数据一旦发生差错,ERP 系统运行结果将会发生连锁放大效应(即牛鞭效应),导致系统提供的数据无法使用。

(3)物料清单。实施 ERP 系统下的库存管理功能模块,必须实施基本 MRP。在基本系统中将物料分成独立需求与相关需求,整理出生产物料清单(PBOM),才能使 ERP 系统的基本 MRP 正常运行。

(4)明确的岗位职责。库存管理是基本的一个主要功能,其中还包括采购管理、生产管理等功能,必须在网络环境下运行,因此,在同一数据平台下操作,对各岗位的人员需要明确岗位职责,才能确保系统安全。

(5)明确的计划时区。ERP 系统下的库存管理,不仅要记录过去的库存情况和现在的物料库存量,还要按 MRP 原理推算出将来的库存量、可用量,为销售计划提供依据,计划时区是 MRP 展开的重要假设,也是 MRP 运行的前提。

(6)明确的物料提前期。MRP 开展的另一个重要数据是物料的提前期,在 MRP 推算时必须事先确定每个物料的提前期,才能获得该物料在将来时区的需求量。

4. 库存物料订货批量的确定

库存物料订货批量的确定是库存管理的核心技术,备受理论界和企业界的关注,在实际库存物料订货批量确定时,不仅受库存物料特性和制造企业特性的影响,而且受市场需求量和需求速率等多种因素的影响,因此,库存物料订货批量确定的方法很多。不同的方法往往在特定环境下建立，企业在选择确定订货批量方法时，首先要了解物料特性和企业特性，还要了解订货批量确定方法的前提假设。订货批量确定的方法虽然有许多种，但是订货批量确定的目标是一致的，降低库存成本，确保物料需求量，维持企业正常生产。订货量确定的前提假设可分成：先假设固定供应量后确定该可供应量的时区数、先假设固定需求时间后确定该时区内的需求量、需求时间与供应量同时确定三类。

（1）固定订货批量法（Fixed Order Quantity，简称 FOQ）。FOQ 法是属于先假设固定供应量后确定该可供应量的时区数，这个订货量是完全凭经验确定的，受人为因素影响。该方法用于 ERP 控制下的所有物料，但是在实际应用中通常只限于订货费用比较大的部分物料，不断改变订货量会引发其他不确定成本的变化（如运输成本、订货成本等）情况。假设某物料的订货凭经验确定量是 40，则计划订货量如表 5-8 所示。

（2）经济订货批量法（Economic Order Quantity，简称 EOQ）。EOQ 也是属于假设固定供应量后确定该可供应量的时区数，这个订货量是依据最经济的订货量。假设预计全年净需求量是 R，物料的单价是 C，每次订货费用是 S，物料的保管费占平均库存物料价值的百分数 I，订货量是 Q。则该物料全年的总费用是物料订货费加物料保管费再加物料的价值，如式（5-3）所示。

$$F = (R/Q) \times S + (Q/2) \times C + R \times C \quad (5-3)$$

求 F(Q) 的最小值，得式（5-4）。

$$Q = \sqrt{\frac{2RS}{IC}} \quad (5-4)$$

假设某物料的计划时区单位是月，预计 1~9 时区的净需求量如表 5-8 所示，S = 100，C = 50，I = 0.24，计算得 Q = 58，则计划订货量如表 5-8 所示。

（3）固定时区需求量确定法（Fixed Period Quantity，简称 FPQ）。FPQ 法是属于先假设固定需求时间后确定该时区内的需求量，这个时区数是完全凭经验确定的，受人为因素影响。该方法适用于不断改变时间会引发其他不确定成本的变化。假设某物料凭经验确定订货时区是 2，则计划订货量如表 5-8 所示。

（4）时区订货批量法（Period Order Quantity，简称 POQ）。POQ 法是属于先假设固定需求时间后确定该时区内的需求量。在实际操作过程中，先利用 EOQ 法确定理论订货量 Q，然后求出经济订货次 n = R/Q，最后由全年的时区数 N 除订货次数 n，得到订货时间间隔，某物料的需求情况如表 5-8 所示，则 POQ 计划订货量如表 5-8 所示。

（5）按需确定订货批量（Lot For Lot，简称 LFL）。该方法属于同时确定需求时间与供应量，也是一种最简单的订货批量确定方法，即要多少，订多少。这种方法完成贯彻 JIT 的库存控制理念，在实际订货时，适用于物料单价高需求数据少，或需求不连续的物料。当物料供应能力非常强大，随时需要可以随时提供时也可以采用这种方法，LFL 计划订货量如表 5-8 所示。

表 5-8　订货批量计算表

时区	1	2	3	4	5	6	7	8	9	合计
预计净需求	35	10		40		20	5	10	30	150
FOQ 计划订货量	40	40				40			40	160
EOQ 计划订货量	58			58				58		174
FPQ 计划订货量	45			40		25		40		150
POQ 计划订货量	85					65				150
LFL 计划订货量	35	10		40		20	5	10	30	150

（6）最小单位费用法（Least Unit Cost，简称 LUC）。该方法属于同时确定需求时间与供应量，既不固定订货时间间隔，也不固定订货批量，而是根据预计的净需求量，从一个时区的需求量开始计算订货费和保管费，并计算出分摊到每个物料的单位物料的费用，取单位物料费用最少的订货量和订货时间间隔为计划订货。根据上述假设，每个物料保存一个时区需要保管费 1 元，则经过推算得出第 1 个时区的最小单位费用的订货量是 45，供两个时区的需求，推算过程如表 5-9 所示。请学员自己推算下次订货时区数和订货量。

表 5-9　最小订货批量计算方法

时区数	净需求	存时区	一次订货	保管费	单位保管费	单位订货费	单位费用
1	35	0	35	0	0	2.86	2.86
2	10	1	45	10	0.22	2.22	2.44

（续表）

时区数	净需求	存时区	一次订货	保管费	单位保管费	单位订货费	单位费用
3	0	2		10	0.22	2.22	2.44
4	40	3	85	130	1.58	0.18	2.7

注：假设在第1时区订4个时区的需求量130个则在130个中，其中有35个在第1时区消耗，没有保存；有10个在第2时区消耗，保存了1个时区，需要保管费10元；最后40个在第4时区消耗，保存了3个时区，需要保管费120元，总计保管费130元。

（7）最小总费用法（Least Total Cost，简称LTC）。该方法也是属于同时确定需求时间与供应量，依据计划期内的订货费用越接近保管费用时，这个计划期内所有批量的订货费用与保管费用之和也越小的原理，先计算出经济单位库存时区量（Economic Part Period，简称EPP），然后分别计算出随时延伸的物料保管费，取保管费用最接近EPP值的订货时区数和订货量。EPP是指存贮一个时区时使订货费用与保管费用相等的量，因此EPP的计算方法为EPP = S/[（R×C）/12]，根据上述假设EPP = 100/[（0.24×50）/12] = 100。LTC的计算过程如表5-10所示。从表中可知订4个时区的需求量，其保管费更接近EPP值，因此，第1时区的订货量是85。

表5-10 LTC计算过程

时区	净需求	存放时区数	可能的批量	库存保管费用累计
1	35	0	35	0
2	10	1	45	10
3		2		
4	40	3	85	130
5		4		
6	20	5	105	230

综上所述，某一物料采用不同的订货批量确定方法，订货量与订货时间是不相同的，形成的库存量也不相同。采用LFL方法的库存量最小，采用EOQ方法计划期内所花费用最小。企业在实际确定订货批量时，还要根据具体的订货因素确定。

5. 库存盘点方法

库存盘点是确保库存记录正确有效的途径。这不仅可以及时发现库存物料与账面记录的不一致，找出错误的原因，通过校核消除不准确的记录，而且还可正确地检测系统运行结果，提高库存管理人员的素质。在 ERP 系统支持下可以取消年度盘点，采用循环盘点，提高库存数据的实时、正确和可靠性。常见的盘点方法有 ABC 分类法、分区分块法和存放地点审查法等。

（1）ABC 分类法。这种方法不仅用于库存盘点，同时还用于物料库存量控制等领域，ABC 分类法是遵循了意大利经济学家 Pereto 的 2∶8 定律。将所有物料按年使用价值（用量 × 单价）和各物料使用价值累计值从大到小降序排列，当物料使用价值累计到 80% 的对应物料为 A 类物料，由此继续累计到 95% 的物料（占总的 15%）为 B 类物料，剩余的（5%）物料为 C 类物料。在库存管理过程中，对 ABC 物料的计量容差和盘点频次不同，可以分别取 0%、2%、4% 和每周一次、每月一次、半年一次等。实际上，在确定各物料盘点时间时，还要充分考虑库存物料的种类、数量、分散程度、管理人员能力和预期投入的费用。这种方法理论上合理科学，但当物料存放空间混乱时，有盘点记录容易遗漏出错、盘点工作量大等方面不足。

（2）分区分块法。为了便于开展盘点工作和盘点记录，往往按库存物理空间分别设定盘点时间，在同一区域的物料一起盘点。因此，这种方法首先要细化库位区域，然后分析各区域内物料的价值、原记录的准确度和区域内物料种类与数量，然后确定各区域物料的盘点频率和盘点计划。这种方法更适用于物料按价值分类、按区域存放，既便于正确记录数据，不会造成遗漏盘点或重复盘点，又能提高工作效率。

（3）存放地点审查法。在库存管理过程中，当物料种类繁多时极易放错位置。影响正常的物料存取和盘点工作。存放地点审查法是通过对所有库位编号和预定义库位物料，然后与实际库存物料记录进行比较，核实其每项物料所在的库位，这种方法简单、快速和有效地核准物料存放地。但不涉及物料库存数量。

在企业库存管理中，物料盘点是一项十分重要的工作，直接影响到 ERP 系统的有效性。周期循环盘点是在 ERP 系统环境下的常用库存管理方法，而盘点方法的选择往往根据企业的实际情况。对于快速周转的物料，采用分区分块法有效；对于库位数量多并做好分类库存的物料，采用ABC分类更加有效；对于仓库建设启用初期或相隔一段时期后，运用存放地点审查法可以发现并改正库位物料混乱现象。

6. 虚项物料管理

虚项物料是为了简化物料清单，便于对零杂物料的归类而设立的实际不存在的物料，或往往直接进入生产现场而不需要库存的物料。特别要注意的是虚项物料往往是由一类物料构成的集合体。例如：附件和备件等物料可以作为虚项物料来管理。附件往往有装箱单、各种说明书、合格证、检验证等组成；备件往往是根据产品的易损性和特殊性决定的，例如：汽车的备件由工具、轮胎等组成。

（1）虚项的特殊性。虚项物料必须同一般物料先在物料主文件中输入。虚项物料的提前期和安全库存量一定是0，订货批量和订货倍数为1，订货策略采用按需订货，其他属性根据实际情况定义输入，然后将虚项物料加入物料清单。在物料清单文件中指明该物料是虚项物料，虚项物料与其父项物料的倍数关系是1，数量类型是随父项物料，报废率是0，其他属性按实际情况定义输入。

（2）虚项物料计划方法。当物料需求计划展开时，如果虚项物料的库存量是0，则可以直接跨过该虚项物料，计算其下层物料的需求量；如果虚项物料具有库存量，则采用用光策略，用毛需求减去库存量，求得净需求，再展开虚项的子项物料。

虚项物料一般不出现在领料单上，除非库存大于0，所以，在大多数情况下，出现在物料清单上的仅仅是它的子项物料。

5.3.2 ERP系统的采购管理

MRP系统运行将产生生产订单和采购订单，生产订单是生产作业管理的依据，也是组织生产、进行生产调度的依据。采购订单与生产订单的作用相似，是ERP系统采购管理的重要依据之一。制造企业的生产起点在于采购结束。生产必须经过采购，获取所需要的各种材料和外购件，采购管理与生产管理在ERP系统下具有很大的相似性，这两类订单的执行、跟踪和考核过程相似。但是，也存在本质的不同，首先是订单的可控性存在明显的差异，采购任务的完成，不仅取决于企业内部的采购部门，还取决于材料供应商和物流公司等多方的主观与客观因素，因此，采购提前期不仅较长，而且可控性差，生产的周期在很大程度上受采购提前的影响。

1. ERP 系统采购管理内容

外购物料的价值与费用在很大程度上影响到企业成本，影响到产品的价格和市场竞争能力，采购管理直接影响到企业经营能力。采购管理的主要内容由货源调查、供应商评价、采购计划确认、签订采购合同、采购过程跟踪和采购验收入库等工作，其业务流程如图 5-7 所示。

（1）货源调查。企业外购物料时，首先要了解物料的来源，开展货源调查。货源调查应当广泛收集该物料的品名、型号、规格、供应商和供应能力等信息，并建立供应商供货基本数据库，将供应商的代码、名称、地址、联系电话、联系人，能提供的商品名称、规格、供应方物料代码、商品的价值、可供批量、质量、折扣、付款方式要求、货币种类、运输方式、交货方式、交货地点，供应商信誉记录、售后服务等信息录入数据库中，并将货源调查结果提交主管工作领导。特别是新的供应商在建立供货关系之前还需要对供应商进行审核，只有审核通过的，或已经建立供货关系且信誉好的供应商，才可以直接进行签约谈判或商谈订货合同。

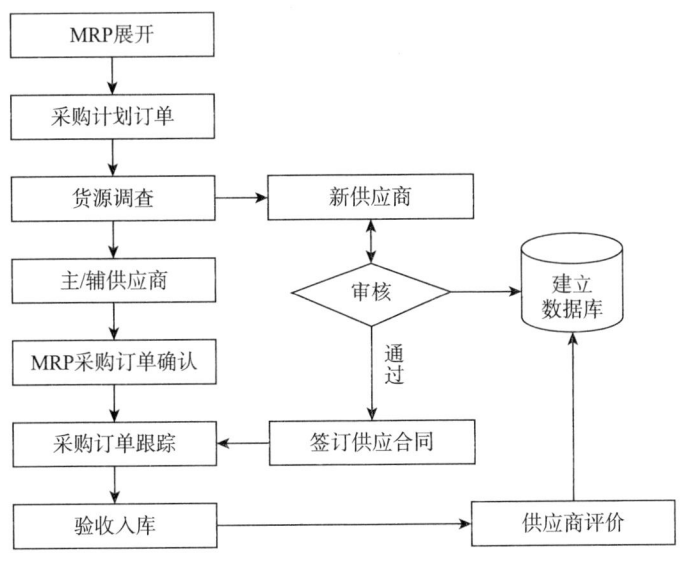

图 5-7　ERP 采购管理流程

（2）供应商评价和询价。供应商信息的获取可以有专人负责收集，也可以通过企业门户网站，让供应商按要求自己填报输入。在实际供应过程中往往一种物料可能有多家供应商提供。因此，供应商的评价一方面是采购选择供应商提供较完整的决策依据，另一方面是为已经提供物料的供应商对供货情况进行综合评价。供应商的评价是一项十分复杂的工作，首先要确定评价指标（例如物料的等级、价格、服务响应、质保期和交货时间等），在确立了评价指标体系后再确定评价方法，确定指标之间的权重和指标之间的关系，最后是决定评价结果的分类，把符合要求的供应商提交给领导审核。

（3）MRP 采购订单确认。确认采购订单不仅是将采购订单的状态从 1 逐步改成 3，而且审核 MRP 计划采购订单的需求量和需求时间，并根据企业实际生产、库存现状进行调整，同时还要明确采购订单执行的供应商。

（4）供应合同的签订。在确定了物料需求量与需要的交货日期后，必须尽早签订供货合同。在实际操作过程中，对供应商的选择是有一个期间的，在一般情况下已经事前明确了主供应商和后备供应商，而且与供应商签订供货协议、合同和其他条款是固定期间的，企业确定供货需求后，直接通知供应商。供应合同的变更和签约是新一轮选择供应商或发生突发事件，如市场价格波动和企业供货能力变化等因素，才会重新签订合同。

（5）采购订单跟踪。及时与供应商沟通，了解供货进展情况，当发生意外事件时，及时进行调整。跟踪采购订单执行过程的发货、运输、检验、入库和付款等情况，并及时、全面地记录相关信息，协调采购过程中出现的各种意外情况。

（6）验货入库。验货入库是采购管理最重要的环节，根据采购订单记录验收情况，做好出现不合格物料时的退货、补料、返工和与生产部门沟通等的工作。验收结果往往十分复杂，处理方式也是各种各样，验收工作直接影响到库物料的库存量的正确度。

（7）采购订单完成。供应商按要求提货结束后，制造企业应当及时结算各种费用，兑现付款，进行供应商评价，并把评价结果输入供应商基本情况数据库中。

（8）关闭采购订单。采购任务完成后还需要对 ERP 系统数据进行处理，这种处理往往可以设置成自动处理。需要把采购订单数据从系统中备份出来，减少系统占用存在空间，提高系统运行效率。

2. 采购计划法

现代采购管理中,供需关系不再是买卖双方讨价还价的关系,而是一种长期合作的利益双赢关系,采购计划法是在这样的前提下生产,并得到广泛应用的。采购计划法的思想是将采购计划在时间轴上分成两类,近期的计划具体,并且随时间离当前日期越近越固定不变,远期的计划仅是一种约定,可以按需要发生变化。如图 5-8 所示。

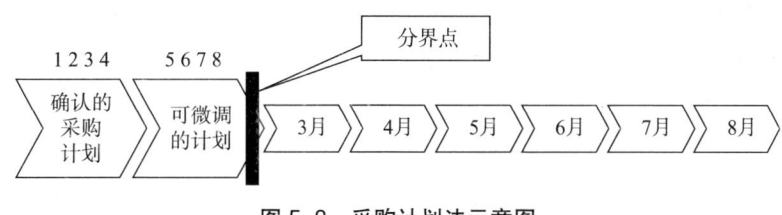

图 5-8 采购计划法示意图

采购计划法中近期与远期分界点的确定不仅是一个难点,而且具有很大的经济性,这个分界是定的时间越长,对供应商越有利,供应商具有充足的时间准备,时间越短给供应商的压力越大,当时间长度小于供应物料的生产周期时,供应商必须提前组织生产,一旦物料需求方发生变化,供方无法及时响应,如果突然减少需求,则会造成供方库存积压。因此,采购计划法执行的关键是认真商定计划分界时间点,这个时间点将涉及供需物料的价格和优惠条款。

5.4 ERP 系统的其他相关管理

5.4.1 ERP 系统的生产管理

生产管理是 ERP 系统的核心功能子系统,它将企业的整个生产过程有机地结合在一起,使得企业能够有效地降低库存,提高效率。同时将原本分散的生产流程通过 ERP 系统有机地连接起来,也使得生产流程能够前后连贯地进行,从而使生产全过程不出现脱节,耽误生产交货时间。

生产管理将涉及生产计划、生产调度和生产现场控制等功能,生产控制管理是一个以计划为导向的先进的生产管理方法。首先,企业确定它的一个总生产计划,再经过系统层层细分后,下达到各部门去执行。即生产部门以此生产,采购部门按此采购等。生产管理流程如图 5-9 所示。

1. 生产计划

生产计划在企业运行管理中也常常被称为"排产"。是将销售部门的客户需求细化成可执行的生产活动，从企业的宏观到微观可分成生产规划、主生产计划、物料需求计划和能力需求计划。不同层次的计划对象、计划时间长短、计划细度和计划依据是不同的，从 ERP 原理可知，生产规划的对象是产品类，规划时间一般是 1~2 年，规划的依据不仅涉及企业经营规划的目标，而且还涉及企业主营业务的市场发展趋势和企业内部的生产能力。而生产能力计划则按 MRP 开展的制造物料的需求量和需求时间，计算出每个工作中心的生产负荷，提供生产调度依据，自动产生生产过程中的派工单、领料单和所需额定工时数，为计算人工费用、材料费用和制造费用提供计划成本信息。

（1）主生产计划（Master Production Schedule，简称 MPS）。根据生产计划、预测和客户订单的输入来安排将来的各周期中提供的产品种类和数量，它将生产计划转为产品计划，在平衡了物料和能力的需要后，精确到时间、数量的详细进度计划，是企业在一段时期内的总的活动安排，是一个稳定的计划，是以生产计划、实际订单和对历史销售分析后预测产生的。计划管理系统融先进的管理思想于软件设计之中，通过主生产计划和物料需求计划 MRP，帮助企业解决需要生产什么和在什么时候生产，以及需要什么物料，在何时购买等问题，从而达到降低库存、提高服务水平（及时交货）的目的。

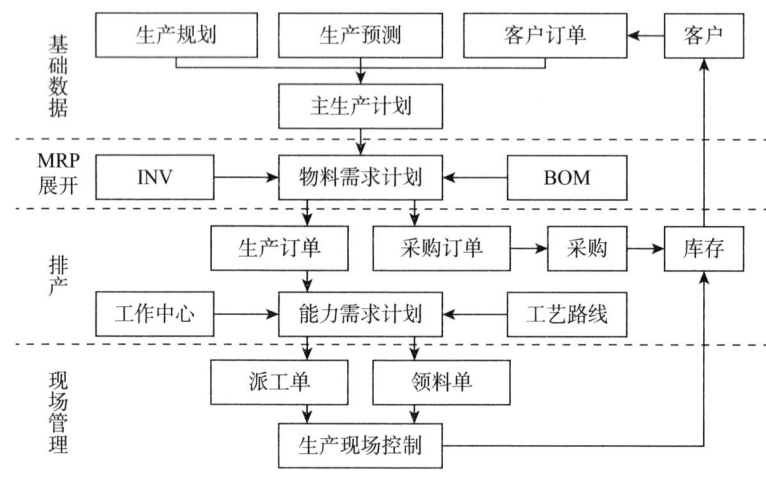

图 5-9　ERP 生产管理流程

（2）物料需求计划（Material Requirement Planning，简称 MRP）。在主生产计划决定生产多少最终产品后，再根据物料清单，把整个企业要生产的产品的数量转变为所需生产的零部件的数量，并对照现有的库存量，按照零件提前期和批量策略，制定生产各车间自制件的零件生产作业计划，外购件采购计划。

（3）能力需求计划。在得出初步的物料需求计划之后，将所有工作中心的总工作负荷，在与工作中心的能力平衡后产生的详细工作计划，用以确定生成的物料需求计划是否是企业生产能力上可行的需求计划。能力需求计划是一种短期的、当前实际应用的计划。

2. 生产调度

企业拥有的各种资源（人力、财力和设备运行状态等）时刻都在发生变化，市场对企业的需求也每时每刻都在发生变化。无论计划如何精细，还需要根据实时动态信息进行调整，生产任务的调整也称为生产调度。生产调度不仅在企业内部各工作中心之间存在，还存在于工作中心内部的各生产订单之间，甚至存在于供应链上企业之间加工件或产品的转包中。一般研究的生产调度主要是指企业内部的工作中心之间或工作中心内部各生产订单之间。但是，随着信息技术的普及推广和供应链理论的广泛应用，市场竞争的加剧，企业之间的生产协作更加紧密。

（1）工作中心之间生产任务的调整

在 ERP 系统运行环境下，生产管理完全依托 CRP 运算的结果进行调度。ERP 系统中 CRP 生成的各工作中心负荷图直接，简洁地描述了各工作中心在将来计划期内各时区的负荷情况，生产调度人员根据对应工作中心的生产能力采用不同的调度策略。

在实际 ERP 系统环境下，各工作中心的负荷与对应能力一致的理想情况是很少出现的，往往两者不一致，负荷与能力存在差异时，根据差异的大小确定是否需要调度，这个差异阈值称为容差。容差越小调度越频繁，容差能力越低，对管理的要求越高。在实际生产调度决策中，容差值的确定与 ERP 系统时区划分大小也直接相关，时区单位越小，灵敏度越高，容差越小，管理越精细。在 ERP 系统实施过程中时区单位、调度容差和管理水平要相协调，才能使 ERP 系统正常运行，提高 ERP 系统实施的成功率。

① 负荷超过能力的调度策略。当 CRP 运算结果发生工作中心的负荷大于

能力，已经超出容差时，必须选择相应的调度策略解决能力不足问题。通常采用的策略往往可以增加能力或减少负荷，使其趋于平衡。

增加能力可以采用加班、增加人员和设备等策略，在选择策略时还要根据具体情况，当这种超负荷是临时的情况时，宜采用加班策略，如果是长期超负荷情况时，则宜采用增加人员或设备的策略，长期加班不仅增加人工成本支出，更主要的不利因素是直接影响产品生产质量和员工的积极性。

减少负荷可以采用转包和转给同类其他负荷不足的工作中心等策略。企业生产调度首选的策略是尽可能地调整入同类负荷不足的工作中心，当企业内部工作中心之间无法协调消化时，才考虑部件或部分订单转包。当采用转包策略时，必须严格把好质量、交货期和数量关，转包不能转移责任。

② 能力超过负荷的调度策略。当 CRP 运算结果发生工作中心的能力大于负荷，已经超出容差，即负荷严重不足时，必须选择相应的调度策略解决负荷不足问题。通常采用的策略往往可以降低能力和转移能力，使其趋于平衡。

降低能力最直接的方法是裁员。裁员的策略往往适用于在相当长的一段时间内都会出现负荷严重不足的情况，这种情况的发生可能是由于企业内因导致，也可能是企业的外因导致的。例如，2006 年世界制造业受到美国次贷危机的影响，制造企业为了应对危机往往裁员。

转移能力是当负荷不足是临时性时，人力资源的频繁调整也会形成很高的人力成本，不如将富余的人员进行培训学习，进一步提高员工的技能，更好地为下阶段的生产服务。

在生产管理过程中，不论负荷与能力处于什么状态，不断寻找生产过程工艺、流程、工序和生产组织等各环节中存在的问题，进行工艺革新、业务流程优化，资源配置优化这才是生产管理永恒追求的目标。

（2）工作中心内生产之间的调整

在 ERP 系统运行环境下，生产一个工作中心完全有可能同时接受多个生产订单，因此需要确定哪个订单先加工，确定订单加工顺序的策略往往是先计算该订单未完成工序的情况以此来确定作业优先级，优先级高的先加工。确定作业级的方法有最早订单完工日期、紧迫系数法和最小单个工序平均时差等方法。

① 最早订单完工日期。这种方法最简单实用，订单的优先按订单中工序完工日期的前后来确定，完工日期靠前，则优先级高。例如，A1 订单当前未完

成工序按 CRP 要求在 2019 年 2 月 10 号完工，A2 订单当前未完成工序按 CRP 要求在 2019 年 2 月 6 号完工，则 A2 订单的优先级高于 A1 订单，先安排 A2 订单上线生产。

② 紧迫系数法。这种方法是先计算订单未完成工序的紧迫系数，紧迫系数值越小，则优先级越高，越早安排上线加工。紧迫系数的计算方法如式（5-5）

$$C_R = (D_i - D_0)/T \quad (5-5)$$

式中，C_R：紧迫系数，D_i：需用日期，D_0：系统当前日期，T：订单剩余的计划提前期。

当 C_R 小于 0 时，表明该订单已经无法按正常计划日期完工，已经出现了拖期现象；当 C_R 在 0 至 1 之间时，表明剩余时间已经不够了；当 C_R 等于 1 时，表明订单计划提前期与实际剩余时间一致，能按计划完工；当 C_R 大于 1 时，表明实际剩余时间超过订单计划提前期，还有时间余量，可以先安排其他订单。

③ 最小单个工序平均时差。这种方法是先计算订单未完成工序的最小单个工序平均时差，最小单个工序平均时差值越小，则优先级越高，越早安排上线加工。最小单个工序平均时差的计算方法如式（5-6）

$$LSPO = (D_i - D_0 - T)/N \quad (5-6)$$

式中，LSPO：最小单个工序平均时差，D_i：需用日期，D_0：系统当前日期，T：订单剩余的计划提前期，N：还需要的加工工序数。

当 LSPO 小于 0 时，表明该订单剩余时间不够了，已经无法按正常计划日期完工，已经出现了拖期现象；当 LSPO 等于 0 时，表明订单计划提前期与实际剩余时间一致，能按计划完工；当 C_R 大于 0 时，表明实际剩余时间超过订单计划提前期，还有时间余量。

在选择优先级计算方法时，如果两个订单生产相同物料，则选择最早订单完工日期方法，最简单直接；如果两个订单生产物料不同，但其加工工艺的复杂程度相近时，可以采用紧迫系数法；否则采用最小单个工序平均时差更合理；当两个以上订单都有剩余时间时，采用最小单个工序平均时差更好。

5.4.2 ERP 系统的质量管理

1. ERP 系统的质量管理

质量管理是由质量策划、质量控制和质量改进三个互相联系的阶段所构成的一个逻辑过程。ERP 系统是一个建立在信息技术的基础上，以系统化的管理思想为企业提供决策、计划、控制与经营业绩评估的全方位、系统化的管理平台。它代表现代企业的运行模式，反映时代对企业管理调配资源、最大化地创造社会财富的要求，ERP 系统中包含着最先进的管理思想和方法，能帮助企业建立一套符合市场经济体制要求的现代管理模式，为企业深化改革提供强有力的支撑。质量管理是 ERP 系统的重要组成模块，是质量管理在信息技术上的应用，其目标是通过管理水平的提高使企业获得最佳的经济效益。

（1）ERP 系统的质量管理

ERP 系统中的信息，不仅包括了质量检验的各种数据、报表，也包括了国际国内技术标准、活动和配方，还涵盖了产品质量形成过程中的设计、制造工艺、采购、设备、加工制造、工序控制、销售、售后服务等多个环节的内容。ERP 系统将质量管理渗透到了 ERP 实施的全过程中。就因为 ERP 系统中保存了质量管理全过程的实时数据与信息，使得销售信息、生产信息、检验信息、成本信息和相互相关的数据能够检索传递，且做到方便快捷。

根据质量管理的特点，质量管理系统在结构上分为三层结构即计划层、管理层和执行层。在此结构中，下一层接受上一层下达的计划或命令，然后向其下层传达命令，并向上层反馈质量信息。这种结构使得各层能充分利用有关信息完成各自功能，能快速响应和实时控制，易于修改和扩充，易于满足质量管理的可塑性、正确性以及与其他部门的依托性要求。依据这些特点质量管理系统可以归结为下述三大功能子系统。

① 质量规划子系统。确定企业的产品质量目标和质量方针；对影响产品质量的关键因素以及关键工序监控点进行界定；确定企业员工的质量操作规范和质量手册；其他相关质量管理文档的拟定等。

② 过程质量管理子系统。产品质量形成并贯串于产品全生命周期，因此过程质量控制即是实现对产品形成过程的各个阶段的质量控制和管理，包括产品设计质量的管理、产品制造质量的管理、采购质量以及售后服务质量的管理等。

③ 质量评价子系统。对产品的过程质量活动进行分析、评价与反馈，诊断质量异常和波动的外在和内在因素，追溯过程质量缺陷的来龙去脉，实现对下层的质量指令传达和对上层的质量反馈，并将质量改进措施付诸实施，以获

得质量水平的持续改善。

（2）ERP系统中质量管理模块的划分

系统管理包括对系统的权限管理和系统运行状态的实时监控。基础数据管理是系统健壮运行的基础，包括质量故障模式及分类代码、质量监控点设置、质量检验操作规范和参考指标值等。

质量标准管理负责对企业的质量文档和标准进行规范化管理，提供对这些文档的检索和归档等管理。

质量计划管理制定企业的短期和中长期目标、编制各种质量检验计划，质量控制计划、零部件进货检验计划和需求计划等。

质量检验管理对质量监控点的数据进行采集，包括手工录入和在线采集，完成对质量样本数据的预处理分析。

质量评价与分析控制是利用一些控制工具实现对过程的质量实时监控；对过程质量的症状进行诊断；对工序能力指数的控制与调整；对质量改进方法的分析和评价等。

2. 全面质量管理与ERP系统的质量管理的关系

ERP系统质量管理的思想完全符合全面质量管理的理念，其优势突出体现在将全面质量管理的全过程信息化，利用计算机技术，信息数字化、可视化。ERP系统的质量管理主要体现在集成化的优势上，对企业质量管理的整个过程提供集成，从采购供应商的开发和认证、原材料的检验、生产过程的检验集成化控制、产品完工检验、检验与测量仪器的计量管理和产品的出货检验到质量的统计分析等，都提供了先进、快捷的方法与手段。但它与TQM、ISO9000不能等同或代替，ERP系统质量管理着重在于数据，他们之间是相互促进、相互补充的关系，也就是说，ERP系统的质量管理提高了企业质量管理的效率，提高了质量控制的响应速度。ERP系统的质量管理具有整合性、系统性、灵活性、实时控制性等显著特点。

（1）ERP系统实现了质量管理的信息化

ERP系统是企业信息化建设中比较先进成熟的软件系统，它不仅是一种先进的管理程序和手段，实际上也体现了当代最先进的管理思想和管理理念。ERP系统是建立在信息技术基础上，以系统化的管理思想，为企业决策层及员工提供决策运行手段的管理平台。它整合了企业管理理念、业务流程、基础数据、人力物力、计算机硬件和软件于一体的企业资源管理系统。物流管理、生产管理、销售与分销、财务管理、质量管理、设备管理、人力资源管理、项目管理、基金管理等模块是 ERP 的核心组成部分，且质量管理模块与物流管理、生产管理、销售与分销、财务管理是集成在一起的。因此，企业实施了 ERP 系统，就实现了质量管理的信息化。

（2）ERP 提高了质量管理水平

ERP 系统的完整作业数据链，全面地记录产品质量形成全过程。通过 ERP 系统数据的查询、统计、挖掘，可以从中提炼出质量关键点和质量责任。

① 检验指令自动产生，提高工作效率。ERP 系统将质量管理功能联结到了产品设计、采购、库存管理、生产和销售管理等所有业务过程。在许多检验环节，检验指令都可以在相关业务中自动产生，系统可以根据采样规则自动计算抽样数量。例如，在采购过程中，采购部门对采购订单收货后，系统就会产生检验指令，质量检验部门就可以依据检验指令检验，并记录检验结果。采购部门不用再人工填送报检通知单；在生产过程中，生产计划一下达，系统就会自动产生工序检验指令，为检验部门科学、合理安排检验工作提供了依据。

② 可快速查寻各类数据，检验数据实现共享。ERP 系统在一个统一的平台上收集、保存所有的检验数据，对检验数据的管理更加精确、科学。

③ 采用系统级芯片（System on Chip，简称 SOC）控制特性，可对各类数据进行统计分析。统计工序控制（Statistical Process Control，简称 SPC）图可以科学地区分出产品质量随机波动与异常波动，从而对生产过程的异常趋势提出预警，以便生产管理人员及时采取措施，消除异常，恢复过程的稳定，从而达到提高和控制质量的目的。

5.4.3 ERP 系统的工厂维护管理

工厂维护管理是体现 ERP 系统的主要特征之一。是企业生产经营正常运行的保障，也是充分体现企业保障系统管理水平的重要标志。

1. 维护管理的内含

它是以资产、设备信息管理为基础，以工作单的提交、确认、执行、跟踪、关闭为主线，按照缺失处理、计划检修、预防性维修、预测性维护等几种可能，以提高设备的维修效率、降低总体的维护成本为目标，将采购管理、库存管理、财务管理、维护管理集成在一个数据充分共享的信息系统中。从而实现从设备投入使用到设备报废或转让出售的全过程管理。

2. ERP 系统的工厂维护管理的作用

在没有实施 ERP 系统的企业，维护管理方面主要存在信息资源不能全面共享、设备维护与安全保障水平不高、对设备维护重要性的认识与现代化管理的要求之间存在一定的差距，或对现代设备维护管理思想缺乏足够的了解和成本无法实时控制等主要问题。运用 ERP 系统可以贯彻"以预防为主、维护保养与计划检修并重"的原则，是用好、管好电力企业设备的根本保证。设备在使用过程中，必然产生技术状况的不断变化和不正常现象，如：松动、干摩擦、声响异常，温度变化等。这些设备的隐患，若不及时处理，就会造成设备过早磨损，甚至发生严重事故。另外，电力生产是连续生产，设备在整个工艺流程中起的作用不同，有一台设备坏了，就会影响全过程，就要停产。所以，设备的维护保养，就是通过各种手段使设备在运行中减少发生不利的变化，尽量延长设备的使用寿命，保持设备的良好性能和安全运行状态。因此，要想提升企业生产的可靠性和设备的维护效率，优化备品备件的库存和维护管理的流程，就必须通过 ERP 系统处理好维护管理存在的主要问题，才能发挥 ERP 系统的维护管理作用。

（1）解决设备管理数据共享性。将设备管理单位收集整理的各种设备管理数据，通过 ERP 系统建立一个共享的数据库，提供及时、全面、正确的维护管理信息。

（2）建立设备管理部门和其他部门之间的沟通平台。设备管理、固定资产管理、物资采购管理及工程项目管理都有各自的管理系统，它们相互之间既有独立运行专用信息，还要识别和提供共享的公用信息，消除信息"孤岛"，降低信息沟通成本，并提高企业管理水平。

（3）解决人工干涉太多或电话沟通过多。由于 ERP 系统提供的设备管理平台，具有企业内容标准和法则的作用，各个职能部门必须遵照执行，无需重复请示。减少人工干扰，提高运行效率。这样不仅减少了设备管理单位需要安排人员解决设备日常管理问题、人工记录设备管理数据的问题，而紧急情况下又要通过电话沟通的方式解决问题，避免了企业人力资源的大量浪费、业务数据的大量失真和丢失现象，使各类数据失去为企业管理提供依据的作用。

（4）重整设备管理规则和管理方法。公司及各部门单位一直致力于包括其设备管理信息系统在内的信息化建设，但由于企业的规模太大，各部门间、甚至各设备管理单位间的管理水平、管理方式的不一致，造成各单位间的设备分类和管理方法的混乱和不一致，从而造成对企业设备管理业绩的考核和评估方法的不一致，影响相关员工的劳动积极性，通过重整设备管理规则和管理方法，使两者统一，避免了规则与方法相矛盾的问题。

（5）控制企业设备维修成本。在保证设备安全稳定运行的前提下降低设备的总体成本，提高设备维修工作效率和设备管理水平，是制造业关注的热点问题，也是ERP系统在维护管理中发挥作用的主要体现之一。通过ERP系统使企业的维护管理真正达到"预防为主"的管理方式，消除一切无序带来的损失，消除一切突发故障带来的停产和报废损失。

（6）解决设备管理业务单据在线审批需求。业务单据的手工审批和工作流向会严重影响工作效率，同时，由于业务单据流转过程中的手工存档，也会直接影响到设备管理领导的信息查询的准确性和便捷性，最后影响到业务单据审批的工作质量。

同时实施ERP系统存在很大的风险和挑战。诸如要进行BPR（企业流程再造）、改善客户服务器环境、提升管理系统柔韧性的能力、应付高度复杂性的能力、专业技术人员昂贵的培训费用等。然而，成功实施ERP系统除了要对ERP系统的独有技术掌握外，还要有对于变化多端的业务、通讯和组织管理技巧的多方面的技能。

3. ERP系统的工厂维护管理的主要功能

ERP系统的维护管理模块是为生产提供所需的设备性能，并非为修设备而修设备。它重视提升设备的可靠度及资产利用率而非仅是维修而已。主要管理思想涉及预防性维修（维护管理）、预测性维护（PDM）、全员维修思想（T维护管理）、工作单管理、故障分析、BOM、JIT、看板管理思想以及项目管理、预算管理等功能。

（1）设备台账管理。这是企业设备管理的基础资料，机组设备的完整性和设备基础信息的完整性直接决定了企业设备管理人员使用设备管理系统的积极性和便捷性，因此，ERP系统的维护管理模块充分考虑到了企业用户的需求，通过系统标准字段或用户自定义字段两种方式来满足企业用户的需求。在维护管理模块中，设备管理所涉及的信息包括：设备分类信息、制造信息、位置信息、技术参数、组织结构、运行状态信息、维修历史数据、图纸文档等内容，同时，维护管理模块还以层次化的形式来管理设备自身的层次关系以及设备的安装位置层次关系。

（2）可靠性为中心的管理。在维护管理模块中可以记录设备每次故障和维修的信息，并依据用户设定的运算逻辑和 ERP 系统中存在的故障信息，进行设备的故障位置、故障原因、故障种类、影响程序、维修措施等方面的报表分析，为企业的设备管理部门和设备管理领导制定维修策略和大纲，提供设备维修的决策和依据。

（3）预防/预测性维护。在维护管理模块中可以录入设备的标准操作规程，按照国家规定、设备安全要求、设备供应商的建议和企业设备的管理需求，规定检修周期及其每次大修、中修、小修等定期维修的工作内容；以及对机组设备的震动、润滑油品质的在线检测等；从设备预防性和预知性维护两个方面来确保设备的安全运转。

（4）维修工单管理。工单管理是 ERP 系统维护管理模块的一个核心功能，它是将包括委外工程和维修物资采购在内的采购功能、与物资库存管理和设备维修成本的财务管理连接起来的一个桥梁。工单管理系统的内容是无论普通的事故报告，还是紧急抢修，或者计划性的维护，其所有信息都应该保证完整的记录在工单中，包括所需员工的技能、工具、计划的工作时间、实际发生的工时、维修工序、施工单位、预算控制、计划和实施成本、工期进度、物料消耗、委外工程等内容。每个工单都记载了具体设备具体维修的维修对象、维修人员、维修工具、消耗物料等，通过工单管理，维护管理模块能够统计每次维修活动的维修成本。

（5）折旧、退役和报废。设备运行过程中需要计提折旧，折旧业务主要在资产会计模块中进行。当设备到了生命周期的后期，需要退役和报废时，可以先在设备维护模块中将设备置于退役或者报废状态，或者转移到报废区。这些调整动作可以作为事件定义的后续工作流，启动资产报废的账务处理，将为资产账物相符管理画上一个圆满的句号。

（6）实物管理和财务管理的一体化。在 ERP 系统的设备管理解决方案中，和企业的实际业务操作一样，针对同一资产，存在侧重价值的资产台账和侧重实物的设备台账，二者的管理细度和侧重点不尽一致。当同时使用 ERP 系统的维护管理模块和固定资产管理模块时，在系统中创建新增的设备记录时（如工程竣工时），可以在指定字段中输入其对应的固定资产号，这样，就可以实现固定资产实物管理与财物管理台账的一体化。同时，为了避免因为参数分类不一致而导致双方数据的无法映射，通过维护管理模块的功能配置，可以保证设备和资产的分类有着严格的对应关系。通过设备编号和固定资产号之间的关联，就可以做到设备台账和资产台账的共享信息并达到一致，如其中的所属公司、负责人、成本中心、位置等信息。保持一致的方式可包括实时的同步更新，以及通过工作流实现的可控异步更新。这样实物新增或者变更时，就能够及时地反映到资产台账上。

（7）报表分析功能。ERP 系统的维护管理模块提供了各种设备维修信息的标准查询和报表统计功能，同时，还为关键用户提供了满足简单个性化需求的报表开发功能。当上述两种方式还是不能满足用户的个性化需求时，ERP 系统允许用户按自己设定的逻辑、由 ERP 系统软件开发人员按其要求的格式开发出所需的统计报表。

（8）关键绩效考核 KPI。将用户或特定岗位关心的数据、运行状况参数等，在经过统计、比较或计算之后形成指标值，并以各种图形化形式显示给相关用户或岗位。如设备的运行状况、工单的处理情况、库存物资的消耗情况等，并以动态图表的方式表示，提醒用户注意。

4. 工厂维护管理的流程规划

随着设备使用年限的增长，由于磨损、老化而导致停机的风险也将升高，随着公司的发展，如何进行设备运行、维修经验的积累及传递都将成为集团内各公司的关注点。对于公司管理层，如何更直接掌握与设备相关的关键绩效指标，如何更直接地查询备件的去向、当前备件库存、维修工作的直接费用等都是在备件管理中需要解决的问题。

由于设备运行和检修成本占了供电企业运营成本很大的比例，如何运用新的管理思想和新的信息技术手段挖掘潜力保证电力设备运行发挥最大效益是摆在电力企业面前的现实问题。正确的思路应当是结合国情，积极推进新的管理思想和信息技术在生产管理中的运用，以设备为中心，融合先进设备维护理论，维护管理系统在电力行业取得了很好的应用效果，能明显地降低电力企业设备维护的成本。当然，需引起注意的是工厂维护管理系统是一项系统工程，必须改进相应的业务管理流程，其中两点是十分重要的，一是长期的设备运行数据和维护经验的积累，二是与企业自身管理相适应的企业管理模式的改进。

工厂维护管理软件的应用改变了我们传统的设备资产维护方式，它将企业的设备维护活动按照其功能详细地分成了设备检点、保养、维修、库存、采购、成本财务管理等几个方面，从而实现设备资产从采购、运行、维护到报废整个生命周期的管理。所以，在维护管理模块的实施中应做好其核心部分的规划。

（1）设备检点。为了准确掌握设备的技术状况及劣化程度，对影响设备正常运行的关键部位进行管理制度化、操作技术规范化的检查维护工作称为设备检点。所谓"点"，是指设备的关键部位，通过检查这些"点"，就能及时、准确地获取设备技术状态的信号。

设备技术状态的检查和监测是指通过人的感官或使用仪器、检测、监视设备在运行过程中出现的异常形态和劣化趋向并预测设备残余寿命的活动。这些活动包括设备日常点检、定期点检、状态监测和故障诊断等，其目的在于早期发现故障征兆和性能隐患，以便及时预防和消除，保证设备正常和安全地运转。同时，又为做好修理准备和安排修理计划提供有利条件。基于此，在维护管理系统中实现设备检点的步骤如图 5-10 所示。

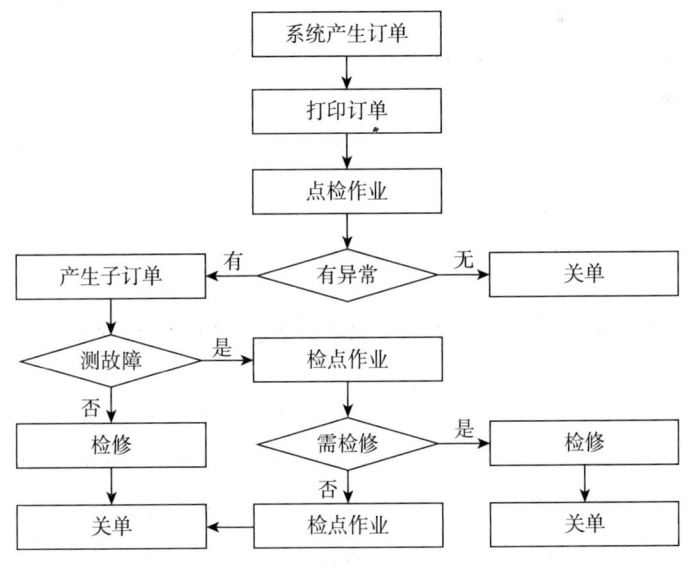

图 5-10　维护管理模块设备检点流程示意图

（2）预防性维护保养。设备保养功能在工厂维护系统中通常占有重要的地位。设备保养实际上是指维护系统根据设备实际运行情况和具体要求，在满足设定的条件后对操作人员进行设备保养提示，提醒相关人员进行具体的保养操作。

一般设备保养功能可以细分为周期保养和不定期保养。周期保养是指每隔一段固定的时间就会进行设备保养提示，该周期可以依据实际要求改变。不定期保养是指可以设定在某个日期进行设备保养提示，该日期由相关负责人根据实际情况自行设定。

（3）设备维修。设备维修是整个工厂维护管理的重要内容，设备维修以人力资源、设备台账、备件/工具为基础，以作业指导书（SOP）为各项工作的规范，以工单为中心载体来实现设备资产维护。设备维护主要分为纠正性维护和预防性维护。纠正性维护是被动维护，如缺陷报告、紧急抢修等直接生成工单或通过计划确认生成工单；预防性维护是主动维护，如设备巡检、计划检修（如大修、小修）等通过计划生成工单，再通过工单的批准、执行、报告、分析等，完成设备的维护。

作业指导书是标准维修的工作模板，它辅助检修人员完成检修工作；相反地，检修人员的经验总结又可以丰富和补充作业指导书，最终形成企业的维修历史经验库。作业指导书的制定依据主要是电力企业提供的检修规程、设备的特点及自身的维修经验。作业指导书内容包括检修步骤、需要工种、材料、工具、安全措施等。工单是设备维护的中心载体，工单可以直接填写也可以由预防性维护计划生成，工单内容包括与维修相关的设备技术信息、安全信息、备品备件需求、专用工具、人力、维修成本等信息。工单管理包括对工单生成、审批、执行、反馈全过程进行监督和控制。

5.5　JSXL拉链股份有限公司ERP系统实施案例分析

JSXL拉链股份有限公司在实施ERP系统过程中遇到了理念、技术、管理和习俗等一系列问题，公司高层领导不仅从解决管理问题着手，而且站在企业发展战略角度，排除万难坚持一把手负责ERP系统实施，借助ERP系统将一个名不见经传的乡镇小企业，跨越提升成拉链制造业的龙头企业。

5.5.1 实施 ERP 系统前存在的主要问题

JSXL 拉链股份有限公司有 JSXL 公司和无锡利锡公司两个独立核算单位，已经使用了两套小灵童财务软件。因此，运行于 JSXL 公司营销计划部、生产经营管理部、尼龙仓库和树脂拉链仓库的"进销存"软件是由另一家公司开发维护。JSXL 公司财务应收应付数据能传递到"进销存"软件数据库中使用。"进销存"软件是运用 Fox Pro 数据库系统开发的，网络平台为 Net Ware V3.12，工作站端应用软件运行于 Windows V3.2 环境下。

JSXL 公司绝大部分订单经营销计划部评审后录入"进销存"软件，由生产经营部运行相应功能模块后分解订单中的产品，打印备料单和施工单经人工传递到各生产车间安排生产。JSXL 公司和无锡利锡公司的绝大部分仓库入、出库单据由两台联网微机运行处理。该软件应用较为简单，且集成性差，当订单输入系统时，只能产生车间的备料单和施工单，未考虑到比较重要的库存因素，也未产生相应的采购计划。初期应用软件的使用，减轻了财务人员和业务人员的部分工作量，让 JSXL 公司管理层对计算机辅助企业管理有了一定的感性认识。积累了大量的客户信息和产品数据。可是，"进销存"软件是基于 Fox Pro 数据库系统运行，随着数据量的增加，这一系统效率和响应时间已达到不能接受的程度。

1. 营销计划

在实施 ERP 系统前，营销计划部存在的问题主要有：

（1）信息共享不及时。各个子系统之间（财务系统与进销存系统）独立运行，形成了信息孤岛。

（2）投料时，有个放大百分比。由于目前是一个固定的百分比，造成有的拉链品种放大比例不合理。不但多耗用了原材料，同时也产生了最终产品的呆料。据生产经营管理部统计，当时库存呆料的 30% 是由此造成的。

（3）对车间、仓库反馈的信息没有统一的规范。

（4）对各车间计划的执行考核不严，使各车间之间计划的衔接不良，造成加班、等工待料等情况的时常发生，甚至造成拖单。

上述种种问题可见，生产经营管理部对车间、仓库管理力度和深度不够。

2. 品质管理部

在实施 ERP 系统前,品质部存在的问题主要有:

(1)检验信息的收集和检验单据传递是依赖于人工的,所以存在部门之间反馈较慢,单据易丢失等情况。如发生品质不合格而拒收,检验单据又较慢传递至营销计划部,将会影响客户订单的按时开工,使交货拖期。

(2)目前公司对客户的颜色需求积累不够,同时对客户的调色配方档案收集整理也不够,从而出现染色上的问题,影响生产产品质量和交货期,染色问题是 JSXL 公司中影响生产产品质量和拖单的主要原因。

3. 供应部

在实施 ERP 系统前,供应部存在的问题主要有:

(1)供应部与仓库两部门之间的信息沟通较差,造成采购员对供应商送货时间、送货材料品种、规格、数量的了解不及时,供应部获取对材料入库的信息滞后,无法及时了解仓库对材料拒收的原因。

(2)供应部的付款计划编制依靠手工完成,并且付款金额与采购计划金额、发票金额不完全一一对应,若公司往来款项频繁,应付账款欠款较多,对供应部或财务部与供应商的对账工作会带来不便。

4. 生产车间

在实施 ERP 系统前,生产部存在的问题主要有:

(1)车间组织生产时,不用营销计划部下达的流转号,而用客户名称,使生产管理上显得不规范不统一。

(2)车间在制品管理较乱,虽有专职物料管理员管理,但物料的收发并不做账。

(3)车间与仓库之间信息共享不好,如车间收到施工单时,首先要到仓库查看是否有料。

(4)各车间的生产信息反馈不统一。

(5)产品最终检验设置不合理,应在关键工序处设置检验岗位。

5. 仓库

在实施 ERP 系统前,仓库管理过程中存在的问题主要有:

(1)各仓库的出入库手续和原始凭证不唯一。

(2)台账分类不细致。

（3）不能及时反映库存信息，目前各仓库是每月底汇总一次，然后记分类台账和填写汇总表。

（4）库存信息传递不及时、不规范、不合理和不全面。如车间完工入库，仓库填写"产品入库单"，其中一联送生产经营管理部作为工时统计，但不送营销计划部，这不合理，营销计划部是管理生产计划的，应该掌握库存信息，不管是生产入库还是生产领用；外购入库，填写材料入库单，也不送交营销计划部，营销计划部就缺少对外购物料的信息，这不全面；仅仅通过"产品入库单"来反映库存信息的话，这肯定是不规范和不及时的。

（5）库管员记账不规范、不统一，如车间退料，有的仓库管理员却做产品入库事务，这会造成统计口径不一和偏差，因产品入库在生产经营管理部是要统计工资的。

（6）销售出库，业务员应根据成品库的现有量开"调拨单"，而不应按客户的订单量开"调拨单"。

（7）仓库的定义和划分并不合理，如东分厂的装配库，既有原材料（锌合金），又有半成品、外协件。在管理上既要对外（外协厂），又要对内（车间和供应部）。

（8）仓库基础管理较差，管理制度不全。

5.5.2 企业改革的方向和预期目标

通过JSXL公司14年来的发展变化，企业深深意识到：当前，大多数企业家是经验型的管理者，他们的经验、方法和原则在运用过程中被各级管理层（有意或无意）重新定义与传达，所产生的累计误差足以造成企业不能按最高决策层的意图来运营，并最终导致企业效益下降。经验固然很重要，但是，只有当经验与知识有机结合，再被归纳整理和重新定义，并运用高科技手段加以实现和运用的时候，才能真正提高企业的管理效率和经济效益。

企业是否能寻找到一种为企业提供整体管理的工具，采取正确的措施，提高企业的竞争能力和应变能力？

回答是一定有的，就是实施ERP系统。但是，企业如何去选择适合企业自身管理基础的ERP系统呢？这是一个令很多企业家感到困惑和忧虑的问题。认真做好ERP系统项目前期咨询，选择合适的ERP系统平台和实施队伍非常关键。

1. ERP 系统项目实施前的咨询

1999年1月4日，JSXL 公司与北斗集成系统（无锡）有限公司合作，这是一家台商独资企业，定位于 ERP 系统的咨询和顾问服务。实际上，在 JSXL 公司与这家公司合作之前，公司领导对 ERP 系统是不清楚的，至于 ERP 系统的成本与效益、实施过程及 IBM 的小型机系统等就更不清楚了。在 JSXL 公司咨询顾问的帮助下，公司领导才对 ERP 系统及其相关问题有了相当的认识和了解，通过北斗公司《企业资源计划系统实施建议书》的启示，初步领会了企业资源计划的管理思想，认识了《开思/ERP 系统》的系统功能，特别是对同行的考察和比较，方向更明确了。

2. JSXL 公司实施 ERP 系统预期目标

通过半年多有关 ERP 系统的考察、调研，企业领导逐渐形成了实施 ERP 系统的预期目标：以人为本，以订单为中心，以生产流程为基础的三大目标。人是企业中最宝贵的资源，要充分有效、淋漓尽致地发挥这一资源的作用，企业管理最基本的一条就是要做到奖惩分明，要做到奖惩分明就必须奖惩依据准确。比如多生产一条拉链他就知道多获得多少报酬，及时追回一笔应收账款他就知道可获得多少薪水，相反，多生产一条次品或废品拉链他也知道罚多少款，晚追回甚至损失一笔应收账款他也知道扣多少款。因此，实施 ERP 系统的第一个预期目标就是要做到系统数据采集准确、及时，数据经过加工后的信息丰富而有效，确保以人为本。

订单是任何企业赖以存在和发展的命脉。目前，JSXL 公司日接订单量在60张左右。江苏锡利公司正在拓展欧美市场，希望订单的利润再高一些。一是企业要确保合理的订单量；二是要将订单的产品保质保量地生产出来；三是要及时将应收账款收回企业。企业的资本在这三个大的过程中经历了三个形态：货币资本、生产资本、商品资本。商品资本与货币资本的差额便是企业的利润。由于企业的一切活动都是围绕订单而运作，因此，实施 ERP 系统的第二个预期目标就是要做到客户资料的积累分析，订单所需原材料采购量、库存量、原材料损耗量的预算合理，产成品成本核算准确并有效分析客户的回款情况。确保以订单为中心，做到"单单清"。

企业的生产流程组织对产品生产是否及时，也是产品质量的保障。企业的生产流程是否科学合理、流畅与生产计划、车间管理、设备管理、质量管理、生产能力紧密相连,所以,实施 ERP 系统的第三个预期目标就是要确保生产流程的合理布局。

JSXL 公司的 ERP 系统应该是:

① 信息入口点越少越好——确保信息源的唯一性;

② 操作越简单越好——确保系统操作快捷简便;

③ 系统查询越丰富越好——确保系统功能覆盖整个企业的生产和管理。

ERP 系统就是企业实现科学管理的手段。

5.5.3 JSXL 公司实施 ERP 系统的顾虑

1. 实施 ERP 系统资金投入与产出的顾虑

根据北斗集成系统(无锡)有限公司所提交的《企业资源计划系统实施建议书》(第二稿),ERP 系统项目运用 IBMAS/400 小型机实现整个 JSXL 公司人、财、物、产、供、销、工作流及电子商务的全面管理需 200 万元人民币的资金投入。去掉工作流、电子商务及不适合 JSXL 公司的部分功能模块也需 160 万元的资金投入。

JSXL 公司高层领导已经认识到上一个 ERP 系统项目确实要投入大量的资金,但 JSXL 公司在目前投入这项资金是否适合? 如果投入 200 万建设一座拉链厂,购置的厂房、设备看得见,摸得着。如果投入 100 多万搞 ERP 系统,能否得到相应的回报?

2. ERP 系统实施队伍能否迅速将 JSXL 公司的业务驾驭的顾虑

JSXL 公司的产品就是人们日常生活中司空见惯的拉链,看似简单,但当看见一卷卷的丝被织成长长的织带,锌合金被模具铸就成一筐又一筐的拉头、拉片时,就可以深切地感受到拉链生产工艺要求是如此的高。更何况 JSXL 公司每天要承接 60 张大大小小的订单,日产近二十万条拉链。可以想见,JSXL 公司生产、管理、核算业务会有多么的繁杂。所以,要想 ERP 系统准确、高效地为企业服务,ERP 系统实施队伍就必须迅速了解利锡业务并客户化,只有专业厂商的 ERP 系统才能成为利锡的 ERP 系统。ERP 系统实施队伍能达到这一要求吗?

3. 实施 ERP 系统的结果是胜少败多的顾虑

企业领导一方面理解北斗集成系统(无锡)有限公司所提交的《企业资源计划实施建议书》,并听取北斗公司有关专家意见,了解 ERP 系统在其他企业实施和运行效果；另一方面还从其他媒体了解国内其他地区 ERP 系统使用情况。结论是实施 ERP 系统的结果胜少败多，比例为 10：90。

4. JSXL 公司实施 ERP 系统后能否有效运行的顾虑

由于 JSXL 公司整个管理层的平均文化程度不太高，总经理仅有初中文化水平，因此企业始终担心 ERP 系统的最终使用效果。企业领导曾提出："你们北斗公司和开思公司实施完成后的利锡 ERP 系统能否像傻瓜照相机一样，设计和制造复杂，但使用简单。"

5. ERP 系统非得使用 IBM 的 AS/400 小型机吗？

ERP 系统方案给企业配置的服务器 AS/400170 需要近 40 万人民币，而普通的服务器只需 10 万左右。北斗公司咨询顾问解释："一个企业实施了全面的计算机管理，系统的安全性至关重要。一个企业运用计算机后呈现出勃勃的生机，如果说系统中流动的信息是企业的血液的话，那么系统中的数据处理主机便是企业的心脏。所以，网络系统中的主机选型非常重要。"而其他公司却跟企业说："JSXL 公司根本用不着买小型机的，别上当。"真的吗？《JSXL 公司实施 ERP 系统评估报告》提出决策依据：北斗公司鉴于企业这么多疑问和顾虑，他们 1999 年 7 月上旬向企业提出，邀请上海开思公司两名实施顾问与北斗公司的顾问共同组成"JSXL 公司实施 ERP 系统评估小组"，在 JSXL 公司配合下提交一份《JSXL 公司实施 ERP 系统评估报告》供 JSXL 公司高层领导决策。

该报告充分地分析了企业管理的现状、实施 ERP 系统与流程规范的关系、实施 ERP 系统的优势和效益、实施 ERP 系统的进程，从中可以充分地看到 ERP 系统实施后对 JSXL 公司管理的推动作用，他们组成的这支队伍的综合素质令企业放心。报告结论为："通过此次调研分析，我们认为 JSXL 公司高层领导高度重视 ERP 系统项目对 ERP 系统实施成功将起到决定性作用。如果在 ERP 系统实施过程中，严格执行《开思/ERP 系统》实施进程'，JSXL 公司实施 ERP 系统预期目标不仅可以完全达到，而且会成功地进入'10% 的行列'。"

由此，企业才下定决心投入巨资（240 万人民币）实施 ERP 系统项目。

5.5.4 实施进程规划与 ERP 系统培训

1. ERP 系统实施计划

根据有关合同要求整个 JSXL 的 ERP 系统项目划分为三期工程。第一期为基础应用：到 2000 年 10 月完成系统控制模块、库存管理模块、销售管理模块、采购管理模块、账务处理模块、财务报表模块、应收管理模块和应付管理模块实施应用；第二期为高级应用：到 2001 年 4 月完成生产数据模块、主生产计划模块、物料需求模块、能力需求模块、车间作业模块、设备管理模块、固定资产模块、成本核算模块、工资核算模块、质量管理模块实施应用；第三期为全面集成应用：到 2002 年 6 月完成市场管理模块、票据管理模块、人力资源模块、经营决策与分析、工程流管理、电子商务实施应用。由北斗公司和上海开思公司组成的顾问团队于 1999 年 12 月下旬到企业开始了深入的业务调研分析。

2. 全体管理人员计算机操作培训

2000 年 1 月，企业邀请北斗公司专家选择晚上 6 点至 9 点的时间进行计算机基础操作培训。这次培训，企业借用了锡山区高级中学计算机房和设备，要求包括仓库保管员在内的所有管理人员都必须参加。

按照实施计划和分工，上海开思公司的实施顾问将为 JSXL 公司 ERP 系统实施小组成员提供 2 天的 ERP 系统原理、开思/ERP 系统实施方法和企业管理基础数据整理的方法培训。

JSXL 拉链股份有限公司的 ERP 系统项目自启动后，约二个月通过项目实施小组中开思、北斗、利锡三方人员的共同努力，项目进展取得了一些成绩，同时在实施过程中由于经验不足，沟通的次数不够，在项目进程中也产生了一些问题。

问题一：由于沟通不够，JSXL 的实施人员常常不能提前得到开思实施顾问即将在利锡公司开展活动的详细内容，因此有时不能清晰地理解工作的目的、需要达到的效果等，未能有效地提前做好各项准备工作，在事后的工作安排中显得比较匆促，对工作产生的效果可能有一些不利的影响。这主要是由于在工作的实施阶段，三方受经验所限，对工作方法的理解有误、沟通的次数和手段都较缺乏。随着双方的逐步合作，默契程度会增强。

问题二：培训的效果得不到保证。培训工作是整个项目实施过程中非常重要的一环，需要贯彻整个项目实施的始终。但以目前来看，培训是进行过了，但培训对象是否基本上掌握了大部分培训内容尚不得而知。

最终于 2000 年 4 月中旬，开思将企业 ERP 系统小组全体成员送到上海开思公司进行为期一周的集中培训，基本解决了企业所提出的问题，收到良好效果并为今后实施 ERP 系统工作的开展奠定了基础。

3. JSXL《开思/ERP 系统》实施调研报告

2000 年 1 月份，以上海开思公司为主完成的《JSXL〈开思/ERP 系统〉实施调研报告》摆在了企业的面前。

JSXL 拉链股份有限公司的开思/ERP 系统项目正式启动后，开思公司及北斗公司的实施人员根据《JSXL 拉链股份有限公司实施 ERP 系统评估报告》，在前阶段调研成果的基础上，于 1999 年 12 月 27 日至 1999 年 12 月 30 日到企业现场对 JSXL 拉链股份有限公司的各主要部门——营销计划部、生产经营管理部、供应部、仓库和车间以及财务部的具体业务进行了较为全面深入的调研，本调研报告就是基于以上所有交流提出的企业调研结果分析方案。在调研提纲的解答过程中，公司副总经理、相关业务部门的经理和骨干业务人员以及总经理助理等人员给予了大力支持和配合，使得项目调研工作得以顺利进行。

通过这份调研报告，企业认识到开思公司及北斗公司已经较为全面地了解了 JSXL 拉链股份有限公司（包括与德国合资的无锡利锡拉链股份有限公司）的业务管理现行状况，为 JSXL 拉链股份有限公司提供了一个科学、合理、可行的解决方案，使企业的管理水平得到提高，业务流程的规划更为合理、有效。企业的各级领导和相关业务人员对它进行了认真讨论，了解了现行业务与开思/ERP 系统之间的差异，经过反复协商、调整，形成调研报告的第二稿、第三稿……最终就开思的建议方案达成一致意见。由此，JSXL 公司和无锡利锡公司计算机企业资源管理系统的实现目标明确了下来，后续的实施工作将以此为蓝本进行展开，尽量减少和避免实施过程中出现争议，保证项目实施工作的顺利进行。因此，企业对实施 ERP 系统建立了充分的信心和决心。

4. ERP 系统原型测试与测试报告

2000 年 4 月末，上海开思公司给企业提交了《JSXL 拉链公司开思/ERP 系统测试方案》。企业在全面推行《开思/ERP 系统》系统之前，需要进行原型测试，这是从现行管理模式转到 MRPⅡ模式的重要环节。这同企业开发新产品一样，也要经过设计、批产等阶段。在一般的计算机软件项目的开发实施中，原型测试也是对系统是否满足设计及使用要求的重要测试步骤。该原型测试过程跨度了 5 至 8 月份整整 4 个月的时间，ERP 系统项目最艰难困苦的时期出现了。第一，企业的管理人员开始面对真实的 ERP 系统操作，难免生疏，不习惯；第二，由于有的管理人员已经操作习惯原来的信息系统，总是从表面上自觉不自觉地比较两个系统的差异，看到的全是 ERP 系统的不足；第三，ERP 系统的运用将会改变原有的流程即工程方式方法，甚至各部门相互配合协作的随意性必须消除，造成管理人员思维方式极大的"不便"；第四，由于基础数据量太大，是各部门准备录入计算机的，数据很难完全正确，将模拟订单输入 ERP 系统检测结果却是大相径庭。

随即北斗公司撰写了《JSXL 公司开思 ERP 系统一期模块试运行前的评估报告》："自 JSXL 拉链股份有限公司 ERP 系统项目于 1999 年 12 月末启动以来，在上海开思软件有限公司指导及其实施顾问的辛苦劳动、北斗集成系统（无锡）有限公司给予的有效配合下，JSXL 拉链股份有限公司 ERP 系统项目实施小组做了大量艰难细致的工作，到目前为止已完成第一期原型测试计划，拟准备第一期软件试运行。为了使上海开思软件有限公司实施顾问和 JSXL 拉链股份有限公司 ERP 系统项目实施小组对项目现状有一个清晰的认识和评价，北斗集成系统（无锡）有限公司对项目实施过程中所表现出来的问题做出评估，便于'三方'更有效地去开展工作，特撰写这一评估报告。"

该报告客观公正地分析了问题的现状和产生的原因，提出了合理的解决方法。报告结论："通过对 JSXL 公司 CASE/ERP 系统一期模块试运行前的评估、分析，我们认为，只要开思、北斗、利锡三方加强沟通，各负其责，能按照预先制定的阶段性计划及时进行验收、控制，一期模块的试运行、正式运行切换，甚至二期、三期的实施就一定能够成功，JSXL 公司实施 ERP 系统预期目标不仅可以达到，而且会成功地进入'10% 的行列'。"

该报告协调了"三方"人员的工作方法和思路，又一次加强了企业实施 ERP 系统项目的信心。由此企业领导产生了一个理念：实施 ERP 系统不仅需要决心和信心，还要有极大的耐心。

北斗公司与企业领导一同就业务流程做了大量艰苦的分析整理和规范工作，按照合理化、标准化、自动化的思路形成了公司新的业务流程。企业决定：2000 年 9 月 1 日试运行。三方人员为了能够顺利试运行，有关人员加班加点地清理核对原始数据给企业留下了难忘的印象。企业花了两个月的时间试运行后，第一期项目顺利上线运行，甩掉手工操作，为鼓舞实施 ERP 系统士气奠定了坚实的基础。

5. JSXL 拉链公司 Internet 应用需求

同年的 4 月份，企业完成了 AS/400 的升级事宜。2000 年 12 月，生产计划软件的改造和试运行已经完成。

5.5.5　JSXL 拉链股份有限公司 ERP 系统实施结果分析

虽然，企业内部都运用上了 ERP 系统，但是企业在国内设立的八个办事处还不能直接运用 ERP 系统处理业务，所以企业又提出了各办事处要通过 Internet 来应用 ERP 系统的需求。如果实现 Internet 连接，企业的信息化改造将向知识经济时代迈出一大步。

1. 收获

企业已经深刻认识到 ERP 系统的底蕴能够运用到企业管理的各环节，既能够借助于 ERP 系统充分下放责权，调动各级管理者的主观能动性，又不失控制能力（无论在企业内部还是出差在外），同时既能够以客观的数据事实奖惩员工又能够利用 ERP 系统引导下级管理者提高管理水平……目前，已经利用 ERP 系统的实施改造了原有"泥土味"非常浓郁的管理基础，创造了一个相对高水平的管理平台为企业人才的新陈代谢寻找到了合适的时机和武器，原有不适合企业发展的管理者被换了位置或者退休，在企业中奋斗过几年又充满生机活力的人才被充实到了较高层次的管理岗位，从而留住了他们并给予展翅的空间，为 JSXL 公司在信息时代的再次腾飞奠定了坚实的基础。

2. 建议

企业高层决策者真要借助于 ERP 系统来提升自身管理，首先必须选择好一个 ERP 系统的咨询顾问公司进行有效的沟通，把你的想法和困难跟他们交流以便帮助分清主要矛盾和次要矛盾，哪些问题可以借助于信息化解决，哪些问题只能通过管理制度来解决；然后在他们的帮助下选择一套合适的 ERP 系统和实施团队；其次，企业高层决策者对 ERP 系统实施要建立必胜的信心、决心和耐心，对合作伙伴也要有包容的心态和宽容的胸怀。

本章小结

本章系统地介绍了 ERP 系统的规划、主生产计划、需求管理、销售管理、生产管理、质量管理、采购管理和库存管理等功能与主要业务流程；详细介绍了不同生产计划方式的生产规划与销售规划、主生产计划、需求预测、生产订单优先级排序等推算方法；并介绍了 ERP 系统的工厂维护管理和人力资源管理等功能模块的管理思想和管理模式；较深入地分析了 ERP 系统提升企业管理水平的路径与方法。

习 题

一、选择题

1. ERP 系统与 MRP Ⅱ 的最大不同在 MRP Ⅱ 的基础上增加了（　　）资源。

   A. 人　　　　B. 财　　　　C. 物　　　　D. 信息

2. 在 ERP 系统中，面向订单生产的生产规划量依据（　　）和未完成订单控制确定。

   A. 库存量　　B. 销售规划量　　C. 客户订单　　D. 市场预测

3. 在制定 MPS 时，需要考虑（　　）。

   A. 生产订单　　B. 采购订单　　C. 客户订单　　D. ABC 全部

4. 制定面向库存的生产规划时，生产规划量 = 销售规划量 +（　　）。

   A. 市场预测量　　B. 库存调整量　　C. 不完成诚意量　　D. 客户订单数

5. 大于装配时间的最少时区数称为（　　）。

   A. 计划时间　　B. 生产周期　　C. 产品生命期　　D. 需求时界

6. 大于生产周期的最少时区数称为（　　）。

   A. 计划时界　　B. 生产周期　　C. 产品生命期　　D. 需求时界

7. 依据紧迫系数安排生产订单时，订单紧迫系数值（　　）其优先级（　　）。

   A. 越小，越低　　B. 越大，越高　　C. 越小，越高　　D. 任意，任意

8. 采购计划法的主要思想是将采购计划分二阶段，近期计划（　　）。

　　A. 时间短且详细　　　　　　B. 仅估计值

　　C. 时间长　　　　　　　　　D. 短期估计值

9. 当物料供大于求时，我们可采用订货方式（　　）。

　　A. 经济批量　B. 最小单位费用　C. 最小费用　D. 要多少订多少

10. 在 ERP 系统中计划物料成本时，采用（　　）成本。

　　A. 实际　　　B. 标准　　　C. 现行标准　　D. 模拟

二、名词解释

1. 预计可用量　　2. 可签约量　　3. 需求时界　　4. 计划时界

三、简答题

1. 简述 ERP 系统企业经营规划、生产规划与销售规划之间的关系。
2. 简述 ERP 系统的主生产计划过程。
3. 简述 ERP 系统的调集预测方法。
4. ERP 系统的订货批量确定主要有哪些方法？
5. ERP 系统的生产调度有哪些情况？
6. ERP 系统如何开展销售管理？
7. ERP 系统如何开展客户管理？
8. ERP 系统对企业管理信息化工程有何作用？

第 6 章　ERP 系统选择

随着现代化进程的加快，越来越多的企业计划实施 ERP。ERP 给企业带来高收益的同时，也使企业面临着巨大的实施风险。ERP 系统软件的选择不仅受软件本身功能与性能的影响，而且更大程度上受到应用软件提供商（ASP）和实施企业的影响，如何选择实用和适用的 ERP 系统，是成功实施 ERP 系统的关键。ERP 系统的选型工作，也是企业在决定实施 ERP 后遇到的第一个现实问题。它属于整个 ERP 项目的前期项目规划阶段，是降低整个 ERP 系统实施风险的起点和关键。

6.1　概述

ERP 系统是一个十分复杂的大系统，企业选用 ERP 系统不是一项简单的工作，需要组织专业人员，建立 ERP 系统选择小组，有计划地开展工作。

6.1.1　ERP 系统功能与企业需要分类

ERP 系统作为企业管理信息化的标志性工程，在通常情况下选择 ERP 系统包括 ERP 系统软件的选择和 ERP 系统软件供应商的选择两部分。ERP 系统选择最关键的因素是能否选出适合企业管理信息化的需要，因此，对企业管理信息需求的了解和对 ERP 系统功能的了解同样重要。总体上说，企业在 ERP 系统软件选择时，会遇到四种情况，如图 6-1 所示。

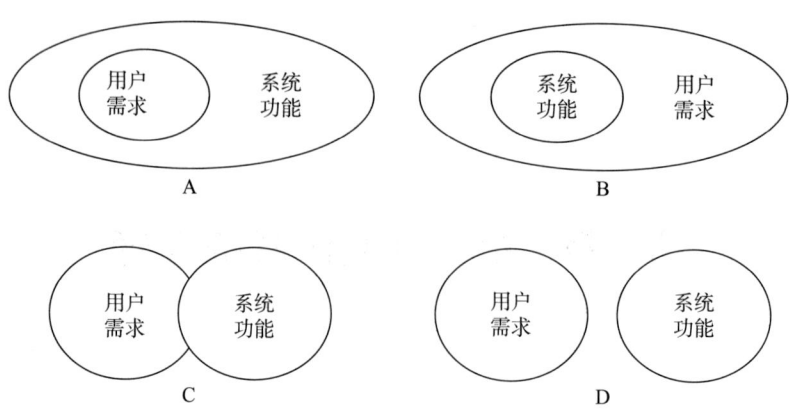

图 6-1　用户需求与系统功能关系示意图

1. 第一种情况

这种情况如图 6-1A 所示。ERP 系统提供的功能（F）完全满足用户的需求（Q），而且超过了用户的需求，即 F>Q。在这情况下用户主要考虑 ERP 系统的性价比。选择性价比较高的 ERP 系统更有发展空间。但是要注意，这里的性能是满足用户需要的，不能从软件角度分析。经常会出现软件系统的性能用户并不需要，而且将来也不需要。这种软件为了通用性提供的其他行业的性能不能作为考量性价比的内容。

2. 第二种情况

这种情况如图 6-1B 所示。ERP 系统提供的功能不能满足用户的需求，即 F<Q。在这情况下用户一般不考虑选用这类 ERP 系统。如果选择这种 ERP 系统会存在失败的风险。

3. 第三种情况

这种情况如图 6-1C 所示。在选择 ERP 系统时，经常会遇到这种情况，ERP 系统提供的功能与用户的需求不完全一致。ERP 系统的部分功能能满足用户提出的需要，而部分功能与用户提出的需求不同。在这种情况下需要用户与 ERP 系统软件开发商[1]讨论解决方案，如图 6-2 所示。

---

[1] 不能仅仅是提供商，而是要该软件的开发商才有能力协商解决

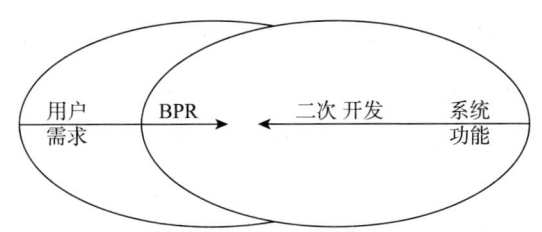

图 6-2 需求与功能不一致解决方案

解决方案一：用户改变需求，进行业务流程重组，以 ERP 系统软件功能实现用户的需求。这方案在 ERP 系统应用过程中是一种常用的方法。常被软件公司采用，通过客户培训，教育用户采纳系统提供的功能开展业务处理。事实上，当企业存在管理模式落后、流程不畅等情况下，采用这种方案可以提高企业的管理水平和竞争力。

解决方案二：修改 ERP 系统软件，以满足用户的需求。这种方案有可能不采用，或少采用。这主要是当对一个完整的 ERP 系统进行修改，不仅会改变 ERP 系统内容的逻辑关系、业务流程和控制方式，而且会给 ERP 系统应用带来未知风险。这些风险来自进度和成本控制，以及不能满足新的需求等。但是当企业的某些业务和流程是代表企业的核心竞争力时，必须修改软件，并做好深入研讨，做好二次开发的计划。

4. 第四种情况

这种情况如图 6-1D 所示。这时用户需求与 ERP 系统提供的功能完全不一致，这样的情况较少，如果是这样则不能选用该软件。

6.1.2 选择 ERP 系统的原则

在制定选择原则时往往要根据企业信息化的现状和 ERP 系统软件的实际可用性、适合性、兼容性和成熟性是最基本的原则。

1. 务实原则

遵循求真务实的原则，全面评价企业信息化实际状况。寻找真正适合企业管理模式、业务特点和企业目标，切合本企业现状的软件，例如库存压力较大的企业，关键指标应是库存资金占用率、在库资金占用降低率。

（1）切实评价实施企业的实际运行状态，企业信息化现状，企业发展战略和企业信息化工程目标。

（2）切实评价软件开发商和软件提供商所提供软件的实际功能与性能，不是简单地听介绍，图文演示，而需要切入模拟操作。

（3）切实评价软件提供商提供软件的实施状况，实施成功案例的评价是关键之一，而且以寻找具有同行业、同规模、同主营状况的成功案例为佳。

（4）实施过程始终在动态地发生变化，尤其是ERP系统实施过程。企业、软件供应商等在实施过程中都存在一个磨合过程，通过实施互相了解，共同提高，不断明确需求，评价指标的设计，数据采集针对实施过程的不同阶段也应当动态变化。

2. 时效原则

从管理的时效性原则来看，必须在企业信息化进程时间轴上设定不同时期的评价指标，对各类指标设置不同的数据源和不同的分析方法，实现ERP系统实时、同期、趋势等指标信息的管控。例如在企业信息化的初级阶段，主要开展单元信息化工程，选择ERP的某些功能模块尝试；在企业信息化的发展阶段，选择MRPⅡ为核心的软件产品；在企业信息化的集成阶段，才真正选择较完整的ERP系统软件产品。

（1）评价企业信息化实时状况，给出企业信息化发展阶段，为选择适用的软件产品提供理论依据。

（2）评价软件开发商软件产品的实时状况，评价软件的集成和独立运行能力，以及数据、业务和作业流程的集成接口的可行性。

3. 层次性原则

评价指标的设置应能准确反映各层次之间的支配关系，各指标有明确内涵，按照层次递进的关系，组成层次分明、结构合理的评价体系。从管理的层次性原则来看，建立ERP掌控企业管理的关键点和与核心流程有针对性的指标，例如计划管理体系、财务管理体系、质量管理体系等的不同管理层面，基层业务管理人员、中层管理人员、高层管理人员的不同管理层次，集团化、多工厂、多部门的不同管理渠道。从多视角、多节点进行比较分析，确保各项指标的科学合理性。

4. 管理理念相容原则

ERP系统是一套蕴含先进管理思想的软件工具，企业借助上ERP，吸收先进思想是必要的。但当这种管理思想产生的文化与企业原来的企业文化发生冲突时，必然不利于 ERP 系统的成功实施。企业应选择与其管理理念相容的 ERP 系统。

5. 科学合理性原则

反映系统实施状态的指标往往可以从许多方面获取，但是某一方面的指标只能侧重描述单个影响因素，指标的选取必须遵守科学合理的原则，既能体现显性特征，又能体现隐性特征。

6. 成熟性原则

应选择成熟的、流行的技术和产品，重点考察是否有成功的用户、是否有系统化的完整解决方案，不要选择未经实践证实的产品。选择比较成熟的产品，可以减少实施的不可预见性，降低实施风险，有效防止投资失误。

6.2 ERP 系统选择过程

ERP 系统选择是一个十分复杂的过程，对 ERP 系统软件的正确评价是 ERP 系统选择的重要依据，做好 ERP 系统选择工作，是确保 ERP 系统实施成功的基本保障。

6.2.1 软件选型准备

1. 建立软件选型组织

ERP 系统的选择是一项十分复杂的工作，涉及面广，对企业影响深远，必须建立 ERP 系统软件选型小组。软件选型小组人员中应该包括企业高层领导、企业各 ERP 使用部门领导、ERP 项目总负责人、需求功能调查员。建议由选型小组的组长担任 ERP 项目总负责人。选型小组建立以后需要定期开会讨论选型事宜，负责选型的全过程。

2. 明确软件选择目的

彻底调查自身的需求，尽可能收集关于供应商和软件系统的资料，这是正确选择的基础，在收集企业需求时应当从如下几方面着手。

（1）各个部门需要处理的业务需求。如有关业务的数据流入、业务数据处理方式（处理步骤、处理点等）、业务数据流出的情况。尤其注意产品的结构特点、物料管理特点、生产工艺特点与成本核算特点。再根据各项业务需求，识别出企业需求的分类级别，如重点要求、一般要求或可有可无的需求等。

（2）考虑用计算机处理的业务数据的软件使用权限的设置。有时企业的权限需求很特殊，例如，不只是对功能的控制权限有要求，而且对字段、甚至对字段内容的控制权限也有要求。

（3）业务报表需求。企业的报表形式非常丰富。需要对报表需求列出清单，标识出必要需求、一般需求或最好需求等。调查企业现有数据接口。企业在以前可能已经有各种各样的信息系统，如 CAM、CAI、CAD、PDM、DSS 等。因此，要考虑这些数据的传输问题。

（4）收集关于软件供应商和软件系统的资料。这方面的资料可以有如下方式获取：下载 Internet 上软件供应商放在网站上的软件试用版；察看网站上的行业解决方案和论坛上相关帖子；考察已成功实施 ERP 的同行兄弟企业；翻阅相关报纸和参加博览会。

最后通过建立软件选型目标结构图，明确软件选择的目的。

画目标结构图可以采用从上至下分解的方法。软件选型的总目标是"选择最合适的 ERP 软件"，而要想达成这个目标必须从两个方面考虑"选择最适当的 ERP 软件"和"选择最好的 ERP 供应商"。好的供应商必须有良好的信誉、良好的技术能力、优质服务。诸如此般，将层次建立下去，每一个层次的建立都是深入化思考的结果。最终形成软件选型基本目标结构图，如图 6-3 所示。

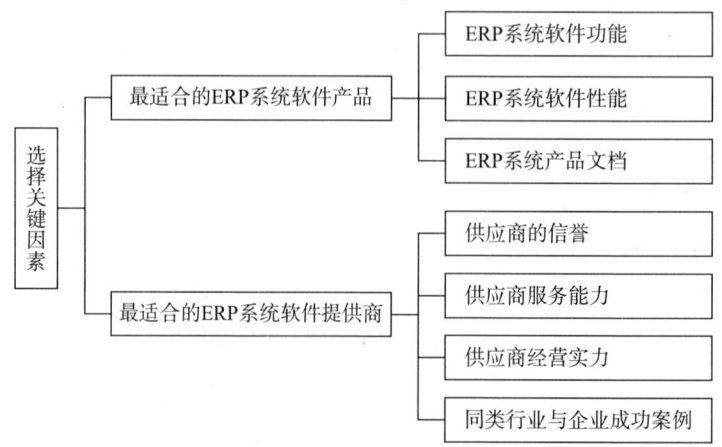

图 6-3　软件选型基本目标结构示意图

在制定目标结构图时,需要考虑企业的特殊目标,如企业类型、企业文化差异,结合企业需求及战略,应该在基本目标上增添某些特殊目标。还要考虑企业生产类型的不同对目标的影响,例如:不同制造行业生产工艺特点的不同,将形成不同的特殊目标,如表 6-1 所示。

选择软件的过程也是企业选择今后采用何种管理思想的过程。ERP 软件承载的是目前最先进的管理思想。管理相容原则要求企业在考虑企业文化的前提下选择包含有相容管理思想的软件。

表 6-1 不同生产类型的特殊目标

模块	离散型	流程型
BOM	层次多且复杂	扁平且简单,配方安全性要求高的企业无准确 BOM
工艺路线	多种选择	固定,由流程确定
主生产计划	单件计划	流程计划
车间管理	实时跟踪	实时跟踪、动态调整、控制纠偏
计量转换	简单,多为"件"	复杂,包括多计量转换、多包装转换、效能转换
设备管理	全生命周期管理	专用设备及装置管理、考虑三废处理、清洁生产问题

3. 邀请软件供应商

在做完前面的工作后,就到了招标阶段。可以选择性邀请软件供应商,要求供应商提交初步的项目解决方案,从中挑选 3~4 个进行后面的选型评估。对于参加复选的软件供应商要求提交详细的项目计划书并召开讨论会,讨论企业最关键的流程、特殊的功能要求、重要的软件模块要求等。要求各供应商进行现场演示,演示时最好运行企业自己准备的数据。

这一阶段,软件选型小组还要根据自己的专业背景对各供应商进行调查。如企业计算机中心的人员对软件的可靠性和安全性进行考察;企业财务处的人员收集供应商的财务报表,以考察供应商的实力等。

6.2.2 软件选型主要活动

1. 评价 ERP 系统软件与软件供应商

评标是一项十分严紧、严密和严肃的工作,聘请的评标专家要抱着对供应商和实施企业负责的态度，并具有 ERP 系统实施专业知识和实施经验，评标一般按综合因素打分（百分制）。由评标小组独立评审打分，评标小组按照各评委对各项综合因素打分（平均分）的记分结果，由高到低向领导监督小组推荐中标候选人，经领导监督小组讨论后，确定中标人。

参加投标的供应商必须具有法人资格，提供的标书必须真实可靠。否则作废标剔除，不参加评标。

评委在评标之前，必须认真阅读标书文件，了解项目对供应商和实施企业对技术方案的要求，然后对照标书文件细则逐一查验供应商提供的标书内容，并给出客观公正的得分，评分过程评委独立工作，不受任何其他因素影响。

标书内容一般分两大部分，第一部分是供应商的资质，经营状况和服务承诺等商务标，要评价投标人的资质、荣誉及信誉、销售业绩及专业能力、类似项目成功案例、技术人员状况及参加本项目人员资质状况和自主创新能力。第二部分是 ERP 系统软件型号、版本号、性能指标及功能响应状况、安装调试、系统集成方案、数据备份、软件升级情况、项目实施工期、售后技术支持能力及维护能力、服务承诺要求、培训方案及计划、有价值优惠条款和价格的评价。

2. 评价结论、签订合同

评标领导小组根据评委评出的结果，从高分到低分提交一个中标人和后备人。然后进入合同洽谈期，合同的洽谈是在标书文件和投标标书的基础上，不影响工期和质量的前提下，对未明确的问题进一步探讨。企业方需根据筹备工作中对本企业的各项管理业务的需求分析及新系统功能规划设计报告，同 ERP 系统实施公司进行具体的商讨。当然，实施公司的技术人员与咨询顾问也会提出他们的系统解决方案及各模块业务功能的规划、调整、增加或删减等。双方的管理人员、技术人员应共同探讨，以决定本次实施项目可以真正实现的具体内容和目标（只能是对未明确的修正）。作为项目实施及验收的目标和依据，此项工作非常重要。另外，拟定的合同条款须尽可能具体。比如：合作方人员的哪些现场工作要计算费用，不同资历条件、不同等级的实施顾问的服务天数及费用；在各模块实施过程中的企业配合需求，具体分工与职责皆应明确定义。还有，软件商对其系统升级的优惠条件及有效期限，对系统 Bug 的免费修复期限等。企业与供应商的实施项目经理应参与具体的细节洽谈。

6.3 ERP 系统选择方法

6.3.1 建立 ERP 系统选择评价指标体系

2003 年我国发布了《制造业信息化工程 2003 年度应用软件产品测评规范》，这是国家制造业信息化工程标准化工作的重要组成部分。制定本规范旨在为制造业信息化工程 2003 年度应用软件产品测评工作的开展提供技术指导和技术规范支持，实现对制造业信息化工程应用软件产品的公平、公正、科学、客观的评价。

本规范共分三部分，其中第三部分规定了 ERP 软件产品测评的基本功能、扩展功能、性能和用户文档四个方面的测评指标，并对 ERP 软件产品测评的结果以及基本功能、扩展功能、性能和用户文档指标的测评结果给出了评定细则。

1. 功能测评指标

功能测评指标分为基本功能测评指标和扩展功能测评指标，见附录表 A.1，带有 * 号的为基本功能指标，其他为扩展功能指标。

（1）基础数据管理。全面测评 ERP 系统运行的基础数据可操作性和完整性。

① 物料清单（BOM）数据。即测评产品结构数据的生成与维护。在工程变更时能够对 BOM 进行修改，提供修改方法，或者从 E-BOM 生成（或建立）M-BOM 功能。例如：单级 BOM 展开、多级 BOM 展开、单级 BOM 反查、多级 BOM 反查；产品结构数据复制：利用已有的产品结构，通过复制，建立新的类似产品的 BOM。

② 工艺路线数据。建立项目和需求资源关系的工艺路线基本信息文件，维护工艺路线基本信息文件（工作中心、工序数据），如工序数据管理，工时定额维护，批号追踪，工作中心维护。

③ 财务数据。测评系统是否有会计科目管理、会计期间管理和凭证类等型管理功能。

会计期间指人为规定的会计信息的提供期限。可以定期反映企业的经营成果和财务状况，向有关方面提供会计信息，会计核算应人为地把持续不断的企业生产经营活动划分为一个个首尾相接、间距相等的经营期间。

（2）生产管理。测评 ERP 系统具有生产管理功能的情况。

① 主生产计划。测评是否具有主生产计划编制、主生产计划调整、MPS 粗资源平衡、主生产计划反馈与查询等功能。

② 物料需求计划。测评 MRP 计划自动生成、编制与调整（顺排或倒排 MRP 计划等）；物料需求计划可行性和平衡分析（包括独立需求和相关需求的可行性与平衡分析）；物料需求计划；计划生产订单等的查询；计划生产订单确认、计划请购单确认、拖期订单报告等功能。

③ 能力需求计划。测评能力需求计划计算、能力负荷计算、车间部门负荷及工作中心负荷等的计算功能。

④ 生产订单管理。测评生产订单维护、查询；生产订单标准成本重估；生产订单的下达；生产订单缺料报告；生产领料单的生成、维护、审批等功能。

⑤ 生产作业管理。测评作业计划的编制与维护；调度计划编制与维护；作业计划查询、作业计划统计等功能。

⑥ 生产工序管理。测评工序转移、启停和完工处理；工序进度查询、反馈；工序异常处理与报告（例如拖期报告、返工报告、废品报告、停工报告等）功能；

⑦ 生产统计。测评关键工作中心效率报告、生产订单效率报告、员工效率报告、返工报告、生产计划完成情况统计等功能。

（3）采购管理。测评 ERP 系统具有采购管理功能的情况。

① 采购计划管理。测评采购计划编制与维护、请购单管理等功能。

② 供应商管理。测评供应商等级分类、供应商信息定义、供应商信息维护、查询、供应商评定审核管理等功能。

③ 采购订单管理。测评供货信息管理；采购订单维护；到货、退货处理；订单统计查询等功能。

④ 价格管理。测评物料定价因素、价格变更的程序、最高单价控制、询价管理等功能。

⑤ 到货验收管理。测评到货管理功能、验收入库的管理、收货方式、退货管理等功能。

（4）销售管理。测评 ERP 系统具有销售管理功能的情况。

① 销售预测。测评提供销售量的预测、预测订单管理等功能。

② 销售计划。测评销售计划编制与维护（销售年、月计划）；部门销售计

划、推销员销售计划编制与维护等功能。

③ 询价与定价管理。测评价格管理、价格策略管理、下达报价单转为销售订单等功能。

④ 销售合同管理。测评销售合同编制与维护；合同发货、结案管理；销售明细账查询、合同的执行情况、拖期情况查询等功能。

⑤ 客户管理。测评客户信息收集与分类、客户信息分析与查询等功能。

⑥ 查询统计。测评销售欠款查询、售后服务分析、销售计划完成情况分析等功能。

⑦ 分销管理。测评销售订单、配货方案等功能。

⑧ 退货管理。测评退货作业管理、销退账务处理、退货流程控制等功能。

（5）库存管理。测评 ERP 系统具有库存管理功能的情况。

① 入库管理。测评库存属性设置、采购入库管理、生产入库管理、调入入库管理等功能。

② 出库管理。测评销售出库管理、生产出库管理、调出出库管理、批次处理和转库处理等功能。

③ 盘点与结转。测评库存盘点、库存结转等功能。

④ 库存分析。测评库存变动情况分析、库存物料 ABC 分类管理、库存预警（例如库存超期报警、库存越限报警、库存进价超限报警等）等功能。

⑤ 库存查询。测评库存月报表查询与输出、物料收发台账查询、物料入库和出库登记表输出与查询、库存情况查询等功能。

（6）财务管理。测评 ERP 系统具有财务管理功能的情况。

① 总账管理。测评记账凭证输入和登记、日记账、明细账、总分类账、其他报表编制等功能。

② 应收账。测评应收款管理、欠款客户管理、支票管理、发票管理等功能。

③ 应付账。测评应付款管理、供应商管理、支票管理、发票管理等功能。

④ 成本核算。测评标准成本计算、实际成本计算、产品成本分析、目标成本分析、产生成本有关报表等功能。

⑤ 固定资产管理。测等固定资产账目、固定资产变动处理、固定资产折旧、固定资产账表查询等功能。

⑥ 工资管理。测评工资核算、工资分配等功能。

⑦ 财务报表。测评损益表、资产负债表、现金流量表等功能。

（7）质量管理。测评 ERP 系统具有质量管理功能的情况。

① 检验标准管理。测评抽样标准维护、检验标准维护、质量标准体系管理、供应商认证等功能。

② 检验计划管理。测评进货检验计划、生产零件检验计划、装配过程检验计划、产品检测检验计划等功能。

③ 检验过程管理。测评进货检验、过程检验、成品检验、出货检验等功能。

（8）设备管理。测评 ERP 系统具有设备管理功能情况。

① 设备维护及运行。测评设备维修记录、设备保养记录、设备运行记录、设备事故记录、设备精度检测、设备台账维护等功能。

② 设备维护计划。测评维修计划维护、保养计划维护等功能。

（9）人力资源管理。测评 ERP 系统具有人力资源管理功能的情况。

① 人事管理。测评员工基本信息；人事状况统计表；人事变动管理；教育、培训；社保管理与劳动合同管理等功能。

② 人力资源战略。测评人力资源计划、人力成本预算管理等功能。

③ 职务职能管理。测评组织结构设计、岗位信息管理等功能。

（10）系统维护管理。测评 ERP 系统具有系统维护管理功能的情况。

① 系统权限管理。测评权限定义与维护、权限分配、角色管理等功能。

② 数据维护。测评数据导入导出、数据库备份与恢复等功能。

还要测评 ERP 系统对于财务管理、人力资源管理、设备管理以及质量管理，是否可以有各种不同的具体实现方法，既可以是由 ERP 系统软件单独实现，也可以由 ERP 系统软件与其他专业软件相集成的专业模块来实现。

2. 性能测评指标

性能测评指标反映了 ERP 系统软件在不同环境、条件下能保持正常运行或软件产品具有的能力。见附录表 A.2。

（1）可靠性。测评 ERP 系统能屏蔽用户操作错误；运行错误不会导致系统异常退出；操作权限控制安全可靠；具备数据备份及数据恢复能力；软件能进行输入有效性检查；无损坏数据软件的现象；提供运行日志管理；与其他软件的兼容性（安装运行后对系统中其他程序不产生破坏性的影响）；系统故障恢复（网络中断、断电后自动恢复）；系统运行稳定等方面的能力。

（2）易用性。测评 ERP 系统具有的菜单、工具栏随所进行操作的变化；具有联机帮助功能；对用户操作的实时引导；界面风格简洁一致，布局合理；软件具有可配置能力（例如显示界面、显示格式、报表格式等可以调整）；软件易安装等方面的能力。

（3）集成性。测评 ERP 软件系统各模块之间应实现数据共享、ERP 系统各业务流程的集成、与 CAD 系统的集成、与 CAPP 系统的集成、与 PDM 系统的集成、与 SCM 的集成、与 CRM 的集成等方面的能力。

（4）可扩展性。测评 ERP 系统具有数据结构可修改扩充、系统功能可配置的能力。

3．用户文档测评指标

用户文档测评指标反映了 ERP 系统软件提供用户资源的完整、规范和标准等特征。见附录表 A.3。

（1）用户文档完整程度。测评 ERP 系统软件产品的用户文档是否包括全部软件功能、业务流程和计算过程的说明；是否可以提供在线帮助。

（2）描述与实际功能的一致性。测评随 ERP 系统软件产品用户文档描述的功能与软件实际功能是否保持一致。

（3）用户文档的易理解程度。测评随 ERP 系统软件产品用户文档的文字描述是否条理清晰、易于理解；用户文档对关键重要的操作是否配以例图说明；用户文档是否采用了中文编写；对主要功能和关键操作是否提供应用实例。

（4）ERP 软件系统实施指南。测评随 ERP 系统软件产品的用户文档中是否提供 ERP 软件系统实施指南或类似文档，其中是否包括规划、开发、实施、运行、评估等内容，以便为实施和应用 ERP 系统提供详细的指导。

6.3.2　开展 ERP 系统选择评价

ERP 系统的评价是 ERP 系统选择的一个关键工作，对 ERP 系统评价的真实、客观和准确直接影响到 ERP 系统选择的结果，评价 ERP 系统必须做好充分准备，认真、规范、严谨，做到公正、公平和公开。

1．建立 ERP 系统软件评价小组

众所周知，ERP 系统评价是 ERP 系统实施项目的前期筹备工作。评价的正确性是整个 ERP 系统实施项目能否取得成功的重要前提之一。由于 ERP 系统的复杂性、动态性和实施企业的个性化，必须建立 ERP 系统软件评价小组，要请熟知 ERP 系统原理，具有 ERP 系统实施经验，且了解被实施企业背景的人员组成。可以由实施咨询顾问、企业管理专家、信息系统分析员和软件工程师等组成。

2. 管理业务需求分析

企业实施 ERP 系统往往是分步实施，不可能一步到位，一步到位的思想在企业信息化过程中是不现实的，也是无法做到的。一个企业无时无刻不在发生变化，ERP 系统需要与企业同步成长，选择 ERP 系统也必须适应企业的需求确定关键指标。开展管理业务需求分析是评价 ERP 系统并给出结论的关键工作之一。

3. 裁选评价指标

《制造业信息化工程 2003 年度应用软件产品测评规范》的第三部分是 ERP 系统评价指标体系，不仅明确了评价 ERP 系统功能与性能的指标，而且给出了评价指标的权重和计算方法，是 ERP 系统评价的指导文件。但是，在实施 ERP 系统评价时，还需要根据企业的实际需要对评价指标进行裁减，按实际需要选定评价指标。

4. 确定评价指标取值方法

ERP 系统的功能与性能指标大部分是定性指标，要给出 ERP 系统软件综合评价结论，必须要对这些定性指标进行量化，然后对指标值累计得分与分级阈值得出结论。

在我国《制造业信息化工程 2003 年度应用软件产品测评规范》中将被测软件不具备本规范规定的基本功能项、被测软件在基本功能的测评过程中发生了一项或多项可重复出现的严重问题、配套的用户文档与被测软件不相符等情况作为关键因素，并对关键因素做出明确定义。例如重复出现的严重问题是指下列情况之一。

（1）被测基本功能项不能正确实现。

（2）被测数据处理错误。

（3）主业务流程出现断点。

（4）软件错误导致死机。

（5）软件错误导致数据丢失。

（6）软件错误导致系统无法运行。

（7）系统操作响应时间过长，在 1 分钟以上。

（8）系统存在严重的安全漏洞。

对指标测评的结论分通过与不通过两种，出现了被测软件缺少规范规定的基本功能项，或者出现了一项或多项可重复出现的严重问题，或者出现了一种或多种配套的用户文档与被测软件不相符的情况之一者，评定为"不通过"。未出现上述情况的，评定为"通过"。

对各项扩展功能测评指标的结果只能评定为"无此功能""通过"和"不通过"三种结论。对各级性能指标的测评采用评分方式，各级性能指标测评结果为 10 分制分值。测评人员应对每一项无下级指标的性能指标进行测试，并依据测试完成情况与预期效果之间的差异，按照表 6-2 中的评分细则的规定对该项性能指标进行评分。

5. 开展测评数据收集

在确定了评价指标、指标取值方法和评价小组人员后，需要开展认真负责的 ERP 系统软件评价测试，测试每一个功能、性能，记录测试结果，在测试时还要注意测试环境，例如：数据库的记录数，并发用户数据和网络结点数等情况。

表 6-2　性能指标权重值

一级指标	满分	权重	测评总分
可靠性	10 分	0.5	10 分
易用性	10 分	0.3	
集成性	10 分	0.1	
可扩展性	10 分	0.1	

6. 选择评价方法

评价方法的不同会严重影响评价结果，有时甚至会给出相反的结论。因此，评价方法的选择要综合考虑各种意见，在开展评价时做好准备。评价方法有许多种，可以用累计总分法，也可以用加权平均法，还可用模糊评判法和遗传算法等方法。累计总分法比较简单，广泛被采用，这种方法对参加评价的指标同等重要，我国《制造业信息化工程 2003 年度应用软件产品测评规范》中对功能指标的测评可以采用 Oliver Wight 的测评方法。《制造业信息化工程 2003 年度应用软件产品测评规范》中 ERP 系统性能评价指标权重,如表 6-3 所示。

7. 计算评价指标和综合评价值

根据选定的评价方法和收集到的现场测评数据,进行计算,给出综合评价值。

8. 给出评价结论

根据综合评价值和评价结果分级数据比较,得出最后的结论,在为 ERP 系统选择评价时,往往不是仅按 ERP 系统的功能与性能进行决策,而是还要考虑其他多种因素,ERP 系统的功能与性能是其中关键因素之一。

表 6-3 ERP 系统性能测评及指标权重

一级指标	二级指标		预期效果	评分细则			初始
	权重	指标内容		细则	NO	YES	
可靠性	若出现死机、数据处理错误、主业务流程断点等导致数据丢失、软件错误导致系统无法运行,则可靠性为 0 分						
	0.15	屏蔽用户操作错误	可以屏蔽用户操作错误,但不会引起系统异常退出	每出现一次未屏蔽用户操作错误,扣 1 分			10
	0.2	运行操作错误不会导致系统异常退出	应该提示错误原因	每出现一次异常退出,扣 2 分			10
	0.1	操作权限控制安全可靠	具有创建、删除、修改用户信息及口令管理的功能	只测是否通过	0	10	
	0.1	具有数据备份和恢复手段	软件应提供数据备份和恢复手段	只测是否通过	0	10	
	0.1	能进行输入有效性检查	能排除不符合要求的输入数据或给出提示	每出现一次错误,扣 1 分			10
	0.1	无损坏数据软件的现象	不会引起软件、系统的损毁	出现一次损坏现象,可靠性为 0 分			10
可靠性	0.1	提供运行日志管理	是否具有运行日志管理功能,对日志可以进行查看分析、备份存档	只测是否通过	0	10	

（续表）

一级指标	二级指标		预期效果	评分细则			初始
	权重	指标内容		细则	NO	YES	
可靠性	0.05	与其他软件的兼容性	安装运行后对系统中其他程序不产生破坏性的影响	每出现一次兼容性错误，扣2分			10
	0.05	系统故障恢复	网络中断、断电后自动恢复	每出现一次错误，扣3分			10
	0.05	稳定性	是否出现死机、异常退出现象	死机一次可靠性为0分			10
易用性	0.1	菜单、工具栏随所进行的操作变化	无效的菜单项应变灰或隐藏	每出现一次未变灰或隐藏现象，扣0.5分，扣完为止			10
	0.3	应具有联机帮助功能	功能所对应的操作都有相应的联机帮助	对"功能测试"所列的操作，如无联机帮助扣除0.5分，扣完为止			10
	0.1	对用户操作的实时引导	对用户的每一步关键性操作都有相应的提示	每出现一次未提示现象，扣0.5分			10
	0.2	界面风格应该简洁一致，布局合理	术语是否统一	每出现一次不一致的情况扣0.5分			10
			对话框颜色等是否一致				
			按钮大小、颜色是否一致				
	0.15	软件具有可配置能力	显示界面、显示格式、报表格式等可以调整	具有报表调整功能5分，具有格式调整3分，具有显示界面调整2分			
	0.15	软件易安装	是否具有直观的安装引导界面和安装说明	按照说明出现安装错误为0分			10
集成性	0.4	ERP软件系统各模块之间应实现数据共享		只测是否通过	0	10	
	0.35	ERP系统各业务流程的集成		只测是否通过	0	10	
	0.05	与CAD系统的集成	是否具有BOM表的导入功能等	只测是否通过	0	10	

（续表）

一级指标	二级指标		预期效果	评分细则			初始
	权重	指标内容		细则	NO	YES	
集成性	0.05	与 CAPP 系统的集成		只测是否通过	0	10	
	0.05	与 PDM 系统的集成		只测是否通过	0	10	
	0.05	与 SCM 的集成		只测是否通过	0	10	
	0.05	与 CRM 的集成		只测是否通过	0	10	
可扩展性	0.6	数据结构可修改扩充		只测是否通过	0	10	
	0.4	系统功能可配置	能够通过自定义实现一些客户个性化需求	只测是否通过	0	10	

注：一级指标的取值满分均是 10 分

6.4　XSZC 有限公司 ERP 系统应用效果分析

XSZC 有限公司在企业信息化建设过程中，针对生产、销售和成本等人工管理模式下存在的问题，分析问题产生的原因，提出了以 ERP 系统为纽带集成企业种类资源，集中统筹规划、计划、控制，不仅提高了管理效率，而且产生了巨大的经济效益。

6.4.1　XSZC 有限公司背景

XSZC 有限公司是 2003 年根据万向集团的整体产业结构发展需要而设定的轴承产业公司，以浙江万向特种轴承有限公司为主体，下辖淮南万向特种轴承公司、淮南 XSZC 部件有限公司、江苏万向龙山轴承公司、万向轴承宁波工厂等全资企业。

公司专业生产圆锥滚子轴承、圆柱滚子轴承、球轴承、微型轴承、汽车水泵轴连轴承、超精密高速磨头主轴轴承、汽车水泵总成等系列产品，并重点向系列化、高精尖产品方面发展，相应形成全球 OEM 市场和售后服务。

公司自行研制生产的"QC"品牌精密双列圆锥滚子轴承 E97106E、513016 汽车轮毂总成、超精密级高速磨头主轴轴承等五大系统产品被列为国家级重点新产品；浙江万向特种轴承有限公司被认定为国家重点高新技术企业；2001 年浙江万向特种轴承有限公司率先通过美国 UL 公司 QS9000 体系认证，2003 年江苏万向龙山轴承公司、万向轴承宁波工厂、淮南万向特种轴承公司也均顺利通过 QS9000 体系认证。

公司引进德国、意大利、英国等生产流水线和技术检测手段，设备先进，工艺成熟，产品精度高、噪声低、寿命长、可靠性好，并有多项产品被列为国家级重点新产品。公司产品广泛应用于汽车、轿车、拖拉机、矿山机械、纺织机械、机床等领域，配套领域广阔，产品远销美国、加拿大、意大利、德国、澳大利亚、日本、中东等国家和地区。

6.4.2　XSZC 有限公司信息化之路及现状分析

XSZC 的领导层很早就认识到企业信息化工作的重要性，早在 1999 年，就开始和浙江某大学合作利用软件进行企业的管理，是轴承行业中企业信息化工作的先行者。经过几年的摸索和实践，也取得了一定的成果，由于许多关键问题没有解决，系统也存在许多问题，目前除市场部的一部分功能仍在使用外，整个系统的绝大部分几乎处于瘫痪状态，生产、仓库（成品仓库除外）还处于人工管理状态，XSZC 的人工管理模式在生产、市场方面都存在诸多问题。

1. 企业信息严重不准确

在人工管理的模式下，生产和销售过程中的大量信息，由于人工处理工作量大而常常出现小的差错，这是很正常的，一个人出一点错不可怕，但是企业员工众多，20% 的人出一点错误，日积月累，导致企业信息严重不准确，时间长了，问题越来越大，最后人人都知道企业某个地方存在问题，但是由于处理信息差错的工作量很大，再加上由于企业发展本来生产繁忙，问题一拖再拖，最后常导致不可收拾局面。

2. 企业内部存在信息沟通不畅、信息孤岛现象

在人工管理模式下，企业各方面的信息沟通效率低下，从仓库到供应商，从生产到销售等诸多方面，导致生产过程中原材料、半成品及成品积压严重，例如：市场和生产信息不畅，常常导致客户已经取消的订货，生产部门继续生产；成品仓库的库存信息不畅，导致生产计划多投或少投；原材料、半成品及在制品信息和采购供应部门之间信息不畅，导致原材料多采购或少采购。总之

企业信息不畅通,带来的是大量人力物力的浪费,尤其是在市场越来越个性化的今天,多品种少批量,为客户生产大量的非标产品,如果管理不好,靠粗放式经营造成浪费严重,产品生产成本极高。

3. 产品编码混乱,导致生产和销售中产品零部件混淆

目前XSZC在产品的编码方面是跟从国外的厂家,由于目前企业给多家外国企业生产,在为这一家国外著名企业生产时,采用这一家企业编码,为另一家企业生产时,又采用另一家企业编码,这样导致企业没有一套自己的内部编码标准。出现同一种零部件在某一种产品生产中叫一个编码,在为另一种产品生产时叫另一个编码。常常由于产品或零部件编码的混淆导致浪费,给生产人员也带来了混乱。

4. 管理成本高,对人员的依赖性强

在人工管理模式下,企业信息沟通效率低下,企业严重依赖员工责任心,工作的细心程度,企业和员工之间掌握的信息不对称。例如:在国内企业中,市场销售员的地位很高,一个企业的销售员,是企业的代表,他是以企业强大实力为支撑的,但是有的销售人员掌握的信息和企业严重不对称,个别销售员如果向企业提出过分要求,企业往往会妥协,因为企业的销售严重依赖销售员掌握的客户信息,客户信息在销售员那里,他走了就带走了客户。

5. 许多现代管理理念和方法无法落实

人工管理模式下,由于管理效率低下,企业只能疲于奔命,在这种情况下,许多现代管理理论都无暇被顾及,更不用说实施了。市场是激烈竞争的环境,价值规律即供需关系解决了最复杂的问题,自动调节生产资料在社会各行业分配,然而,企业内部一定是严格计划,将企业所有资源(硬资源、软资源)达到最高利用率和发挥最大效率。

6.4.3　XSZC有限公司信息化建设实施过程

20世纪90年代末期,万向集团开始筹划整个集团的信息化工作,当时选择了浙江某大学人工智能研究所进行合作开发企业的CIMS系统,主要以现在理解上的ERP为核心。该项目列为国家863CIMS重点项目,为浙江省重点扶持对象,万向集团将此项目在万向XSZC公司进行试点。

系统于2000年初步开发完毕,并进场实施。该系统全部为XSZC有限公司

量身定做，涵盖了生产、销售、采购、财务、人事、技术等所有的模块，从万向集团到XSZC都非常重视该项目，花费了大量人力物力实施推进该系统，现在XSZC的所有核心员工和老员工，都对该系统非常了解。项目组人员此次也接触了该系统，了解到大部分功能模块、数据库结构等信息。该系统后台采用Oracle数据库，前台采用Power Builder开发。

从2000年实施到2002年，经过两年时间，系统出现了很多问题，并没有完全实施，同时不断改进程序。到2002年2月份，随着所有负责该系统的员工或离职或调离岗位，XSZC总经理重新任命信息部负责人，赋予其认为有必要的时候可以停掉该系统的权力。新任信息部主管用了半年的时间进行深入了解，并不断与浙江某大学项目组沟通，当XSZC有限公司提出让浙江某大学保证其系统功能95%的正确率时，浙江某大学答复不能保证；当提出程序问题响应时间不超过24小时时，浙江某大学也不能保证；网商公司项目组人员在了解该系统时也发现，该系统前期功能设计比较完善，但是后期制作的功能模块非常混乱，可以看出很多程序都是敷衍应付，而且开始设计时全部由研究生和本科生组建团队，团队技术人员不稳定。半年过后信息部主管向公司提交了一份停用该系统的报告，该系统除了市场营销部的成品管理和销售开单模块，其他模块都停止使用。

XSZC有限公司在母公司2002年决定采用SAP系统，但是该系统也没有完全实施成功。从2002年开始实施到2003年，SAP咨询实施公司上海高维信诚在XSZC有限公司实施失败，撤出XSZC有限公司，由SAP公司派出总部实施工程师并会同新的咨询公司继续实施该项目，系统于2005年强行艰难上线运行。而从2002年底到2004年下半年，XSZC公司本身也没有停止ERP项目，不断进行系统的重新选型，其间接触了国内外大部分ERP软件公司，如SAP、Oracle、四班、和佳、用友等，很多公司也专程作了软件演示，其中北京用友总部技术副总裁、深圳金蝶总部制造业总监分别专门在XSZC做了软件演示。XSZC认为这些软件都很好，但不能适用其实际需求。

XSZC最后愿意接受网商公司的ERP系统，其原因主要源于三个因素：第一、认为在轴承行业专业做ERP系统的软件公司，也许能解决一些轴承行业的特殊性问题，能实现其他国内外软件公司做不到的功能；第二、认为网商公司的软件可以根据客户需求量身定做，同时又是正规软件公司，功能相对完善，不像高校老师带领学生团队为企业量身定做的系统错误百出，很不完善；第三、网商公司在一些轴承企业的成功实施，以及在国外其他轴承企业的成功实施案例，使其增强了对网商公司能力的信任，特别是看到一些轴承企业的运作模式有一部分源于网商公司提供的 ERP 系统。

6.4.4　XSZC 有限公司实施效果及分析

1. 业管体系

建立合理、完善的产品标准体系，彻底解决困扰 XSZC 多年的产品编码表问题。物料编码是所有数据的基础，是 ERP 系统实施的第一步，但由于物料数量多、分类复杂、属性多样、标识困难，所以又是最为繁杂、困难的第一步。如果编码工作没有做好，那么就会严重影响 ERP 系统的实施和正常运行。网商软件（ERP）对轴承产品从品名、技术条件、包装、打字、品牌等五方面来表述：品名即轴承品名，采用"前缀代码 + 基本型号 + 后缀代码"表示；技术条件，部分客户对产品有个性化的需求，如需要指定牌号的油脂，热处理工艺需要特殊处理等，可以使用技术条件来表示，同时技术条件的使用可以使轴承型号简单化；包装，表示产品的包装形式，如：卷装 + 白坯纸箱 + 木箱；打字，使用激光打字机或其他设备，打在轴承外观上用以表示轴承型号、品牌等的信息，如"32209 QC"；品牌，如"QC"。从这五个方面入手，可以完整表述产品的各种特性，如：倒角、硬度、滚子规值、精度、材料等。

2. 生产部门

（1）可以实时根据生产计划自动搜索目前成品库、半成品库、生产线上的所有能够匹配的物料，然后自动计算出原材料的应采购数量，可以防止原材料的多采购，更好的控制原材料库存。可以实时了解到所有订单需求和流转库存与采购合同的匹配情况。

（2）可以管理与外协厂的加工合同，外协厂生产领料与完工入库等，自动统计外协厂加工数量、报废数量，自动计算加工费，实时形成外协厂材料价值、加工费的对比分析报表，利于对外协厂进行控制。

（3）使批次号管理落到实处，真正做到质量的可追溯性。使用网商 ERP，可以实时登记材料的进货批次号（如钢材的炉号）、加工工序的批次号（如热处理的批次号）、成品的批次号。依据成品的批次号可以向上追溯到各个加工工序的批次号以及材料的进货批次号，也可以由加工工序的批次号、材料的进货批次号向下跟踪到同批次的产品的库存和发货情况。

（4）对工艺工序的管理进一步细化之后，可以有效管理材料、加工工序的质量情况，可以实时形成每个班组、每个操作工的质量报表。

3. 销售部门

（1）规范地表达了顾客个性化的需求，并很好地解决了用户对同一产品在不同销售作业阶段有不同称呼（客户型号、发票型号、公司型号）的需要。

（2）销售管理系统与库存管理系统高度集成，在输入合同期间就能方便地查看可用库存和可用的成品需求计划。

（3）接到顾客合同后，系统会自动搜索符合交付条件的无预订库存，从源头上控制了多余库存的产生。

（4）可以查询包括合同历史、发运地址、发票寄往地、交货地点等信息，所有合同的状态在合同履行周期的任何阶段都是可视的，可以实时轻松地回复客户的查询。

（5）可以对顾客购买需求进行分析和预测，增加销售机会，提高客户满意度。

（6）借助权限机制，可以为各位操作人员、业务员设置其可用的操作功能、业务权限范围，便于对各位操作员、业务员进行考核，提高绩效。

（7）ERP系统可以实时自动生成按业务员、或按产品型号、或按客户、或按市场片区进行分类统计的销售分析报表，便于进一步挖掘业务员、客户和产品的潜力，不断提高销售业绩。

（8）将寄售库存部分与一般的成品库存区分开来，通过与客户定期对账、定期盘点等方式，严密监控寄售库存的库存量、使用量、销售开票情况、应收账款情况。

虽然，企业仅仅在生产、库存、采购、销售和财务上运用了ERP系统功能，从理论上讲还没有完全实现ERP系统，只能是MRPⅡ的功能，但是，信息化给企业带来了前所未有的效益，特别是给企业搭建了信息共享的平台，ERP系统在企业集成管理中起到了强而有力的黏合作用。

计划不再是理论，而是企业高效运行的基础；控制不再是理想，而是具有真凭实据的规则；集成不再是妄想，而是企业腾飞的翅膀。通过ERP系统使企业的一切活动成为一个整体，通过 ERP 系统使企业更加透明，通过 ERP 系统使企业高管决策更有可操作性，通过 ERP 系统使用权供应链管理得于实施。ERP 系统在企业管理中运用信息，联系各个职能部门协调、和谐、科学地发展。

ERP 系统的粘合力受企业发展影响巨大，最好的黏合剂也有时效性和环境性，企业实施 ERP 系统需要不断完善、不断提高应用水平和应用范围。

本章小结

本章详细介绍了 ERP 系统选择原则、评价指标体系和评价方法，分析了企业应用 ERP 系统过程中可能遇到的具体状况和应对策略。阐述了 ERP 系统选择不仅需要测评软件的功能与性能，还要测评软件提供商的信誉和能力，明确了 ERP 系统选择的原则、过程和方法，并结合典型案例阐述了 ERP 系统选择对 ERP 系统在企业应用中的关键性。

习　题

一、名词解释

1. BPM　　2. 标书　　3. 合同　　4. 评价指标

二、简答题

1. ERP 系统的功能与企业需求之间存在哪几种状况？
2. ERP 系统选择主要考虑哪些因素？
3. 当 ERP 系统提供的功能与企业需求不符合时，可以采用哪些对策？
4. 简述 ERP 系统选择的一般过程。
5. 如何评价 ERP 系统？
6. 如何评价 ERP 系统提供商？
7. 查阅资料，简述 ERP 系统选择对企业应用 ERP 系统有何作用？
8. 查阅资料，简述 ERP 系统选择对企业信息化工程有何影响？

三、论述题

1. ERP 系统选择是 ERP 系统应用的关键。
2. ERP 系统选择必须正确评价 ERP 系统功能、性能和软件提供商。

第 7 章　ERP 系统实施

实施 ERP 系统是一项技术复杂、投资大，对管理组织、内部机制、企业文化、决策方式、管理思想等方面都将会造成深刻影响的系统工程，它将改变人们的工作方式方法，直接影响企业内部的工作流程、物流、资金流，影响企业对这些流程的可控性、企业经营的透明度和企业经营信息的作用，改变企业工作岗位设置和岗位管理制度等。成功实施 ERP 系统必须要遵循系统工程的思想，并把实施 ERP 系统的过程看成伴随企业成长的过程，ERP 系统管理思想与企业传统理念有一个磨合过程，两者共同争取不断适应新环境、政策、市场、能力、资源等多种动态变化因素的影响。以 ERP 原理、管理信息系统和企业信息化的理论为基础，用简单的、有效的、实用的技术解决动态、多变、复杂的 ERP 系统实施中遇到的各种问题。使 ERP 系统实施成本低、见效快、易掌握、易理解和推广应用。

7.1 ERP 系统实施概述

7.1.1 ERP 系统实施原则

ERP 系统实施历时长、影响面广，是企业的全面革新。因此，在 ERP 系统实施过程中应遵守如下相关原则，才能提高 ERP 系统实施的成功率，最大限度地降低实施成本。

1. 时效原则

ERP 系统实施过程中难以控制的因素之一是时间问题。墨费定理告诫我们，信息系统项目往往实施时间会比预计的长得多。有效地控制好实施时间是成功实施 ERP 的重要因素之一。实施时间的长短事实上与项目预定的目标、企业原有的基础、实施组织领导、对实施难易程度估计和准备等因素有直接的关系。在确定项目实施时间时不能太长，也不能太短。实施过程有许多工作要做，而且对主体企业而言往往是第一次，没有经验。时间太短，工程无法按期完工，影响系统实施质量；时间拖久了，使人感到气馁和失望，成功的机会将会锐减。

实施时长必须根据项目预定的效率和效益目标，以及企业原有的人、数据和装备等基础条件来制定。项目的效率和效益是实施规划已经确定了的，并得到专家审核通过、领导批准同意的目标，在实施时已经明确。需要注意控制的是这一目标不能随意更改，必须有一个相对稳定的目标。但是，事实上由于主体企业对信息化实施过程是第一次，存在着许多尝试性的工作，在实施过程中探索、积累经验，未知的情况常有发生。项目目标的稳定性和时间的稳定性、预见性都是相对的，实施过程中要有计划、有控制、有分析，有提高和改进的过程。同时还要有处理突发事件的能力、机制和思想准备。

2. 关键因素原则

抓好ERP系统实施的关键因素，可以达到事半功倍的效果。因此，ERP系统实施过程中的每一个阶段、每一个环节都必须搞清影响实施成功的关键因素。ERP系统实施的每一个项目成败的关键因素都会涉及人、财、物。所以，ERP系统实施过程中对人、财、物有着特定的要求。

人是ERP系统实施过程中最重要的因素。ERP系统的服务对象是人，ERP系统采集的数据大部分是由人提供，ERP系统的运行管理需要人的管理、控制、维护，ERP系统产生的信息仍然需要人利用，通过利用信息才能使ERP系统发挥作用，信息才能成为资源。ERP系统是一个人机系统，在这一系统中人起到主导作用。实施ERP系统是对人所处工作环境、所执行工作方式的一场革命，企业各级人员必须对ERP系统实施有充分的理解，应当通过学习不断提高业务工作能力，适应快速发展的需要。在ERP系统实施过程中人的因素中，企业的高层领导是最关键的因素。高层领导的参与程度、中层领导的积极配合程度是ERP系统实施成败的风向标。高层领导不参与，或不支持，中层领导不配合，其结果必然失败。高层领导必须亲自抓ERP系统实施项目的建设。

财是ERP系统实施成功的保障。量力（财力）而行是ERP系统实施过程中，在规划时首先要考虑的重要问题。经济性、高效性往往与实用性密切相关，在ERP系统实施方案可行性研究时，从经济上测评系统是否可行，是其中的一个重要指标。在整个项目实施过程中要加强资金管理,其中包括资金使用的计划、记录、控制和分析等工作。

物是 ERP 系统实施成功的基础。在 ERP 系统实施过程中,对物的理解不能局限于有形的物质,支撑 ERP 系统运行的软件、数据、管理技术所包括的体制、思想、方法、模型等都是保证 ERP 系统正常运行的基础设施。技术的先进性不仅体现在有形的物质装备(生产设备、生产线)中,更主要体现在人们对技术的理解、掌握和运用中。在 ERP 系统实施过程中要抓好制度建设、数据标准化、规范化、通用化建设。

3. 分段实施原则

ERP 系统实施是一个持久的过程,随着企业的成长,需要不断提升企业信息化的程度,ERP 系统在不同的阶段发挥着不同的作用,将会产生不同的效果。ERP 系统实施往往涉及整个企业的各个方面。企业采用分段实施,既能稳步实现系统总体目标,又能明确现阶段的工作重点,还能降低 ERP 系统实施的复杂性。因此,企业基础条件、实施目标、针对企业信息化发展的动态需求,都要做好分阶段实施的计划,并具体地贯彻到实施过程中。ERP 系统的实施由点到面、由底向上,不断扩展、不断提高,从企业的业务层向决策层发展,由结点的企业信息化向供应链上的企业信息化,实现网络制造、网格制造、异地制造、世界级制造,不断提高信息的共享性,增加信息资源的经济价值。

4. 科学的发展观

信息技术、制造技术和管理技术都在动态地向前发展,ERP 系统实施要坚持科学的发展观,无论在 ERP 系统实施规划、计划和执行过程中坚持发展是永恒的,而不变是暂时的道理。企业的环境和内部机制都在变化之中。因此,ERP 系统必须适合这种变化,尤其是我国企业管理体制、人文思想、文化习俗更加体现出多变的特点和需求。把管理模式、管理体制、管理方法、管理思想融入 ERP 系统中,信息系统的结构、体系、功能、各种流程都要满足动态发展的需要。ERP 系统实施方法要充分体现求同存异的理念,符合科学的发展观,使 ERP 系统与企业具有相同的生命力。

7.1.2　ERP 系统实施方法

国内外 ERP 系统软件研发与供应商对 ERP 系统的实施作了较深入的研究,

形成了各自的实施方法，具有较明显的特色。

1. SAP 的实施方法与过程——ASAP

SAP 公司成立于 1972 年，总部位于德国沃尔多夫市，是全球最大的企业管理和协同化商务解决方案提供供应商、全球第三大独立软件供应商。在 SAPR/3 的咨询与实施过程中，广大 SAP 实施顾问通常采用线性 ASAP（AcceleratedSAP）方法，ASAP 是 SAP 公司为使 R/3 项目实施更简单、更有效的一套完整的快速实施方法。ASAP 优化了在实施过程中对时间、质量和资源的有效使用等方面的控制。ASAP 主张基于过去的 SAP 实施项目经验，加速当前 SAP 系统的实施过程，并且希望能够进一步改善当前系统的性能。ASAP 提供面向过程的、清晰、简明的项目计划。在实施 R/3 的过程中提供一步一步的指导。ASAP 快速实施方法共有 5 个步骤：项目准备、业务蓝图、实现过程、最后准备、启动技术支持，在 ERP 实施过程中，这 5 个步骤必须严格按顺序进行。对于每一个实施阶段，SAP 都定义了目的、完成的具体任务、采用的方法、工具、标准等。

（1）项目准备（Project Preparation）。这一过程最重要的工作是项目计划，项目计划的关键是确定项目的范围，要根据需求和能力制定合理的计划。主要工作有：建立项目组织、确立项目日程安排、项目队伍培训、网络环境和硬件准备、项目启动。

（2）业务蓝图（Business Blueprint）。这一阶段就是对企业需求进行分析，设计一个理想管理蓝图，再基于现在的需求和未来理想设计一个具体的目标，以及实现这一目标所需的工具、方法、组织结构、数据转换方式等，这一阶段是整个 ERP 项目的关键。主要工作有：业务流程现状分析（组织结构、流程）、未来业务确定（组织结构、流程）、确立项目文档标准、SAP 系统安装、管理层批准业务蓝图。

（3）实现过程（Realization）。把企业想实现的管理思想、管理理念、管理准则、考核标准、组织配置等放入系统中去，通常这部分工作完成之后，ERP 的基本模型就出来了。主要工作有：系统基本配置、项目组的高级培训、流程测试、设计接口和报表、系统测试确定与完善、外部接口及报表开发方案、建立用户权限和系统管理机制、准备最终用户培训。

（4）最后准备（Final Preparation）。将一些必要的数据放入系统中，检验系统运行结果（即系统测试），这部分工作完成之后，系统就可以上线运行并启动技术支持。主要的工作有：确定配置系统、最终用户培训、基本数据准备、初始数据的准备、上线计划设计。

（5）上线与技术支持（Go Live and Support）。系统上线、不间断的支持、持续的业务流程优化、项目评估及回顾。

值得强调的一点是，完整的项目实施必须具备高质量的文档，但传统的实施有时又会因为过多的文档整理而造成费用的增加。ASAP 的指导思想是：按照文档生命周期的长短赋予其重要性，对于生命周期长的文档相应地多投入力量。ASAP 并不是一个简单的方法，它是一个体系结构，支持这一体系的是一系列的方法论、工具、实施路线图、方案库、系统配置指南，此外还有基于管理理念的开发模型，基于角色的培训等内容，所有这些组成了 ASAP 体系。

2. Oracle 实施方法——PJM/AIM

Oracle Applications 是一套建立整体解决方案的方法，主要是由 AIM（应用系统实施方法论）和 PJM（整体项目管理方法论）等各自独立的方法论组成。这些方法论可以提高工作效率及项目实施质量。顾问在项目实施过程中，将用 Oracle Applications 实施方法论及实施工具来帮助实施，并将此方法论技术作为技术转移的一部分。

PJM——整体项目管理方法论，项目管理方法（PJM）的目标是提供一个主框架，使其能够对所有项目用一致的手段进行计划、评估、控制和跟踪。

AIM——应用系统实施方法论，AIM 分为以下七个阶段：

（1）建立实施策略。本阶段主要从商务和技术上来计划项目的范围，并确定项目的目标。这个阶段的工作，包括建立由公司主要领导为首的项目实施领导小组和各部门有关人员参加的项目实施小组，并开始对员工进行初步的业务管理观念和方法培训。具体制定出企业实施应用管理的策略和目标。

（2）业务流程分析。本阶段主要是定义项目的内容，即对现行的管理进行仔细地回顾和描述，从而认识项目的业务和技术上的具体要求。一般在这个分阶段要编写一个项目定义分析报告，可以更多地借助于 IPO 图的形式来描述目前的流程，并从中找出希望改进的地方，为进一步解决方案的设计创造条件。为此，需对项目实施小组的成员进行比较系统的业务管理概念和 Oracle 系统软件功能层次的培训。

（3）设计解决方案。本阶段主要是对上阶段形成的业务分析流程，结合业务管理的基本概念和具体的软件功能，逐项进行回顾、分析，以便对目前每个管理业务流程，提出解决方案。解决方案也许是直接可以套用 Oracle 应用系统中某些功能，也许是对现行管理流程做一些改进，也可能是对软件系统做一些必要的二次开发。这时一般应编写项目说明书之类的文档，作为一个里程碑也作为建立系统的设计任务书。

（4）建立应用系统。本阶段需根据前一阶段拟订的方案，对管理上（或组织上）需改进之处制定改进方案，包括调整分工、规范流程、统一方法、标准信息编码等。从软件来讲，系统初始化设计及二次开发工作可开始进行。这样建立起一个符合企业管理思想的应用系统。此时大量的基础数据的整理工作也将着手进行。

（5）文档编码。在建立应用系统的同时，除了必须对软件进行二次开发，按软件工程要求提供必需的文档以外，对管理要改进的流程及方法等方面，也必须编写或修改原来的制度、职责、流程图。这时，系统一旦建立起来，可着手对最终用户的主要应用进行培训。

（6）系统切换。为了减少系统实施时的风险，各职能部门分别按照自己的日常业务活动，参照已文档化的流程，运行计算机系统进行测试，以证实其系统是基本可行的。这时才开始正式向新系统输入数据、创建初态、定义参数、开始运行。为了保证切换的成功，这时项目领导小组要求及时地发布许多指令，来逐步地进行系统地切换。一般来讲，能有一个新老系统并行的运行期间，风险可更小些。

（7）运行维护。在并行一段时间后，事实证明系统是安全、可靠、可行的，那么可以正式投入运行。并在运行中作好有关的记录和报告，并及时地发现运行中的问题，以便进行维护和提高。

3. Kingdee Way 方法论——"金手指六步实施法"

金蝶公司经过多年的实践与改进，也总结了一个实施方法论——Kingdee Way。它是金蝶公司自 2000 年推出的具有品牌效应的系统实施方法——"金手指六步实施法"。Kingdee Way 实施方法论的指导实施顾问使项目管理结构更加标准化，为项目各个阶段设立优先顺序并描述最佳实践，可以达到组织期望成果的可预见性和可重复性，以及对整个资源的有效利用。

Kingdee Way 实施方法论的总体指导思想是在过程中要有遵循创新性（Innovation）、实用性（Usability）和快速性（Speediness）原则。ERP 系统的实施既体现业内最先进的方法论构架体系特性，又具有金蝶的差异化特点；既具有理论战略指导意义，又具有实战指导；充分体现公司产品策略和市场策略的快速配置、快速实施、快速应用、快速见效。

Kingdee Way 实施方法论体系架构由策略层、操作层和支持层三层组成。策略层是 Kingdee Way 的创新性体现，同时也是服务差异化的体现。内容包含基于快速实现目标的许多实施策略，例如通过经典规程库和经典报表库来快速匹配客户的流程需求和报表输出需求的快速实施策略。通过模块成熟度分析表来评估全盘实施的快速评估策略。操作层的内容包含项目管理的方法和工具，根据业内 PMI 的 PMBOK 知识体系，对 ERP 项目实施的整个生命周期进行合理科学的划分，按路线图（RoadMap）指引的方式清晰定义项目管理方法的六个实施阶段，其整体路线图如图 7-1 所示。每个阶段包括明确的任务、阶段交付物和里程碑，同时还包括每个阶段所用到的实施工具，例如预制模板和培训讲义等实施工具。支持层内容包含知识库，其中包括经典规章程序、经典报表库、模块成熟度评估表、行业解决方案、成功案例分析、实施经验共享等。金蝶 Kingdee Way——"金手指六步实施法"有项目定义、业务蓝图、蓝图实现、上线准备、系统上线和项目验收交付六个步骤。

（1）项目定义。项目准备；项目实施调研；指导顾客建立项目组；制定实施目标、策略和计划；召开项目启动大会。

（2）业务蓝图。由实施顾问对企业进行 ERP 理论及标准产品培训；在顾问指导下进行经典理论规程的学习研究和现行业务流程整理；制定企业新系统业务蓝图方案。

（3）蓝图实现。准备业务仿真系统的静态数据和业务数据；仿真运行关键业务流程；确定基于系统的业务蓝图；制定客户化方案；制定系统数据准备方案、系统上线方案。

（4）上线准备。安排数据准备工作；指导数据准备；检查数据准备；准备安全、有效的网络硬件和软件环境；完成企业信息化应用策略与规程的建立；完成最终用户的培训。

（5）系统上线。定义上线计划；系统初始化培训确认；执行初始化；系统初始化确认。

（6）项目验收交付。确认模块及系统实施和应用成果；确认企业在项目实施周期内所做的实施工作；进行项目总结；为引入售后服务做好铺垫工作。

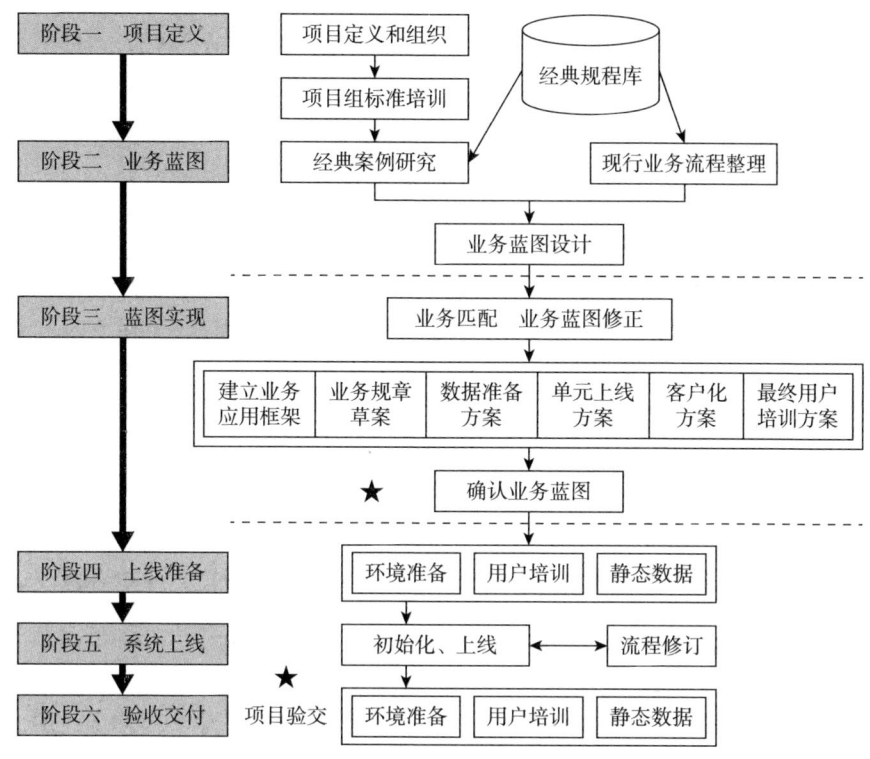

图 7-1　Kingdee Way 六步法整体路线图

4. 用友 ERP 实施方法论

成功的实施离不开科学地实施方法论的指导，用友的实施方法论贴近用友软件，规定了实施项目小组双方的责任和权利、行动规范、实施工具、项目管理规范等涉及实施流程全方位的内容，用友的顾问在方法论的指导下为客户提供高效可靠的实施服务。经过数十万用户的成功经验的证明，用友的实施方法论有效地降低了实施风险、缩短了实施周期、保证了实施质量，最大限度地保障了系统的实施成功率。他规定了项目规划、蓝图设计、系统建设、切换准备、系统切换和持续支持等用友实施标准流程，每个阶段都明确了实施目标、工作内容、交付成果和风险控制等，以确保各个阶段"里程碑"的顺利完成，随着里程碑的推进，整个实施项目将成功交付。

（1）IT咨询。帮助用户明确实施ERP整体规划，确定实施目标、任务、时间、负责人和预算，形成项目解决方案。

（2）项目规划。在此阶段成立双方项目小组，并通过实施主计划书的形式规定项目范围、实施步骤、双方承担责任、具体实施进度等规则，并帮助客户部署项目关键人员和关键任务。

（3）蓝图设计。帮助客户部署基本运行环境，并通过知识转移，培训用户了解ERP理念和产品，进一步了解用户需求，形成初步方案。

（4）系统建设。依据系统运行可靠环境，对解决方案进行集成测试，形成可行性解决方案和二次开发需求，并通过业务标准操作手册固化业务流程。

（5）切换准备。做好系统数据转换前工作，并建立相关系统运行、内部支持和业务权限划分等系统管理制度，以培训贯彻到相关用户。

（6）系统切换。通过静态数据、动态数据的转换和录入，确保系统上线并正常运行，企业生产进入ERP信息管理系统。

（7）持续支持。持续技术支持，并通过能力转移培养专业应用人才，总结项目经验和教训，共同验收项目，确保成功。

7.1.3 ERP系统实施的分步反馈法

ERP系统实施是一项复杂的系统工程，实施过程必须采用分步的方式，分步实施使复杂的实施工作简单化，同时，也可以更有效地控制实施进度、实施成本和实施所需的各种资源。

1. 分步反馈实施法原理

实施ERP系统不仅是配置软件系统，而且要增加、更新系统设备。硬件和软件的采购、安装、调试是一个技术问题，可以在信息系统供应商的支持下，在短期内完全按计划实现。但是，企业文化的转变、管理模式的改变、人们对新环境的接受、适应和新思想、新方法的认知都会有一个过程。为此，ERP系统实施分步是将项目全过程按如图7-2所示的模型运作。

在这个实施模型中，每个项目都要通过计划、执行、测试、反馈四个环节，在每个环节上分别有相关的组织起到关键性的作用或完成关键性的工作。在项目计划的制定与调整时，信息技术的咨询公司应当起到关键的作用，为正确制定或修整计划进行全面的指导；在项目执行过程中，系统供应商应当起到关键性的作用，供应商将提供硬件设备和软件系统，并负责全面的安装调试；在项目监测过程中，信息化工程监理公司应当起到关键性的作用，承担项目验收标准的制定、测试、分析、诊断等任务；项目实施小组参与项目的各个阶段工作，但是在信息反馈过程中应起到关键的作用，全面地负责项目阶段性总结，并实时反映在项目实施过程中遇到的各种困难，研究解决问题的方案或提出修改计划的建议。ERP 系统实施的每一步都必须在这四方面的全力合作下，针对主体企业的 ERP 系统实施需求不断滚动向前发展。

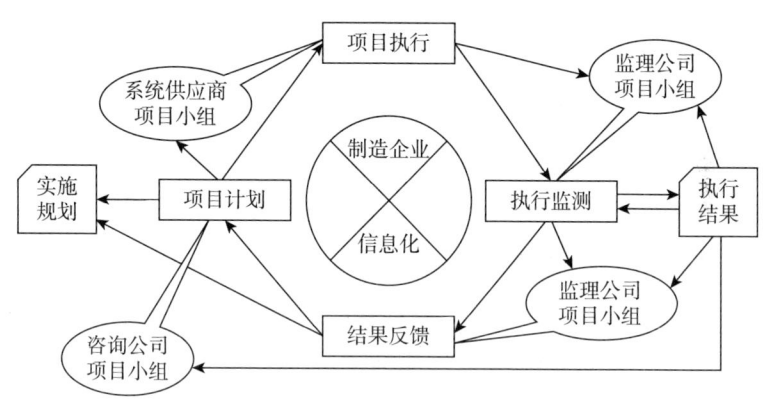

图 7-2　ERP 系统实施反馈模型

ERP 系统实施的原动力是企业宏观发展的战略目标需要。企业要在市场竞争中求生存和发展，必须不断地提高企业的内部活力和外部竞争力。要充分考虑企业实施 ERP 系统的效果和企业在信息化过程中的适应力、融合度，在实施 ERP 系统过程中及时反馈实施结果，若盲目加快实施进程，其结果只能是背道而驰。分步反馈过程在内部形成一个闭环结构，具有自适应、自平衡功能；在外部受到实施规划与实施结果的双力作用。实施结果是反馈与协调系统可持续发展的关键因素，其结果可能加速实施进程，也可以通过调整实施的侧重点，甚至减少企业 ERP 系统实施的投入，调整企业内部机制，来优化企业的资源配置，提高企业的综合实力，促进先进制造技术的引进、改造和提高等基础性设施建设。

2. 分步反馈实施法的特点

ERP 系统实施的方法有许多种，每种方法的共同点都是坚持分步实施，逐步完善。这不仅是由于人们对 ERP 系统的原理、应用和认识需要有一个过程，而且实施 ERP 系统无论对任何企业都存在很大的风险。对企业来讲是一次尝试，是一种战略性投资建设，必须首先积累经验，然后加大加快实施进程。分步反馈实施法不仅强调实施过程中的分步，并且将复杂的信息化工程分成四个重要的建设项目，强调每个建设项目内部的分步方法、反馈机制和各个建设项目之间的内在联系，分步反馈法的主要特点如下：

（1）项目性。分步反馈实施方法将复杂的 ERP 系统实施工程分解成若干个建设项目，明确了实施过程的组织和责任，使结构复杂的大系统简化成简单的子项目，便于整个系统实施的管理、计划、跟踪、监理、考核、测评、反馈和提高。

（2）反馈性。反馈是实施过程中的关键，没有反馈的实施方法会积累实施过程中遗留下来的不足，积多成害，冲击系统的正常运行，甚至造成信息系统失败，而本方法不仅强调各个子项目之间的内部反馈，自检、自评每一步实施的效果，并把测评结果及时反馈到下一阶段的工作中，及时发现问题，提出解决方案，在实施过程中不留隐患，而且还强调了各个子项目之间的反馈机制，从系统总体出发，测评每个阶段的工作效果，给出科学合理的评价，使系统实施的每个阶段按计划开展工作。

（3）协调性。分步反馈实施方法中明确各个子项目之间的每一步实施都要协调建设，把整个 ERP 系统实施项目看成一个倒置塔的累积过程，每个阶段各个子项目的建设程度又如塔心设置。显然，协调建设才是稳定、可靠的，否则将会造成系统失去平衡而失败。因此，还强调了 ERP 系统实施与企业的发展要一致协调。

（4）自平衡。反馈机制强调了系统内部的自平衡性，在 ERP 系统实施过程中，对每一步的测试、评价、反馈等的内部控制过程，更好地起到了系统实施进程中的自动平衡。数据建设、系统建设与员工的教育培训、制度建设之间的内部自反馈、互相平衡协调地向前发展。一旦在某一子项目建设过程中出现问题，不能协调发展，系统在测试、评价时阶段性进程就会出现越来越大的差距，失去平衡，限制整个系统的建设。

（5）系统性。ERP 的系统性、完整性要求强，不能为了满足简化、易实现的原则而忽视了系统性，把整个系统分裂实施，造成系统内部各个部分之间的不协调。分步反馈实施从系统内部、外部充分体现了系统的关联性、整体性和完整性等系统的特征，确保 ERP 系统实施的系统性。

（6）可操作性。高可操作性是分步反馈法的特点之一。首先，分步将复杂的 ERP 系统实施分解成简单的子项目，容易组织、落实子项目责任人，分别完成各自的任务；其次，各个子项目内部分阶段，明确了项目建设过程中的工作重点、要点和考核的主要指标。反馈机制的建立，在各个子项目内部有机地结合起来，承前启后，滚动发展，各个子项目之间相互协调，自平衡与外部相互协调。

7.2 ERP 系统实施规划

在 ERP 项目实施周期中，前期的总体规划阶段往往是一个容易被忽视的重要阶段，许多项目失败，就在于不顾企业自身的条件和需求，不合时宜地上了 ERP 系统，造成目标模糊不清，期望值不切实际，实施人员调配不力，遇到困难不知所措，在实施过程中迷失方向。

7.2.1 ERP 系统的实施规划原则与任务

ERP 系统实施规划通常是指长期、宏观的计划，是属于高层决策问题，是关于企业信息化发展的战略。企业信息化的发展应当服从于企业发展，企业信息化的规划是企业规划的一个重要组成部分，不能脱离企业的总体规划。

1. ERP 系统实施规划的原则

在 ERP 系统实施规划过程中应当遵循"总体规划、分步实施、协同发展、经济实用"的原则，针对信息化程度不同的企业，根据企业现状在 ERP 系统实施规划时，还应当同时考虑实施 ERP 系统实施项目的功能性、效率性、方便性、可靠性、安全性、可维护性、完整性和稳定性等原则。

（1）总体规划原则。项目实施的规划要站得高、看得远，立足现状、展望未来。ERP 系统实施规划要服从企业发展规划，同时还应当重视信息化给企业的发展带来的新机遇、新问题，要从企业发展、社会发展的总体角度去研究、制定 ERP 系统的实施规划。

（2）分步实施原则。ERP 系统的实施是一个渐进过程或阶段性飞跃突变，不可能一步到位。追求最先进、最完美的程度是不现实和不经济的，今天的先进将是明天的基础。技术方法、管理思想都在不断向前发展，分步实施不仅适应社会的进步、企业的发展，而且符合 ERP 系统实施的发展规律。

（3）协同发展原则。企业信息化涉及制造技术、管理技术、信息技术等众多技术，是一个集成一体化复杂的大系统。因此，企业信息工程往往受到各种因素的制约，片面发展、提高某一方面的技术不能达到预期的效果。协同发展是要求企业信息化过程中各种技术之间的协同发展，企业发展与社会进步的协同发展。

（4）经济实用原则。以效益驱动、示范、推动企业信息化是 ERP 系统实施成功的重要标志之一，遵循经济实用原则是实现这一目标的重要手段，为此，应当以精益思想做好 ERP 系统实施项目建设规划、ERP 系统实施项目投资规划、人员培训规划、系统网络、硬件和软件规划和资源配置规划等每一个规划，不断降低成本，提高效益。

2. ERP 系统实施规划的任务

在 ERP 系统实施过程中人们通常仅凭传统的经验，简单地看成经过选购软件、安装系统、调试验收、投入运行工作的顺序就完成了系统实施工作。没有很好地规划，就草率上马，往往造成巨大的经济损失。规划实际上是成功实施的基础和保障，要重视 ERP 系统实施项目的规划，明确其任务内容，落实工作。ERP 系统实施规划的主要任务是明确系统目标、项目建设时间和对相关资源的需求。ERP 系统实施规划的过程如下：

（1）建立 ERP 系统实施项目领导小组和 ERP 系统实施项目系统小组。组织落实是 ERP 系统实施的关键性起步标志。无组织的信息系统建设使 ERP 系统实施只能是支离破碎的归属于某一部门的子系统，无法达到一体化的集成系统要求。ERP 系统实施项目领导小组必须以被实施企业的高层管理人员为主，外聘专家、软件公司技术人员和相关监理人员只能作为顾问参与系统小组，实施过程中的重大决策必须由被实施企业领导决定，并付诸实现。领导小组的组长关系到 ERP 系统实施的成功率，领导的重视是成功的保障，这也是中国国情现状特点。组长必须拥有人事调动权、资金使用审批权和系统实施进程控制能力。ERP 系统实施系统小组承担 ERP 系统实施规划和阶段性实施工作。因此，ERP 系统实施系统小组人员必须建立一支系统的队伍，拥有各方面的技术人员。在组建系统小组时，特别要注重培养被实施企业的技术人员，被实施企业应当有各种层次的技术人员或必须培养各种层次的技术人员，确保 ERP 系统实施后的正常运行和管理工作开展。系统小组组长必须在本组内具有最高的技术权威，肩负着 ERP 系统实施规划和阶段性实施工作的主要责任。

（2）总体调研。要制定出科学合理的 ERP 系统实施规划，必须正确全面地了解企业的现状，才能把握未来的发展战略。ERP 系统实施过程中的调查方法通常分为初步调查和详细调查。因为总体调查是从企业长期发展战略的宏观层面上，了解 ERP 系统实施发展战略方向和目标、环境约束和达到的指标。所以在战略管理层面上做详细的调查，在作业层面上做初步调查。调查工作是在系统组组长的负责下开展，并写出详细的调研报告。

（3）建立规划矩阵。ERP 系统的实施将涉及众多因素，如何有效地充分利用资源，发挥制造企业的自身优势，提高企业的市场竞争力是衡量 ERP 系统实施是否成功的主要方面。要使制造企业信息化发展战略与企业发展战略协调发展，实现信息化促进企业发展，必须要有科学的发展观和可持续发展的理念，从繁杂的各种因素中寻找最佳解决方案，首先建立规划矩阵，规划矩阵是多维的空间，矩阵的解也是多目标的。而且不能简单地把这些目标转移汇聚成总目标，再通过这个总目标来筛选最佳方案。应当将这些目标作为决策方案的理论依据提供给 ERP 系统实施领导小组。

（4）制定 ERP 系统实施的总体方案。通过规划矩阵的求解，制定出一个理论上可行的逻辑方案，这个方案在时间上、空间上、技术上、企业资源配置上给出一个初步的总体结构和 ERP 系统实施阶段性进度计划，勾画出制造企业信息化的长期发展战略目标、指标和相应措施。

（5）ERP 系统实施可行性研究。对勾画的 ERP 系统实施总体方案应当从技术、经济、环境、可持续性等方面进行可行性研究分析。结合企业发展规划和现状、生产能力、产品质量和社会需求、政府政策约束等，选择最佳的方案。

（6）ERP 系统实施审批。制造企业的信息化工程涉及企业的生死存亡，在技术高速发展、市场激烈竞争的今天，企业必须参与竞争、不断成长，信息化不再是要不要搞，能不能搞的问题，而是企业要生存、发展必须要实施信息化。如何根据企业的现状和发展战略，最大限度地降低成本，获取最大效益的信息化是实施研究的关键技术问题，也是摆在企业领导者面前选择的重大决策问题。因此，ERP 系统实施规划必须由企业高层领导亲自审核、决定，主要审核信息化能否实现提高企业的核心竞争能力。

7.2.2 ERP系统实施企业现状调查测试

ERP系统是将制造技术、信息技术和管理技术等各种相关技术集成在一起的一个复杂的综合集成系统。它不仅能有效地反映企业各种资源的现状，而且能计划、配置、协调和利用企业的各种资源，充分发挥企业各种资源的作用，同时能有效地控制资源的利用。将企业的运作现场、管理水平、技术应用有机地结合起来，协调配置，使企业不仅能在管理上提高服务水平和市场竞争能力，而且能提高企业新产品的开发能力，新材料、新工艺的应用能力。不断提高制造企业的生产率和产品质量，使制造过程柔性化，制造组织国际化，实现异地制造、网络制造和网格制造。

1. ERP系统实施规划调查

在ERP系统实施时，要搞清楚企业在发展、竞争过程中遇到了哪些主要困难急待解决，其中有没有可以通过建设ERP系统能解决的情况。通过ERP系统解决企业遇到的困难所需要的各种资源是否具备，如何优化资源的利用，如何采用最佳的解决方案，同时投资少、时间短和见效快。

2. 企业信息化发展水平测评

企业信息化发展过程都会经历单元信息化、集成信息化和社会信息化三个时代，每个时代都有起步、增长、控制和成熟四个阶段。企业在信息化建设过程中必须沿着这三个时代向前发展，信息化发展时代不能跳跃突变，只能从一个时代走向下一个时代。但是在每个时代内部的各个阶段之间是可能会产生跳跃式突变，要根据企业内部条件和外部的环境因素来决定。事实上，要测评企业在信息化发展过程中哪个时代是比较容易的，要具体明确在该时代的哪个阶段相对较困难，这不仅是因为各阶段之间的模糊性，技术的交叉性和综合性，而且信息系统应用程度也存在着不稳定性。测评企业信息化发展水平是制定ERP系统实施规划的重要依据。

7.2.3 ERP系统实施规划的主要方法

ERP系统规划的方法有许多种，这些方法通常都是将企业规划的方法运用到ERP系统开发建设中来，没有充分考虑制造企业信息化实施项目的特殊性、动态性和时效性，更不能适应制造企业信息化实施过程中相关管理技术、制造技术和信息技术的协调性和综合性，仅仅是随着企业的发展而制订出相关 ERP 系统建设发展的规划。实际上，制造企业信息化建设的规划受到企业战略规划限制，同时更深刻地促进整个企业的发展。也就是说，企业发展战略规划应当充分考虑信息化建设将产生的效果，应当站在更高、更长远、可持续的科学发展观的角度来制定企业战略规划和 ERP 系统实施规划。

ERP 系统是管理信息系统的一个典型大型系统软件，因此，其实施规划方法可以采用管理信息系统规划方法。管理信息系统的规划方法主要有 1970 年由美国哈佛大学教授 William Zani 提出的关键成功因素法（Critical Success Factors，简称 CSF）、William King 战略目标集转化法（Strategy Set Transformation，简称 SST）和 IBM 公司提出的企业系统规划法（Business System Planning，简称 BSP），还有企业信息分析法与集成技术、目标优化法、投入/产出分析、投资回收法、征费法、零线预算法和阶石法等方法。其中关键成功因素法和战略目标集转化法在管理信息系统规划中应用较普及。这类方法简单、实用，而且更容易结合企业实际情况，遵守管理信息系统规划的一般原则。但是，其理论性不强，对项目实施规划过程及规划结果没有规范严密的推导论证，受人为因素的影响较大。

1. 关键成功因素法

在 ERP 系统实施规划过程中利用关键成功的决策变量来表示确定 ERP 系统实施成败的因素。其具体方法，首先要了解企业的目标，然后从中识别出关键成功的因素（变量），再建立系统的性能指标体系和标准，建立数据字典，通过性能指标测量来判别各因素是不是关键的成功因素，为企业高层领导规划决策提供依据。该方法以影响信息系统成败的关键因素为研究对象，分解这些因素，以提出解决关键因素的方案为目标，开展信息系统的规划工作。这在信息系统规划中抓住了主要矛盾，在高层应用一般效果较好，高层领导所涉及的问题大部分是关键因素，而中层领导和基层领导大部分时间处理和解决的是日常事务及大量的结构化决策。

2. 战略目标集转化法

这个方法首先要识别组织的战略集。考查该组织是否具有明确的战略性长期计划。如果没有，则要构建成这类战略集合。将与企业有关的各类人员、各类组织的目标、使命及战略构成战略目标集，并得到企业高层领导的确认。然后，从这一集合中找出信息系统的目标、约束及设计原则，将这一集合转化成信息系统战略。这一方法构建正确的组织目标集本身是一件十分困难的事，规划过程太简单、不具体、可执行性差。

3. 企业系统计划法

BSP 方法是把企业目标转化为信息系统战略的全过程。基于用信息支持企业运行的思想，先自上而下识别系统目标、识别企业过程、识别数据，然后再自下而上设计系统，以支持目标。进行 BSP 工作是一项系统性工作，要很好地做准备工作，准备必要的条件。如果准备不充分，仓促上阵，结果欲速则不达，危害整个工程。

7.2.4　ERP 系统实施规划报告

规划报告是 ERP 系统实施规划结果的正式书面材料，通常也称为 ERP 系统实施总体初步方案。它是企业在规划期内实施 ERP 系统的纲要性文件，将指导企业不断深化企业信息化建设，提高企业信息化水平。这一报告最终要提交 ERP 系统实施领导小组初审，企业的高层主管领导终审，获得企业高层领导批准后存档，并遵照执行。可见，ERP 系统的实施不能脱离实施规划，实施规划必须要具有高度的可行性。

实施规划报告直接关系到 ERP 系统实施的成败，在一般情况下，企业必须邀请具有 ERP 系统实施经验的咨询公司或高校研究机构负责完成 ERP 系统实施规划。报告主要内容如下：

1. 企业现状和需求基本情况

正确刻画企业现状和需求是正确制定实施规划的基础。企业现状描述不仅仅是对企业信息化装备状况、信息技术人员结构、信息技术水平、信息系统拥有状况和信息系统应用效果等与信息系统直接相关的状况，而且还需要概要性地描述企业的规模、性质、所属行业、生产特征、产值、财务状况、营销模式、营销渠道、覆盖范围等基本情况，要以调研报告的形式反映企业的实际情况和用户需求。用户需求是通过调研、汇集、分类、合并、识别和整理出的企业各职能部门对 ERP 系统的需求，用户需求的确定往往需要经过培训、调查、识别、描述、求真、调整与整理等各环节。当 ERP 系统实施处于起步阶段时，用户没有完整的信息化知识，无法提出正确、合理、有效的需求，这时首先要对用户进行培训、宣传、教育，让用户更多地了解 ERP 系统的原理、功能、性能、作用和要求，才能更好地配合 ERP 系统实施的需求分析。

2. 企业信息化现状测评

企业信息化现状测评是在广泛调查、详细分析的基础上，根据企业信息化发展过程测评指标，采集企业信息化功能、性能和应用三方面的指标值，按企业信息化测评方法计算出该企业的综合指数，依据测评结果初步确定企业所处的信息化时代和相应阶段。为制定该企业的 ERP 系统规划目标和建立规划矩阵提供科学依据。

3. ERP 系统实施规划矩阵

根据企业信息化现状和实施 ERP 系统的需求，以及企业信息化建设发展规律理论和 ERP 系统规划方法，列出企业发展所面临的主要问题和对 ERP 系统实施期望解决的问题，依此析取出实施 ERP 系统的子目标和总目标。实施目标的确定也可以从企业各基层职能部门到企业高层决策部门之间往返多次协商确定。但是，规划矩阵的目标和问题的分解与综合所需时间必须明确限定，才能按期完成规划任务，写出规划矩阵。

4. ERP 系统实施顺序

通过规划矩阵的分析、处理、求解，给企业信息化发展战略规划中将要实现的各系统功能和目标明确时序。明确时间、任务、功能、目标（考核指标）、经费、负责人及单位，给出按季度绘制的甘特图。ERP 系统实施规划的时序图中的任务不仅涉及信息系统的购买、安装、准备、试运行、切换和维护计划等工作，而且还必须包括企业信息化的培训计划，装备采购、安装与调试计划，旧系统改造（环境、硬件、软件和数据）计划，信息化工程施工计划，工作岗位设置与调整计划，管理制度调整计划，业务流程重组计划和资金使用计划。

5. 资源配置情况

要全面地描述将来 ERP 系统实测、掌控的资源和需要的资源情况，反映资源利用情况。

6. 可行性分析

ERP 系统实施规划方案需要从技术层面、经济层面、组织管理层面、企业外部宏观发展和企业内容基础条件变化等多个角度分析其可行性。同时，需要评估实施 ERP 系统对企业发展存在的潜在风险和产生的直接与间接经济效益。

7.3 ERP 系统实施过程

ERP 系统的实施是企业信息化工程建设的关键,直接影响到企业信息化工程建设的成败。目前,理论界、企业界都在寻找符合企业实际的 ERP 系统实施方法,ERP 系统实施方法是当前研究的热点课题,具有重大的理论意义和实用价值。2003 年 863CIMS 的主题项目,专门设立了《适合中国国情的 ERP》的专题研究。面对我国 ERP 系统实施成功率低、见效慢、投入大等问题大部分学者纷纷从实施主体企业、软件供应商和实施环境等方面反思,寻找其原因。设法通过解决实施过程中遇到的各种问题,试图提高 ERP 实施成功率。

对 ERP 系统实施方法的认识人们已经基本上达成了一致的共识:"在信息系统实施与运行管理过程中三分技术,七分管理,十二分的数据。"信息系统实施的成败,领导是关键、资金是保障,实施过程中必须要开展 BPR,重视基础数据的建设,人员的培训要与实施同步进行,而且明确了实施 ERP 系统是企业的一场革命。ERP 系统是现代管理思想的体现,企业的管理制度、管理方式和企业文化、员工的工作方式、习惯等对 ERP 系统的实施都受到制约,ERP 系统的实施要经过教育、立项、组织,然后才能实现其规划方案,持续不断改进。

7.3.1 教育

ERP 系统实施的教育分三类,实施前教育、实施中教育和实施后教育。实施前的教育也称为先行教育,往往采用聘请专家来企业讲座。实施中和实施后的教育也称为技能培训,往往选派一部分信息管理人员参加高校、咨询公司或软件提供商组织的专业培训。然后,由信息管理人员回企业培训企业内部员工。

1. 先行教育

先行教育是在 ERP 系统项目实施确定之前开展的教育工作。先行教育的主要对象是企业的高层领导。通过教育让企业领导对信息化工程有一个共识。了解信息化工程的意义、作用、概念等基本知识。例如:什么是企业信息化,企业信息化的作用,企业信息化的形式,企业信息化的特点,成功实施企业信息化的关键因素,ERP 系统实施的基本方法,领导如何实施 ERP 系统及其在实施过程中的角色。ERP 系统的实施会增加哪些成本,如何通过 ERP 系统实施产生效益等基础知识。只有企业的高层领导认识到企业信息化是制造企业解决众多的生产经营障碍的最佳方法，是制造科学管理的必由之路，企业信息化才会有出路，才能开展正确的实施工作，人员、资金和设备的投入才能得到保证，高层领导才会积极参与信息化工程的建设中来，并亲自监督信息化工程实施计划的执行，协调各部门之间的矛盾，信息化工程实施才有一个良好的开端。

先行教育也可以面向企业管理操作层的各部门负责人，使其了解信息化是现代管理新方法，是提升企业综合竞争实力的有效途径，也是企业战略性发展的方向。没有实施信息化，企业在将来的竞争中将处于劣势，不能全面、正确、及时地获得企业内外的信息。信息资源缺乏会造成竞争实力锐减，甚至于被市场淘汰。

2. 教育与培训

国外对培训含有教育（Education）和训练（Training）两重含义。前者侧重于哲理和概念，讨论ERP系统的原理和运行机制，如何运用ERP系统解决经营生产业务中发生的问题，主要说明"为什么要这样做，有什么必要，有什么效益"，是一种面向业务的培训。后者侧重于应用方法，主要说明"怎样做"，是一种面向软件的培训。一般安排在"教育"之后，结合ERP软件的实施进行。要知其然，还要知其所以然。只有明了"为什么做"，才能创造性地去处理"怎样做"。

ERP系统同手工管理的一个主要区别之一在于它是一种规范化的系统，它要求各级管理人员有严肃的工作作风，要求各个岗位人员都要用严谨的态度对待各种信息。在ERP系统模式中，每一项数据、名词和术语都有严格的定义，每一项事务处理都有严格的程序。它要求每个人员不仅知道本岗位的工作要求，也要了解本岗位的工作质量对其他岗位工作的影响，要求人人都从全局和系统的观点来理解和做好本职工作。只有各个岗位人员对ERP系统都有了系统的理解和统一的认识，明白了实施ERP系统的必要性和目标效益，通过培训转变员工的态度，实施中才能齐心协力，步调一致。ERP系统软件的功能再强，还要靠人去运用。

所以说，不能把培训简单地看成一次知识转移的过程，更重要的是转变观念的思想变革过程。当然，对于不同层次人员其培训内容的重点是有区别的，现分别讨论如下：

（1）企业高中层经理人员。对于各级一把手，侧重在于供应链管理和ERP

系统的原理和管理思想的培训，一般可以不谈过细的细节，若有兴趣也可以继续参加实施小组的培训。但是对项目实施中高中层经理人员必须关注的问题，应交代清楚。对实施过程中可能遇到的问题，如何判断是非，以及高中层经理人员应承担的责任和起到的作用，也要明白无误。这是项目前期阶段要进行的培训。在系统实施后期，要向高中层经理人员讲解如何查询所关切问题的操作方法，以及显示屏幕上各种信息数据的意义。

（2）项目实施小组成员。在所有培训工作中，对项目实施小组的培训是非常关键的。因为实施小组的成员，来自各个业务部门，有向基层部门贯彻落实不可推卸的责任，还有担任企业内部教员进行广泛普及的义务。项目实施小组的成员不仅要接受高中层经理人员的培训内容，而且还要对软件功能和操作非常熟悉，尤其重要的是能够自己或帮助别人用 ERP 系统解决企业的实际问题。

（3）部门业务人员。对业务部门管理人员的培训内容，应当基本上和项目实施小组人员的培训内容相同。每位成员不但对涉及本身业务的内容要非常精通，而且对相关业务也必须全面了解。只有从业务流程来理解 ERP 系统，才能理解一个部门的业务同全局的关系，才能理解每个员工自身工作同上下游流程作业的关系。

（4）系统员和程序员。系统和硬件的配置和维护，是培训 IT 人员的主要内容。当然，也应当对供应链管理和 ERP 系统最基本的原理有所理解。各类人员培训的内容、培训时间、教员等说明，如表 7-1 所示。

表 7-1 培训计划表

层次	培训对象	培训内容	时间	地点	教员	备注
1	企业高层管理项目领导小组、项目实施小组	供应链管理、ERP 原理和管理思想、项目管理与实施方法	1～2 天	企业外某处全脱产培训	咨询公司培训机构	项目前期阶段培训
2	实施小组成员	上述三项、内部集成与管理思想、计算机概论、怎样做好培训	10～20 天 2～3 天	企业内或企业外某处全脱产培训	同上 软件公司 企业信息部主任	同上以及购买软件以后
3	系统员	ERP 系统管理	7～20 天	企业内	软件公司	

（续表）

层次	培训对象	培训内容	时间	地点	教员	备注
4	职能组成员	基本内容同层次2，兼顾全局	10～20天	企业内	实施小组成员	
5	操作人员	软件应用	根据需要反复多次	企业内	实施小组成员	
6	继续培训	基本同层次5	有计划、有重点分批多次			

对于教育培训阶段的评估，由于这一阶段贯穿系统实施的整个过程，因此，一般在每次培训后，采用学员考核的方式进行评估。

7.3.2 组织与立项

1. 组织

确定信息化工程实施项目的同时要落实信息化工程的相关组织和负责人，使信息化项目在组织上得到保证，确保人才的需求和对人员结构、技术结构、知识结构的合理协调。在信息化工程实施过程中对企业原有的组织必须开展BPR，从确保流程畅通的角度认真研究组织的内涵、本质、性质、任务、范围、职责。特别是必须先建立信息化实施项目小组。

（1）成立项目小组和项目指导委员会。项目小组人员大部分是信息系统未来的接管者。因此，项目小组必须包括信息系统各个层次的用户。项目小组负责具体的实施工作，其主要工作内容有：制定实施计划、实施计划、记录、报告计划执行进度及存在的问题，提出解决问题的建议，分配企业已有的资源。

实施计划要求足够详细。时间要明确到天，任务要明确到人。必须做到参与项目的每个人都落实到每天的工作内容。

信息化实施是一个十分复杂的工作，还需要成立项目指导委员会。项目指导委员会对项目计划的执行情况进行定期审查，及时解决问题、协调矛盾，确保项目的实施顺利进行。项目指导委员会对项目实施关键路径上的任务出现严重拖期的情况时，应当考虑：可否重新安排企业现有资源以保证项目的使用、可否从企业外部获得资源、项目所要求的任务是否都是必要的、是否重新计划项目的某一部分？解决上述提问实际上是调节工作量、时间和资源的问题。当项目负责人无法确认时，召开项目委员会会议决定，一般情况下项目指导委员会每个月至少开一次会。

（2）确定企业项目负责人。项目负责人是项目成败的关键人物。通过项目负责人带领全体项目组人员按期、按质、按量地完成预定的任务，达到预定的目标。因此，企业项目负责人首先考虑企业的最高领导，即企业的核心人物总经理或副总经理。项目组的负责人在企业必须拥有决策权，不能遇事还需要请示、讨论、等候答复。这样信息系统肯定无法按期完工，在信息化实施过程中肯定会遇到事先没有考虑到的各种问题。项目负责人遇事要果断。在项目负责人的人选上，不宜选用单纯技术专家，更不能选用外来人员或计算机系统人员。从表面上看，这些人员都具有技术、经验的优势，能有效地解决信息化实施过程中的主要技术问题。但是，事实上信息化工程是管理系统，是对企业资源的有效控制、分配，在系统中人是关键，系统是基础，系统不成功的关键因素是人而不是设备或技术。

一个好的项目负责人具备以下条件：专职、来自企业内部、具有企业运营某个方面的经验、是企业内有影响的而不是无足轻重的人物、在企业内工作了相当长时间受尊重的管理者。

2. 立项

ERP 系统实施项目的立项是关键，立项意味着将明确了下一阶段的实施目标、预计费用和期望的效率、效益。在立项之前首先要进行论证，全面地考察项目的成本、效益和潜在的影响。立项工作一般要经过论证、立项、批准，项目才能生效。

（1）论证。项目论证涉及整个项目的决定性因素。论证一般需要聘请咨询公司或高校信息化专家的指导，在专家们的帮助下对企业的基础设施、经济实力、投资成本、预期效益和成本回收期等全面论证，确保项目顺利实施。在项目论证时，对咨询专家的建议要十分重视，并对提出的质疑要有解决方案和足够的思想准备。在传统的信息化实施过程中项目的论证是以企业为主体，专家为指导，特别是软件供应商的参与对论证结果起了很大的作用。

（2）立项与批准。项目论证工作是一项关键性的工作，也是一个反复修改提高、完善的过程。在实施项目论证时，系统分析员与企业管理人员必须经过多轮次的协商，最后项目方案供企业领导审批，审批通过才完成了立项工作。领导在立项审批时要抓住主要问题，审核方案的可行性、时效性和对人员调动及思想工作的难易程度，审核项目的培训计划、投资计划、项目进度计划、目标实施计划等初步的实施计划。

7.3.3 ERP 系统选择

ERP 系统选择就是选择适合企业行业的 ERP 软件及供应商。软件选型过程是实施 ERP 系统几个最重要的阶段之一，因为这直接决定了整个项目的成败。由于实施 ERP 系统投资数额大，一旦一种软件包选定后就很难再转向另一个，因此，这就要求"第一次就做好"，而绝不容许有差错。企业在选择软件时，最主要的是看软件是否适合企业行业的特点，有多少成功的先例。要突出"适用的就是最好的"的原则。当然，所谓"适用"，是兼顾了近期和远期发展的要求，不是只看眼前。

选择软件实质上是选择提供软件的合作伙伴的问题。企业要发展，对 ERP 系统会不断提出新的要求。信息技术和软件研发也在发展，会不断提供新的功能。因此，企业和软件供应商需要建立一个长期合作的良好关系，才有可能共同发展。除此之外，还要考虑以下一些因素。

第一，如何看待软件产品，对软件产品可以从以下几个方面来看：

一看功能，选择软件首先要注意软件的功能，一般可以从以下几个方面来观察：

（1）软件必须正确描述企业的物流，必须能够确切表述产品结构。

（2）软件必须正确描述企业的资金流。

（3）软件必须满足企业组织机构和相互关系的特点。

（4）其他注意事项，包括以下与功能相关的问题：

① 软件必须是成熟的，企业如果甘当软件公司的"试验品"，通常是要冒风险的。

② 软件必须满足企业要求，过多的二次开发，会影响实施进度，同时会增加实施成本和风险，不利于软件升级，甚至影响同软件供应商的长期合作。

③ 软件必须满足企业今后的业务流程重组。

④ 软件不仅满足企业特定事务处理的功能，还必须提供各种分析，如数

据挖掘、辅助决策和优化的功能。

⑤ 软件的操作界面友好，转换敏捷方便，能够体现业务流程顺序。

⑥ 软件必须提供各种报表（不仅是财务）用户化生成的功能。

二看技术，软件功能的实现，很大程度上受采用技术的限制。换句话说，先进技术是为了实现管理需要的功能而存在的。如果管理有所需求，但是缺少必要的技术，软件系统就无法实现所需的功能。管理需求、信息技术和软件功能三者之间的关系，依然是管理驱动。为实现必要的功能，软件需要具备的主要技术有以下几个方面：

（1）能否支持供应链管理和电子商务。是否基于 Web（Internet），是否采用适应计算机和网络通信技术的发展的通用标准。

（2）能否支持在线分析处理（OLAP），数据库是否开放。提供不同层次的决策分析功能。

（3）能否支持业务流程优化和重组，软件开发是否采用基于组件的开发技术或基于工作流程设计的开发技术。适应企业的业务流程重组和组织机构的调整变动。

（4）权限设置技术是否可靠，是否可以定义到任意字段或最小对象，满足安全保密的要求。

（5）系统安全和恢复。

（6）软件开发工具尽量开放和易用。

（7）原有资源的保护问题。

第二，如何看待实施服务，实施服务主要包括实施前的售前咨询以及实施后的售后服务，这里着重讨论售后实施服务，可以从三方面来考察。

一看实施服务的实力。当 ERP 项目的售后服务和实施由软件公司担任时，考察其支持实力尤其重要。国内外软件供应商都会有一批优秀的实施支持顾问，但更重要的是看具体派什么人来担任本项目的工作，实施服务工作的好坏最后要落实到具体的人，要了解今后是由谁来做具体的实施。

二看文档齐备。所谓文档包括用户手册、培训教材、帮助文件、学习光盘等。一个成熟规范的软件供应商应当具备成套的文档资料。这里强调文档齐备，是出于"企业主体意识"的原则，是为了企业能够长期自主地掌握软件的使用。

三看软件的价格。当前国内外 ERP 软件的价格千差万别，相当混乱，甚至无法通过价格来判断是否"物有所值"。在这种无序的竞争环境下，企业可以从以下几个方面来应对价格问题：

（1）明确软件提供的功能能否满足企业的需求，选择的标准重点是能否解决管理问题。

（2）运用投资效益分析的方法，判断投入与产出的关系。

（3）明确提供服务的质量。

千万不要把价格作为选择软件的首要标准或唯一标准，一定要参照上述各个方面，综合考虑。有可能的话，成立一个专门的评估委员会来进行上述工作效果的评估，委员会应当包括各个部门的人员（最终用户），高层管理人员（尤其是CIO或是CEO）和咨询人员（软件专家）。

7.3.4 实现

分阶段实施已经成为ERP系统实施的一致共识，在管理技术与信息技术集成上由MRP、MRPⅡ、ERP和电子商务，向ERPⅡ发展。在ERP系统的实施某个项目从准备到切换也是逐步完成，需要经过数据准备、管理制度完善、业务流程管理、信息系统配置、计算机试点、模拟试点、现场试点，最终进行系统切换，新系统投入运行等各个阶段。

1. 数据准备

在运行ERP系统之前，要准备和录入一系列基础数据，这些数据是在运行系统之前没有或没有明确规定的，故需要做大量分析研究的工作，包括一些产品、工艺、库存等信息，还包括了一些参数的设置，如系统安装调试所需信息、财务信息、需求信息等。只有充分了解了ERP原理、方法，并经过培训后理解了各项数据的作用和需求后才能开始准备数据。数据准备包括数据的收集、分析、整理和录入等项工作，除了需要专门的人员处理外，还应该应用专业的软件。

（1）数据准备的要求。数据准备的要求是及时、准确和完整。企业中有很多现成的数据，不需要过多加工就可以直接使用，如材料消耗定额、供应商档案等。还有的数据需要经过重新分解或组合，如工艺过程卡、物料清单、产品结构图等。还有相当一部分是现行管理中没有使用的数据，如各种编码，包括物料号、货位、工作中心的划分等。甚至有的数据需要组织几个部门共同参与确定。

（2）保证基础数据的质量。实现 ERP 系统对于企业来说是一项耗用大量资金和时间的工程，需要企业倾注大量的时间和精力。基础数据的质量和良好的维护是成功的先决条件，基础数据有错误就会导致整个系统失败。为保证基础数据的质量，企业要切实做好以下几点：

① 定义关键的数据元素，如物料代码、工艺路线、物料清单、工作中心、订货策略、项目类型和损耗率等。

② 数据导入之前，将计算机系统的信息需求与信息使用者的需求进行核对，使每个人提前知道什么信息是有用的、报告是什么样的，如果有问题应及时解决。

③ 定义要装入计算机系统的全面信息和信息来源。有些信息是不可缺省的，而有些信息是可有可无的。确定所用的数据项需要有专门的人或部门负责。

④ 指定特定的数据录入人员。

⑤ 有些数据元素不是常数，时常会变化，其变化情况必须在计算机系统里得到反映，对此要通过定期检查来实现。

操作数据是管理和控制企业运作的基础。将这些数据装入计算机的先后次序由计划使用它们的时间来确定。

在对这一阶段的工作进行评价的过程中，主要是收集一些基本数据，主要考察这些数据的合理性、准确性和完整性。

2. 系统配置

所谓系统配置就是为 ERP 系统配置适合其运行的软件、硬件及其他的运行环境。主要的工作中心就是构建企业系统运行的网络环境，包括相关软硬件的购置、安装。这个阶段的工作依据是系统实施前期规划阶段所做的系统实施计划、可行性分析报告以及所选择的 ERP 系统的运行配置要求。本阶段的评价工作在于：软硬件购置方案的科学合理性及经济效益，系统运行网络环境的性能，系统安装计划的可执行性及安装文档的完备性等方面。

3. 计算机试点

计算机试点的目的是确保软件能在计算机上正常运行。并且通过试点，让企业的系统操作人员和系统管理人员对系统的功能更加了解，计算机试点的参与人员主要是系统管理员和数据处理人员。在计算机试点时可以采用系统自带的教育模拟企业数据，首先做演示性质的操作表演，然后进行实际练习操作。

一般情况下，计算机试点工作在购买信息系统软件前在软件提供商那里就开始了。应当先了解系统的总体功能及操作界面。

4. 模拟运行

实施 ERP 这样一个大型的信息系统，涉及企业所有的主要业务部门，关系到各个业务流程细节，想不"排练"一下就拿到实际中去应用，是带有极大风险的，这种风险对于中小企业来说，往往是灾难性的。不论是哪个模拟阶段，都要事先拟出模拟提纲，记录模拟过程和结果，寻求正确的运行方法。总之，要建立模拟运行档案，作为项目管理的阶段成果，供下一步改进工作的依据。这也是项目管理中文档管理的重要内容。通常，实施 ERP 系统有以下几个模拟运行层次：

（1）软件功能模拟运行（原型测试）。软件功能模拟运行的主要目的是弄清楚软件的全部功能、信息的集成程度以及各个参数之间的关系及相互影响，一种数据的准确程度对其他数据的影响。学会使用软件的各种指令、功能，测试软件的运算速度；深入理解 ERP，列出现行管理流程同软件系统的流程之间的差异，分析差异，确定进一步解决方案；弄清楚软件各种报表的作用，学会运用系统提供的报表来分析问题和决策；发现容易混淆的观点，在扩大培训时重点讲解，作为编制企业内部案例式教材的依据。

软件功能模拟必须是各个功能模块同时进行，这是一次系统的测试，各功能模块单独运行不能掌握模块之间的系统关系。在分模块实施的情况下，会有这样的不足。模拟运行由项目经理亲自主持，全体项目小组成员参加。

（2）实战性模拟运行。所谓实战性模拟运行是切换至 ERP 系统前的运行，一般仍由项目小组成员在计算机房进行，也叫会议室模拟（Conference Room Pilot）运行。模拟运行的主要目的和做法是：测试用户化的系统，把经营管理中的实际数据输入到系统中，进一步验证，直到确认符合管理需求，可以放心地实际应用为止；检查数据的准确性和合理性，确定系统运行用到的各种参数；调整和确定各种凭证和报表；编制实施 ERP 系统的工作准则与工作规程，测试文件的实用性，补充完善，提交审批通过后执行；根据模拟结果的要求，制订企业管理改革措施。

模拟结果要使 ERP 系统真正运行起来，使企业全体员工亲眼看见 ERP 系统模式的做法和实效。

5. 现场试点

计算机试点与模拟试点都采用假设的企业数据运行，往往是按预先约定的管理模式运行系统，一般不会出现问题，系统的运行也是在培训专家的指导下开展，一般都会正常，异常都是人们操作失误造成的，很容易发现问题的原因和提出正确的解决方案。但企业的管理模式、管理制度、企业文化、生产的产品和企业所属行业的差别都会遇到上述试点中没有发生的各种问题。现场试点采用企业真实的数据、真实的操作环境、真实的约束，并且操作人员各自独立操作、执行信息化环境下的规章制度，遇到问题独立解决。虽然现场试点仍然没有正式启用系统。但是，信息系统的运行与实际企业系统同步。现场试点也称为试运行，参加试点的职能部门的工作量是新旧系统工作量的总和，员工会付出更大的人力和精力。因此，现场试点的时间要尽可能短，降低成本，减少员工的工作量。

6. 系统转换

现场试点一旦成熟，立即进行系统转换，停止旧系统的运行，启用新系统。系统转换过程越短，虽然成本低，但是风险大。为了降低成本，避免风险，往往要做好大量的准备工作。基础数据准备、教育培训准备、系统测试准备这些尤其重要，关系到系统能否转换成功。系统能否转换，主要考察试运行过程与结果，如果系统试运行稳定，结果正确，表示系统稳定、可靠，可以转换。否则，系统不稳定或不可靠，不能转换。

系统转换是系统实施的关键性工作，系统在什么时间转换，以什么方式转换，需要经过信息化委员会审批同意。系统转换不仅仅是企业管理工作方式转换、管理制度转换，而且是一种体系向另一种体系的转换。在转换过程中要做好整个转换的准备、记录、分析等工作。新系统的计划、控制、分析、督查等配套要完善。特别是信息系统的跟踪、监控、维护工作要跟上。

7. 运行维护阶段

一个新系统被应用到企业后，实施的工作其实并没有完全结束，而是转入到系统运行日常维护和做相关记录与报告，以及需要对系统实施的绩效进行评价，还有就是根据需要做下一步的后期支持阶段。这是因为有必要对系统实施的效果做一个小结和自我评价，以判断是否达到了最初的目标，从而在此基础上制定下一步的工作方向。还有就是由于市场竞争形势的发展，将会不断有新的需求提出，再加上系统的更新换代，主机技术的进步都会对原有系统构成新的挑战，所以，无论如何，都应该在巩固的基础上，通过对企业ERP系统实施的业绩评价，制定下一目标，再进行改进，不断地巩固和提高。当前，国内外对于ERP系统应用绩效评价的研究，不管是评价思想、指标体系，还是评价方法和模型，都有一套成熟的评价标准体系。因此，这个阶段的评价工作不是本文研究的重点。

综上所述，ERP系统项目实施的全过程可以看成前期工作、实施准备和切换运行三个阶段，每个阶段有若干项具体内容，如图7-3所示。在ERP的前期工作过程中重点是企业诊断、需求分析和软件选型，在实施准备阶段的工作重点是系统软件、硬件的选购、安装、调试和数据准备，特别是数据准备工作繁杂、时效性强，需要认真仔细地查核。

7.4 XG集团ERP系统实施案例

XG集团在实施ERP系统之前已经自主研发了部分管理软件，而且已经初步建立了信息化建设的队伍，也做了较翔实的ERP系统选择，但是，ERP系统实施的最终没有得到成功，至今仍然值得我们深思。

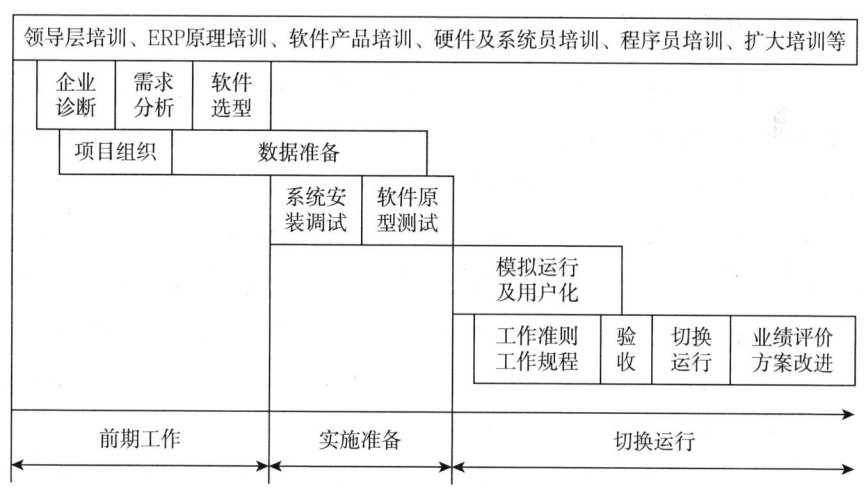

图7-3 ERP实施进程示意图

7.4.1 XG集团实施需求

河南XG集团（以下简称XG）当时是机械行业100强的国家重点企业和河南省重点组建的12户企业集团之一。集团拥有2家上市公司，8个中外（港）合资公司和21个子公司；拥有员工4 260人，各类专业技术人员2 550余人，其中本科生1 375人，硕士生216人，博士、博士后34人，国家级有突出贡献专家8位；集团中母体公司占地面积60万平方米。XG在坚持把主业做强、做大的同时，不失时机地跻身于民用机电、电子商务、环保工程、资产管理等行业，并取得了喜人的业绩。多年来，XG集团坚持"一业为主，多元发展"的经营战略，支撑着企业的快速发展，2001年XG集团实现销售收入28.8亿元（含税）、利润2.5亿元，比2000年分别增长34%和9.75%，各项经济技术指标再创历史最好水平，继续保持行业的龙头地位。但是，随着企业规模扩大，管理、信息、流程等方面的问题越来越突出，急需规范业务流程，提高工作效益和质量；及时、准确、全面地收集企业各类数据信息，信息流的阻塞已经成为企业发展的重要影响因素；另外提高企业产品成本的可控性已经成为企业增效的主要途径。实施ERP系统已经成为企业管理水平提高的有力支持工具。

7.4.2 ERP系统选择过程

XG在ERP选型时，十分重视软件的适应性，前后接触过包括SAP、Symix、浪潮通软、利玛等国内外多家ERP厂商，并详细分析各家软件厂商提供软件的功能特点。首先分析了世界排名第一的SAP产品，SAP的软件报价太高，软件费100万美元，实施服务费100万美元，合计200万美元。当时，集团对ERP项目的预算只有500万元人民币，显然投入不足无法选用SAP。详细考察了国内著名ERP软件公司浪潮和利玛等，分析与评价结果表明国内软件厂商的设计思路和企业自主开发设计的软件已实现的功能相差不大，即系统功能不全与性能不高，没有突破性提升。最后选择了Symix。

Symix公司创建于1979年，总部设在美国俄亥俄州，长期从事专业企业管理软件的研发和推广，1995年在中国设立了赛敏思软件技术有限公司，公司倡导的"客户同步资源计划（CSRP）"理念已受到业界广泛关注并获得了客户认可。Symix公司的SyteLine软件系统在国内客户总数目前已达140多家。2001

年初，Symix 正式更名为 Frontstep，将公司业务从企业资源计划向全面的电子商务解决方案拓展。

XG 当时的产值是 15 亿元，相当于美国中小型企业规模，而 Symix 在中小型企业做得不错，软件价位也比较适中。而且按照一般的惯例，整个项目费用分三次支付，Symix 提出的更优惠的条件，可以分七步付款的方式，大大降低了用户的风险。

7.4.3　ERP 系统实施过程

1998 年初 XG 与 Symix 正式签单，并开始推进 ERP 系统实施，按计划进展都很顺利。包括数据整理与创建、业务流程重组与实现，以及物料清单创建和工艺路线整理都很顺利。Symix 的售后服务工作也还算到位，培训、现场指导，基本完成了实施 ERP 产品的知识转移。另外，为培养 XG 自己的二次开发队伍方面也做了一定的工作。一切都朝着成功方向发展。但是，到 1998 年 8 月份 XG 内部为了适应市场变化，开始进行重大的机构调整。原来，XG 没有成立企业内部事业部，而是以各个分厂的形式存在。而各个分厂在激烈的市场竞争中，出现了这样的怪现象：XG 自己制造的零部件，比如每个螺钉在公司内部的采购价格高于同类市场价格，因此必须进行管理体制改革，组织结构做大的调整。

大调整的结果是将这些零部件分厂按照模拟法人的模式来进行运作。XG 的想法是给这些零部件厂商两到三年的时间，如果还生存不下去，再考虑其他办法，如工人下岗、企业转产、倒闭等。企业经营结构变了，而当时所用的 ERP 软件流程却已经定死了，Symix 也似乎无能为力，想不出很好的解决方案。于是 XG 不得不与 Symix 公司友好协商，项目暂停，虽然已经运行了 5 个月，但是继续运行显然已经失去了意义。Symix 的 ERP 在那时只是在 XG 一些分公司的某一些功能上还在运行。

实施 ERP 计划在前在先，而且已经投入运行，公司结构大调整在后。XG 高层在调整的过程中，更多的是关注企业的生存，企业经营的合理化和利润最大化，显然没有认真考虑结构调整对 ERP 项目的影响。这是造成 ERP 系统实施失败的主要原因。

7.4.4 XG 集团 ERP 系统实施引发的思考

XG 实施 ERP 系统的过程和对 ERP 软件的详细分析，选择适合当时企业管理运行模式的软件系统都是宝贵的经验，但组织结构大调整给 ERP 系统带来了巨大的影响，这无论是软件厂商、用户单位还是咨询单位都可以通过结果吸取教训。

（1）软件研发商。用户需求不变是相对的，而变化是绝对的。软件是否能紧随用户的需求适时变化，应当作为衡量软件性能的重要因素之一。只重视软件功能、价格，忽视二次开发能力和软件本身的自适应性是本案例实施失败的根本原因。

（2）用户。用户对 ERP 系统的性能、功能、原理、特点的掌握不能停留在信息中心的专业人员，知识转移是全员性的，高层领导更重要，否则出现问题不详其因，造成错假案。

（3）咨询顾问。用户与软件厂商往往存在利益趋向的不同，咨询顾问不仅要协调双方利益分歧，而且，要明确实施过程中各种异常突发事件的后果，及时调整实施计划，变更实施方案，包括二次开发的工作量、开发时间和费用。

本章小结

本章分别介绍了 SAP 公司、Oracle 公司、金蝶公司和用友公司等国内外著名软件提供商的 ERP 系统实施方法，以及分步反馈实施方法。将 ERP 系统实施作为企业信息化的重要工程，全面地综述了 ERP 系统实施规划的任务、原则、方法和具体方案等内容，围绕 ERP 系统实施前规划、实施过程中控制和实施后的评价等理论与方法，详细地系统介绍了 ERP 系统实施的过程和步骤，并给出了各实施阶段的主要工作内容与时间进度计划，具有 ERP 系统实施项目计划制定的指导与参考价值。

习 题

一、名词解释

1. 实施规划　　2. 分步反馈　　3. 项目审计　　4. 系统实施

二、简答题

1. ERP 系统实施规划的主要任务是什么？
2. ERP 系统实施规划需要遵循什么原则？
3. ERP 系统实施前为什么要测评企业管理信息化水平？
4. 如何开展 ERP 系统实施规划？
5. ERP 系统实施规划报告主要有哪些内容？
6. ERP 系统实施过程主要有哪些阶段？

第 8 章　成功实施 ERP 系统关键因素

ERP 是一种面向供应链管理的现代企业管理思想和方法，它能把企业生产经营过程中的有关各方（如供应商、制造商、分销商和客户等）纳入一个紧密的供应链中，有效地安排企业的产、供、销等活动，满足企业利用社会的一切市场资源，快速高效地进行生产经营活动。实施 ERP 系统不再是发展趋势，而是企业求生存谋发展的基础工具。但是，在我国实施 ERP 系统的效果并不理想，如何寻找 ERP 系统实施过程中存在的问题，并提出解决方案，已经是我国当前企业信息化理论与方法研究的主流。

根据美国生产与库存控制协会的统计，使用一个成功的 ERP 系统，一般可以为企业带来如下的经济效益：库存下降 30%～50%，延期交货减少 80%，采购提前期缩短 50%，制造成本降低 12%，并且管理水平也得到一定程度的提高，但其成功的案例在国内并不多见。特别是近 30 年来，ERP 系统在中国的发展很不顺利，实际应用状况也不尽如人意，实施 ERP 系统的企业大都进行了巨大的投资。但是，如果拿现在美国流行的 ABCD 检测表来衡量，达到 A 级标准的实在罕见。面对这一严峻事实，如何提高 ERP 系统实施的成功率是当前研究的热点。从 ERP 系统实施的典型案例可以看到，ERP 系统实施没能使企业充分获益。当然失败的原因是多方面的，我们侧重在企业的组织结构、业务流程、人才、领导、经济技术和文化等方面进行探索。

8.1　ERP 系统实施的组织与业务流程因素分析与对策

ERP 系统作为现代管理的有效手段之一，对提升企业管理水平具有重大的意义。优化企业组织结构和业务流程是 ERP 系统管理思想的基础与重要前提。

8.1.1　ERP 系统实施的组织因素分析

企业组织形式多种多样，但是实施 ERP 系统后企业借助计算机网络系统，其组织结构都会自然地向扁平化发展，形成"一对多"或"多对多"的双向信息传递，而传统的"一对多"的单向信息传递方式被替代，领导面对实务处理不再拥有至上的权力和追责模糊的现象，取而代之的是操作过程透明、形成结果责任明确。因此，传统的组织结构已经不适应 ERP 系统支持下的企业管理。如果企业组织的流程、结构、人员等系统资源在 ERP 系统运行环境下得不到合理安排，不但 ERP 系统的各个模块无法实现效益最优，也会对各模块之间的效益关联产生很大的影响。ERP 系统任务的实现以模块与模块之间的相互协同为前提，这些功能模块之间的协同必须依靠企业组织结构优化。

大部分企业在实施 ERP 系统时都意识到组织对 ERP 系统实施的重要性，同时采取了一系列的措施，但是 ERP 系统实施效果仍然不够理想，其原因主要是在组织设计和调整过程中还存在如下几个方面的问题。

1. 缺乏系统性思考

有些企业只是单纯地调整结构和人员来改变组织，而对整个企业组织系统而言，"牵一发而动全身"，忽略组织内部相关因素的变化，只能"徒劳无功"。机构变了，工作流程没有变，或者员工变了，但对新员工没有进行详细的 ERP 系统实施培训，结果也是"金玉其外，败絮其中"。

2. 缺乏战略性思考

当外部形势要求进行组织变革时，没有对自身组织进行深刻分析，便"东施效颦"一样"借鉴"其他成功企业的做法。成功企业的 ERP 系统能够成功实施，在组织的改进上必然下了大功夫，但我们不能盲目模仿，应该找到差异性，用辩证的眼光去看问题。

3. 忽视组织文化

ERP 系统不是一个单纯的计算机系统，而是一个以计算机为工具的人机系统。要使 ERP 系统真正地发挥作用，必须对企业员工的思维方式和行为方式加以改变。这就要求组织文化的跟进与配合。如果组织文化中的惰性抵制更新，就会影响 ERP 系统的实施。

实施 ERP 系统要求企业组织进行变革，而这种变革也是 ERP 系统价值实现的重要保障，在组织结构变革前首先要从企业（集团、公司等）整体分析各组织部门的岗位、职责、流程和控制点，然后分析 ERP 系统的功能模块结构、功能模块的内涵、业务流程、数据流程和信息流，使企业组织结构向扁平化、网络化、柔性化的方向发展。

8.1.2 ERP 系统实施的业务流程因素分析

ERP 系统作为企业管理先进的模式，其实施必然需要按现代管理思想开展业务流程重组。企业只有进行业务流程重组与优化，才能提升企业管理水平，发挥 ERP 系统实施的作用，因此业务流程优化与重组是成功实施 ERP 系统的重要因素。

1. 业务流程建模与优化的理论

在 ERP 实施中如何构建业务流程（即：建模方法）和进行业务流程优化是当前研究的重点内容之一。企业所属行业不同、规模不同、性质不同，其组织结构与业务流程存在很大的差异，通用 ERP 系统软件不能适用千变万化的企业经营业态。无论企业如何规范与标准化运作，仍然需要业务流程重组与优化。企业针对具体繁杂的业务如何进行重组与优化是一个重大问题，已有的业务流程重组与优化理论不足以指导企业成功实施 ERP 系统。

（1）明确业务流程重组目标。以提升企业管理水平为目标，充分发挥 ERP 系统功能为手段，对企业原有业务流程进行描述、汇总、梳理、分析和提炼，对即将选用的 ERP 系统软件的功能、结构、控制、数据进行整理，按业务流程的操作转换成 WERP 系统的功能操作。

（2）明确业务流程重组依据。业务流程重组的目标是关键，而业务流程重组的依据是基础。业务流程重组的结果是优化，这个优化是在原理论基础上增加了 ERP 系统的特殊作用。只有这样的重组才是有效的。

（3）优化流程重组方法。随着人们对业务流程重组作用的认识提高和重视，业务流程重组的方法层出不穷。选用好 ERP 系统的实施架构模型方法和思想体系，将强大的工具平台嵌入到 ERP 实施过程中，有效地支撑了企业实施 ERP 系统的过程。

2. 业务流程建模与优化绩效评价

ERP 系统作为企业管理系统标准，除包括传统 MRP Ⅱ 系统的范围（制造，供销和财务）外，还集成了企业其他的管理功能，如质量管理，实验室管理，市场信息管理，国际互联网和企业内部网，电子通信，金融投资管理，标准管理以及过程控制接口，数据采集接口等，是一个覆盖整个企业的全面的管理信息系统。企业实施 ERP 系统的过程实际上就是对现有流程进行梳理、规范、优化和革新的过程，使订单管理、生产计划、库存控制、人力资源管理等逐步条理化和合理化，不断提高整个企业内外部沟通能力、顾客响应速度、送货时间和决策支持水平。这些由流程改善带来的直接效益称之为 ERP 系统业务流程绩效。在此基础上，企业将获得库存周转率与应收账款周转率等日常营运能力改善的 ERP 系统营运绩效，并进而提升销售利润率与资产报酬率等企业盈利能力。

通过对 ERP 系统实施中的企业流程建模，包括组织架构、主流程、子流程、数据模型等，将企业管理流程清晰展现，可降低企业业务分析的复杂度，提高企业流程优化的成功系数，从而促进企业管理变革，提高企业核心竞争力。对于大型集团，将现代企业资源计划（ERP）管理思想、方法与公司实际经营管理相结合，实现物流、资金流和信息流的协调同步。优化企业内部的协同运作和财务管理过程，使企业内数据和管理都纳入受控范围，克服异地管理带来的信息失真，有效防止了重组后带来的大企业病，可以实现跨地区的集团公司在整合不同企业后的业务流程理顺与规范，有效控制了成本和资源管理的整合统一。

ERP 系统实施企业最先应感知到的收益是以业务流程重组获得的营运绩效和盈利绩效为前提。对业务流程重组绩效的测量不仅能更为真实地反映 ERP 在我国企业的应用效果，还可对 ERP 实施能否产生营运绩效和盈利绩效做出诠释。因此在业务流程重组规划或计划时就需要做如期绩效测评的准备。

8.1.3　ERP 系统实施的组织与业务流程因素措施

ERP 系统不仅是一个软件系统，更是企业管理的新思想、新文化。要使 ERP 系统在企业生存，并发挥作用，必须对组织进行变革。而组织变革的方向是网络化、扁平化和柔性化。组织变革是实施 ERP 系统能否取得成功的前提条件，组织结构与 ERP 系统管理思想是否协调是实施成功的关键因素之一。

1. 组织变革策略选择

企业持续地向 ERP 系统成功实施方向变革是企业壮大与发展的原驱动力，

但是企业在特定时期所能投入变革的人力和财力是受约束的,这就要求企业根据自己的情况选择恰当的变革策略。采用不同的组织变革策略对 ERP 实施会产生不同的影响,企业采用的变革策略大致分成剧烈式变革策略和渐进式变革策略两大类。在实施组织改革中,往往根据 ERP 系统实施项目所处的阶段、企业的发展过程和历史条件,以及企业管理者、员工对变革的态度,选择不同的组织变革策略。

(1)在 ERP 系统项目设计和试验阶段,可以采用剧烈式变革策略,而在 ERP 的实施阶段采用渐进式变革策略。一般情况,在 ERP 项目的设计阶段,企业管理者想尽快改变不合理的状况,使企业在短时期内的效益有大的提高,所以经常采用比较理想的管理模式,设计出来的方案与现状相比也有明显的变化。在试验阶段,企业一般也会在一个增长型部门进行局部的变革试验,使变革方案尽可能地付诸实践。这样,试验部门的组织结构、人员配备、绩效评估等方面都会有大的变化。但是,当企业把变革方案实施于整个公司时,可能会出现很多前两个阶段所没有预想到的情况。这样,随着变革范围地不断扩大,来自公司各方面的阻力也越来越大,有些员工意识到换一种方式来工作时,会产生各种疑虑,从而对变革产生不合作的态度。因此,在实施 ERP 系统的过程中,企业领导一般是会考虑到组织内员工的接受程度,逐步推进项目的进程,即采取渐进式变革策略。

(2)渐进式变革和剧烈式变革交替周期进行。在变化初期,用渐进式变革策略,进行局部的改善,而当整个企业的业务流程、组织结构、组织人员阻碍企业发展时,就进行剧烈式变革。在取得阶段性的成功后,再不断巩固变革的成果,增加员工对变革的信任度,使新的系统制度化,以便形成新的企业文化。

(3)规模越大,历史越长的企业越容易采取渐进式变革。规模越小,存在时间越短的企业,越可能采取剧烈式变革。因为大规模的企业如果采用剧烈式变革,会产生"牵一发而动全身"的结果,严重的会造成企业内部组织结构不稳定。而小规模的企业采用剧烈式变革策略则不同,它们能很快进入一种全新的管理模式,为企业带来巨大的经济效益。

(4)针对组织中的不同员工,采用不同的变革策略。对于企业的高级管理人员来讲,他们更愿意进行大规模的改良,以达到他们的管理目标。而对于企业的基层员工,他们不愿意接受大规模变革,因为变革对他们来说,可能意味着自己现有的岗位受到冲击,所以对基层员工,应采用渐进式的组织变革策略。

2. 组织变革方法

组织变革是对组织基本因素、战略、流程、结构、人力资源和企业文化进行全面分析和改良,是一项复杂的系统工程,它需要清晰的战略规划,还需要在各因素之间评估它们的协同性和系统适应性,以便提出真正有效的改革方案。组织变革将围绕组织流程、组织人员、组织结构和组织文化等要素开展优化工作。

(1)组织流程变革。组织流程变革实际上是组织业务流程的再造与重组,即BPR。BPR早在1990年由美国迈克尔·哈默(Michael Hammer)教授提出。业务流程主要是以企业组织的价值链形成过程为逻辑,围绕价值创造活动展开的既分离又相互关联的行为过程。美国迈克尔·波特(Michael E. Porter)教授从价值链理论视角分析认为:企业的各种生产经营活动都是围绕企业创造价值的最大化为目标展开的,每项有价值的活动都根据其在企业生产经营活动中的不同位置,被划分到一个个生产环节中,企业所有的生产环节共同构成了企业的价值链,然而并非每个环节都在创造价值。企业创造的价值主要来自价值链上的"战略环节"。因此,重视战略环节上资源的优化配置和投入使企业价值最大化进而获得竞争优势具有重要意义。

组织流程变革中,以"价值链"和战略环节为依托进行,并遵循价值创造最大化、关联成本最小化和时序连接最优化三条基本原则。通过组织变革对整个"价值链"中各环节之间的物流、信息流和资金流的计划、协调和整合,实现"零缺陷流动"和"零缺陷连接",将业务流程创新与企业组织再造有机地联系起来,实现流程创新与组织创新的协同,从而最大限度地实现整个生产系统体系的运作效率。

(2)组织人员变革。管理者都很清楚,组织的流程变革必然会涉及组织中人员的调动,这是组织变革中关于人员变革的最突出的表现。不仅如此,组织人员调动还包括企业员工的价值观、技能和行为方式的转变,目的是激励员工努力工作,提高生产力,并与他人协同一致地完成指定的工作达到企业的战略目标。据美国生产与库存控制协会统计,ERP系统的实施,使管理人员平均减少10%,员工平均淘汰12%~20%。ERP系统的实施,一方面需要员工具备更高的职业素质和计算机技术操作能力,另一方面需要大量的专业技术人才,企业要改变员工能力偏低,专业技术人才匮乏的局面,必然要进行人力资源的优化组合,引进和重用企业迫切需要的人才。可以说,所有变革的成功都取决于"人"的变革,取决于对人力资源的充分有效地开发。ERP 项目的实施在于激活员工的工作方式和岗位职责,员工需要接受大量的培训去熟悉改变了的业务流程,并且通过对系统的熟悉来获得使用 ERP 系统的技能,而这些是整个组织适应新流程和新系统的关键。这些系统用户对覆盖整个企业运作管理的 ERP 系统的应用效果起到决定性的作用。

(3)组织结构变革。组织结构的变革,不是简单的各部门之间的加减,而是组织发挥作用的支撑点,与企业发展过程中的信息化、资产重组、资本经营、分权化趋势等相适应。通过变革,使企业经营机构向创新型转化,形成一个能灵活应变的、有效率的有机组织整体。在信息时代,市场需求变化很快,因而企业的反应速度和灵敏程度至关重要,这就要求企业在信息沟通中减少管理层次、压缩职能机构,以缩短信息传输途径。信息技术的发展为企业组织运行提供了强大的硬件平台功能,能够沟通企业组织各部分的信息,维持组织机体内信息的流动。企业组织结构的每一步调整,都离不开信息技术的支持,部门的整合取决于信息技术提供的沟通与协调功能。可以看到,在新的信息时代条件下,信息技术是支持企业组织结构变革的重要手段。

(4)组织文化变革。组织文化是一种由决定其组织成员特定态度和行为的共有价值观和规范所形成的体系。在所有变革中,文化变革可能是最重要、最根本的一环,但也是任务最艰巨的一环。如果不能塑造出与新的战略和目标相一致的企业文化,其他变革就难以充分地发挥作用。企业文化的培育仅仅靠宣传是不够的,其成功塑造的关键因素在于企业组织是否拥有一个表达明确的战略远景,以及该远景是否得到管理层的明确支持。

3. 完善 ERP 系统实施组织

企业实施 ERP 系统需要强有力的组织保障,在 ERP 系统实施过程中需要两级组织,分别是项目小组和项目指导委员会。项目小组是 ERP 系统实施的工作组织,也是将来 ERP 系统运行管理组织的核心,即完成了实施 ERP 系统后,由该组织的人员支撑系统运行管理。指导委员会是 ERP 系统实施过程中的决策组织,审批 ERP 系统过程中的重大活动。

为了保证项目的成功,项目小组只需要少数专职人员,包括项目负责人及其助理、系统分析员、程序员；其他大部分成员可以由部门领导来兼任，兼职成员包括成本会计负责人、总账会计负责人、数据处理负责人、制造工程负责人、人事部门负责人、车间负责人、产品工程负责人、生产控制负责人、采购负责人、质量控制负责人、销售管理负责人。这些人员是 ERP 系统未来的操作人员。因此，项目小组主要由企业方面的用户组成，并且负责 ERP 系统在操作上的实施。其工作包括以下内容：

（1）制定 ERP 系统项目计划。

（2）发现实施过程中的问题和障碍。

（3）报告计划的执行情况。

（4）适时做出关于任务优先级、资源重新分配等问题的决定。

（5）为保证 ERP 系统成功地实施而需要的任何操作上的工作。

ERP 系统项目指导委员会负责解决和协调实施过程中存在的各种问题。其中有些问题单靠项目小组及其负责人是解决不了的。因此，还应成立项目指导委员会，对项目计划的执行情况进行定期审查，及时解决问题，确保项目的实施顺利进行。为此，指导委员会应至少每月召开一次会议。指导委员会成员包括总经理、副总经理和专职的项目负责人，并可以指定总经理或副总经理作为指导委员会的主持人。指导委员会主持人对 ERP 系统的实施负有决策级上的责任。他要直接听取项目负责人的报告，代表指导委员会处理决策问题，指导委员会主持人必须有关于 ERP 系统实施的高度热情。

项目负责人在项目小组和指导委员会之间起桥梁的作用，他在指导委员会中的职责是报告项目计划的执行情况，特别是关键路径上任务的执行情况；在项目的实施落后于计划的情况下，还应提出使项目的实施重新走上计划轨道的措施，如追加资源的要求等。指导委员会要对项目负责人报告的情况进行审查并对一些难题的解决做出决策。

除了项目计划拖期的问题之外，指导委员会有时还必须处理某些涉及关键位置上的人的问题。例如，工程师对物料清单的生成感不感兴趣，财务人员是不是想保持自己的记录，而不愿纳入 ERP 系统等。还可能有一些来自软件供应商的问题以及某些事先难以预料的问题，都要求指导委员会做出决定。总之，项目指导委员会对 ERP 系统实施获得成功负有最终的责任，要通过对项目实施计划执行情况的定期审查，发现并解决问题，确保 ERP 系统的顺利实施。

8.2 ERP系统实施的人才因素分析与对策

西方众多研究成果表明，ERP系统的实施，只有得到高层管理者的充分理解、始终如一的支持以及亲自参与才能够成功。Parr（帕尔）和Shanks（尚克斯）（1999）通过对ERP系统实施研究，提出了一组ERP系统实施的关键成功因素。研究结果表明在ERP系统实施的各个阶段高层管理者的支持都非常重要。Somers（索莫斯）和Nelson（纳尔逊）（2001）列出了ERP系统实施的关键成功因素表，在其表中高层管理者的支持排在首位。通过调查研究表明在初始阶段、采用阶段、接受阶段、惯例化阶段和融入阶段中，领导的重要程度排在前5位。

8.2.1 实施ERP系统的决策者分析

ERP项目的实施是关系到企业全局的问题，涉及企业的各个层面，触及管理、体制、机构、工作方式、人的思维观念和利益等多维要素，不可能一蹴而就，只有高层管理者的充分理解、持续支持、亲自参与才能成功。经验表明，企业高层领导的支持，是关系到ERP系统实施成败的重要因素。因此，ERP项目常被称为"一把手工程"。

1. 领导在ERP系统实施过程中的重要性

企业高层领导在实施系统中的重要性主要体现在做出项目投资决策、营造项目实施软环境、改变人的思维及行为方式、精心组织和协调以及保证项目的优先级五个方面。

（1）做出项目投资决策。投资决策不是一个简单的过程，高层领导必须了解ERP，愿意并期待使用ERP作为管理信息系统工具来全面提高企业的经营管理水平，才有可能做出科学的决策。中国实施应用ERP较早的企业已经开始受益，从而以事实表明，ERP可以在企业实现两个根本转变的过程中大有作为。因此中国越来越多的企业高层领导认识到，只有下决心从根本上提高企业的管理水平，提高企业对瞬息万变的市场的应变能力，才是赢得竞争的根本措施。

（2）营造项目实施软环境。ERP系统的实施需要一个适宜的环境。这里的环境泛指企业要有一个科学、规范和严格的管理思想、管理模式、管理方法、管理机制和管理基础，主要领导要有危机意识、竞争意识、管理意识、信息意识和创新意识等。ERP 系统带来的不仅仅是一套软件，更重要的是带来了整套新的管理思想。企业在准备实施 ERP 系统之前，应充分认识到这种实施会不可避免地冲击企业原有的管理思想和管理模式、作风、习惯、程序和方法，以及责权关系和体制结构等。只有深刻理解、消化吸收了新的管理思想并结合企业实际情况加以运用，实现企业管理的全面变革，才能充分发挥 ERP 系统带来的作用。

（3）改变人的思维及行为方式。ERP 系统不是一个单纯的计算机系统，而是一个以计算机为工具的人机系统。要使 ERP 系统真正有效地发挥作用，必须涉及人的思维方式和行为方式的改变。这不但涉及人们对市场、产品质量和经营过程的认识的转变，还涉及工作方式和习惯的转变。这就要求企业的员工，包括企业的高层领导，愿意并学会使用工具进行管理，而不再是凭经验和感觉。这就要求企业从上到下作为整体形成共识：要下决心成功地实施 ERP 系统，并把它作为企业整体的管理工具，要有充分的思想准备去改变企业中原有的一切不合理的因素，包括人们的思维方式和行为方式，这是很困难的，所以，必须由高层领导下决心才行。如果企业的高层领导不想改变自己的思维方式和行为方式，或者不能在整个企业范围内坚持和推进这种改变，那就不可能实现人们思维方式和行为方式的改变。在 ERP 系统实施和应用的过程中，如果没有人们思维方式和行为方式的改变，那就意味着让 ERP 系统适应人们习惯的思维方式和行为方式，这样，ERP 系统的实施和作用必然遭到失败。

为了转变人们的思维方式和行为方式，形成企业整体的共识，高层领导必须抓好教育和培训工作。在实施和应用 ERP 系统的过程中，教育和培训工作是十分重要的。由于 ERP 为企业的各个层次提供了管理的工具，而这些工具往往是企业从来不曾有过的，所以，必须通过教育和培训让人们增加知识并改变原有的工作习惯和方式，教育和培训需要投资，而这部分投资是最具有杠杆作用的。

（4）保持项目的优先级。ERP 项目实施是一项涉及面广、技术难度大、实施周期长的系统工程，它涉及企业的各项经济事务、众多管理部门和人员，因此，数据收集与传递的各个环节必须畅通。如果各部门间不能积极配合、紧密合作，或者人事变动频繁，必然会影响项目进程。企业高层领导只有通晓其中的利害关系，才能亲自组织、协调各部门的关系，抽调精干人员，保证资源到位。ERP 项目的实施在企业的各项工作中必须具有第二位的优先级，否则，因为企业中工作很多，每个人都在忙着原有的工作，ERP 项目的实施将被推迟得遥遥无期。为了保持ERP项目的高优先级，企业高层领导必须有明确的认识和决心。

（5）精心组织和协调。ERP项目投资巨大、技术高新，必须精心组织。要成立ERP项目实施小组和指导委员会。项目实施小组负责具体的项目实施工作，解决ERP项目实施过程中在操作级上出现的问题，并没专职的项目实施小组负责人。指导委员会则由企业高层领导组成，对ERP项目的实施成功负最终的责任。

ERP系统的实施涉及企业运营的各个环节和所有的员工，部门和人员之间的协调十分重要。如果没有良好的协作精神，ERP系统的实施是难以成功的。所以，企业高层领导必须下决心搞好协作。如果出现问题，则应排除障碍来保证项目的进展。没有任何人可以代替企业的高层领导来对ERP项目的实施应用获得成功负最终的责任。因为如果没有高层领导的正确决策、大力支持、积极参与以及对项目成功的殷切期望，ERP项目的实施和应用是不能成功的。

2. 领导支持ERP系统实施的内涵

高层管理者的支持包含两个层面的含义，即高层管理者的认同和高层管理者的参与。

（1）高层管理者的认同。高层管理者的认同表现为，高层领导视ERP项目为企业战略的重要组成部分，认同程度高、改革决心大，愿为项目的顺利实施提供必要的资源以及权威。ERP项目实施投资大、周期长，需要有足够的人力、物力以及财力投入作为项目实施的保障；同时，ERP系统的实施将会对企业各层产生影响，需要改变部门原有工作方式以及调节各部分间矛盾。这一切均建立在高层领导对项目的高度认同基础之上。只有企业高层领导真正重视ERP项目，才能够提供项目实施所需的各类资源，以及做好企业各级的协调工作。

（2）高层管理者的参与。仅有认同是不够的，认同是领导因素的基础，参与是领导因素作用的关键。ERP的成功实施离不开企业高层管理者的真实参与。系统需求分析、系统选型以及系统实施相关的决策活动等工作，需要高层领导亲自参与其中。在ERP系统实施过程中产生的企业管理上、文化上、工作方式上的一系列创新及变革，以及解决员工对变革的不满情绪、协调各阶层矛盾等工作，均需要高层领导用心去解决。同时，高层领导需要定期阅读报告，对ERP系统实施过程全程关注，对项目实施组提供必要的指导和帮助。

8.2.2 ERP 系统实施中其他人员分析

ERP 系统是一个十分复杂的人机信息系统，在 ERP 系统应用过程中人起到了主导作用，无论是 ERP 系统的数据输入、还是 ERP 系统的信息输出都离不开人的掌控。ERP 系统应用效果不仅受到企业决策者的影响，而且受到企业中层管理者和员工综合素质的影响。企业人员素质从根本上直接影响 ERP 系统应用效益。同样的设备、同样的软件，在不同的企业实施效果各异。其中受企业决策者的影响外，实施后的应用主要受管理者和员工素质约束。再先进的系统在低素质的操作者手中也难以发挥应有的效益。

1. 存在的主要问题

（1）对 ERP 系统的认识不足。ERP 系统有别于一般传统的企业管理方法，它是依靠信息技术、数据库技术、网络技术、编码技术和密码技术等多种技术来整合企业内、外部的所有资源，实现企业资源的最优化配置。ERP 系统的应用是对传统管理思想的转变，也是现代管理知识的转移，需要企业全体人员坚持不懈地努力学习，提高认识，统一认识。开展 ERP 系统是企业信息化的重要内容，它不是短期的、暂时的信息化项目，而是长期的、不断变化的系统工程。企业各级管理者和员工如果信息化意识淡薄，只组织开会，不踏踏实实、全面细致地开展具体工作，那就会导致 ERP 系统的实施"雷声大，雨点小"，耗费长时间却达不到预期效果。只有企业各级管理者和全体员工信息化意识增强了，ERP 系统的实施才能得到真实具体的落实。所以，成功实施 ERP 系统的关键因素是：企业各级管理者和全体员工必须积极主动地牵头，根据实际需要做好战略规划，并跟踪实施进度，及时调整。

（2）ERP 系统教育针对性不强。ERP 系统是"一把手"工程，只有企业最高管理决策者始终坚定不移地实施 ERP 系统，才能保证系统成功实施。也要看到 ERP 系统是集企业各种资源的实务性操作软件，需要全体员工的配合、协调。ERP 系统生存的环境取决于企业各个岗位的操作，企业不同人员的培训内容、要求、时间是不一样的。对于基层操作人员主要培训数据录入的责任性、实时性和正确性。很有必要调整原岗位的考核指标和考核内容，将 ERP 系统操作内容、操作质量列入考核指标体系中，并加强 ERP 系统操作考核力度。对于企业各中层管理者的培训不是简单地操作，而是从全局出发，全面了解 ERP 系统的原理、作用和存在条件等内容，特别要重点培训 ERP 系统对岗位职能的转变和对全局的影响。需要了解 ERP 系统对中层管理者带来的效益、效率和效应。

（3）复合型人才缺乏。ERP 系统的实施需要既懂信息技术又懂管理的复合型人才。目前企业 ERP 系统应用人员整体素质较低，缺少复合型专门人才。而 ERP 系统成功应用的关键是需要与企业的各种业务融合，这一过程中可能会产生一系列技术上、管理上的问题和障碍。传统的信息技术人员不清楚具体业务管理，而业务管理者又无法解决一些信息技术上的难题，所以复合型人才的重要性、紧缺感就凸显。

（4）部分员工不愿参与 ERP 系统的实施。ERP 系统的实施必定会改变现有工作流，必定会影响部分员工的工作内容和工作方式，还需要加强学习新知识，这部分员工有传统工作方式的惯性，不愿改变现状，也看不到 ERP 系统对企业发展的重要性，只看到个人利益要受到影响，因而对 ERP 系统的实施产生抵触情绪、采取消极态度。

2. 对应措施

ERP 系统不管是思想，还是软件系统，都要由人来领会和使用，人在 ERP 系统建设中起着核心的作用。只有企业全体员工理解了 ERP 的思想，并利用 ERP 来改进工作方法和方式，积极主动地参与进来，ERP 系统才算真正得到了实施。

（1）对企业各级管理者和员工的培训。对企业各级管理者和员工的培训非常重要，让他们通过培训对 ERP 有充分而准确地理解，认识到 ERP 系统是一个管理思想，而不仅仅是一个计算机技术工具。

（2）对业务骨干的培训。业务骨干是中坚力量，也是 ERP 系统实施的技术保障。在 ERP 系统实施前，就要对业务骨干进行全面的、系统的软硬件操作培训，在实施中，还要让他们通过各种渠道直接参与基础数据的采集，熟练掌握各业务的办理程序，预备在系统顺利实施后，业务骨干能够独立完成运行管理、系统维护等技术支持。

（3）对管理人员的培训。通过有计划地对财务、资产、物资采购、生产、经营计划等人员进行全面的操作培训，让其完全掌握数据录入、汇总、查询等基本操作，并实现按时、有效、规范地业务处理，才能最终保证 ERP 系统在基层部门的顺利实施。

（4）调整考核指标体系和考核方法。要从企业管理制度上着手建立完善的岗位考核条例，ERP 系统相关人员都必须增加确保 ERP 系统正常运行的考核指标，把相关 ERP 系统的考核内容放到首位。在 ERP 系统实施初期，尤其需要加强对数据管理的力度。如果员工没有及时、正确地输入数据，类同于没有按时按质完成生产一样进行处罚。各级管理者要坚持业务流程和数据流程同等重要，同步运行。

8.2.3 提高 ERP 系统实施中人才素质

信息化是企业内部的一场革命，革命是否成功领导是决定因素。因此往往把实施 ERP 系统称为"一把手"工程。从整个项目的实施成功因素来看这一点不为过，而且还需要强调全员参与，人人负责，积极配合。没有企业领导参与，尤其是企业高层领导的支持，ERP 系统将无法实施成功。

1. 加强领导信息化建设的能力

ERP 系统的实施领导是关键，这已经是不争的基本原则，关键在于领导如何才能发挥积极的作用，领导好 ERP 系统向着成功前进。领导应当从如下几方面着手：

（1）战略的重视。企业领导对 ERP 的认识要站在战略的角度上，从战略高度来规划 ERP 项目。了解系统的实施将给企业带来哪些效益，企业需做出怎样的努力和改变，如何将 ERP 与企业战略相统一，而不是仅仅把 ERP 系统实施看成一个与计算机技术有关的项目。

（2）注重良好的领导品质，起到模范带头作用。无论是进行 ERP 系统的学习培训，亲身参与到项目中做好相关工作，还是在遇到阻力时积极应对的工作态度，领导在 ERP 项目中的作用十分重要，需要企业领导起到模范带头作用。同时在项目实施中注重良好的领导品质，如合作精神、善于授权、实事求是、注重沟通等，这些对 ERP 项目的顺利实施以及企业经营都是必要的。

（3）自始至终、始终如一。高层领导对实施项目的关注要做到自始至终、始终如一，切忌虎头蛇尾。有些领导在项目启动时隆重表态对项目的大力支持，之后就很少过问，直到项目结束后才出现。如果项目实施成功则大搞宴功会，如果项目中途遇阻失败，则兴师问罪而不在自己身上找原因。领导对 ERP 系统实施的支持，需要做到上面所讲到的，做好检查项目进度、检查项目成果工作。高层领导要实时关注实施情况，在项目进行到困难的时候发挥领导作用，推动项目的实施。

（4）各级管理部门领导支持。领导对 ERP 项目的支持并不仅限于企业老总一个人的支持，它需要各级管理部门领导协调统一、积极配合，调动各部门资源以完成 ERP 系统的实施。

（5）注重人的因素。ERP 项目的实施涉及企业的上上下下，需要决策层、管理层、技术层、应用层各个层次员工的积极参与和共同努力来推动。所以，在 ERP 系统实施中，人的因素比其他因素都更为重要。再完善的理论，没有人的参与执行，一切都将无从谈起。企业在导入 ERP 系统时，从 ERP 系统的主持实施者到顾问以及各组织单位的每个人都将对整个系统的有效运作产生影响，因此，领导要注重人在 ERP 系统实施中的重要作用。

2. 在 ERP 系统实施中的领导工作

企业高层管理者对 ERP 项目的支持绝不能停留在表面的喊口号，而是要体现在实际行动当中，渗透到工作的方方面面。在项目实施中，高层领导要对项目有足够的重视和支持且参与其中，并要做好以下几项工作。

（1）进一步明确 ERP 项目的总体目标。企业决定实施 ERP 项目必然经过需求分析，制定出了可行性分析报告和项目总体目标。但在项目正式实施时，需要领导进一步明确，为项目提供切实的方向性指导。

（2）营造有利于推动项目实施的环境。ERP 系统的实施必然会带来企业的一场变革，在实施过程中高层领导要做好相关工作，创造一个有利于项目实施的软环境。包括制定科学规范的管理思想、管理模式，充分发挥 ERP 系统带来的效益；抓好企业业务流程优化与重组工作；对企业内员工因工作方式改变而产生的负面情绪，以及各级部门在变革中引起的矛盾等阻力因素，高层领导要制定严明的纪律，关键问题亲自决策、拍板，充分发挥领导作用以确保项目顺利进行；根据项目需要跨部门调度和协调资源，及时为项目顺利实施提供各类资源；创造良好的企业文化，抓好教育培训工作；项目实施过程实现透明化，鼓励员工监督和出谋划策，确保 ERP 深入人心。

（3）参与学习培训。高层领导在 ERP 项目实施前期要参加相关的培训学习，了解企业应用 ERP 系统的意义和相关理念。在及时跟进项目实施进度的过程中，高层领导要不断了解实施 ERP 系统的相关信息，与实施人员以及咨询顾问进行有效沟通，并与企业内、外部环境相结合，以确保相关决策的正确制定。

（4）选派实施项目组合适人选。根据企业实际情况和项目需要，为实施小组选派合适人选，决定相关部门和人员以确保达到项目的目标。

（5）检查项目进度、检验项目成果。领导因素在 ERP 系统实施中的作用是贯穿始终的，领导在项目实施过程中需要及时检查项目的进度，根据项目进度计划及时为项目提供必要的帮助和支持，并督促项目进度。高层领导要从总体上把握 ERP 项目的目标，分阶段检查项目的实施成果，在有必要时及时调整项目的战略部署。

8.3 ERP 系统实施的经济因素分析与对策

经济往往决定了 ERP 系统实施的规模和企业化程度，实施 ERP 系统不仅需要硬件费用、软件价格、培训费、实施工程费和咨询费，还需要二次开发费和系统运行维护费。经济因素直接影响 ERP 系统实施的规模和成败。

8.3.1 ERP 系统实施的经济因素分析

ERP 系统实施的规模可能非常大，周期非常长，企业必须量力而行。虽然我们在 ERP 系统实施前做好周密的实施规划，预算好实施费用，但是企业经济环境并不是一成不变的，而且每个 ERP 系统实施项目都存在无法预知的领域，实际的费用往往比预想的多。因此经济因素的变化会给 ERP 系统实施带来很多不确定性和增大风险性，甚至最后导致实施项目流产。

在进行 ERP 系统的规划和实施中，一定考虑并重视这些经济因素。ERP 系统实施形成的经济因素有许多，其动因主要有实施成本、企业主营产品市场变化等。

1. ERP 系统实施成本

实施成本是影响 ERP 系统实施成败最重要的关键的经济因素，也是贯穿于 ERP 系统规划、设计、实施和验收全部过程所必须认真考虑和重视的一个因素。成本问题是 ERP 系统实施成功与否的关键。太多的企业由于对成本的估计或认识不足，最终被迫造成 ERP 项目流产。

（1）资金无法跟进投入。ERP 系统是一项非常复杂的管理系统工程，工作量大，涉及面广，实施周期长，需要长期追加投资并不断维护和完善市场需求。一旦 ERP 项目开始实施，就需要有不断地资金投入，以维持 ERP 项目的顺利进展。当在项目实施过程中，发生了资金链断裂或是资金投入无法继续跟进的情况，就无法进行 ERP 项目的继续实施，如对软件的编写，对设备的购进，对人员的培训，对系统的运行等。很多企业的领导由于对 ERP 项目资金需要不断跟进投入的认识不足，对在实施过程中所产生的大量费用无力承担，或是由于资金周转不灵无法继续跟进，无法达到资金的及时落实，从而使资金不能按照实施计划及时到位，导致工程拖期或停顿，甚至最终使项目流产。

（2）ERP 系统的价格结构复杂。首先很多企业认为 ERP 系统实施只有开发费用、实施费用和后期的维护费用，这显然是对 ERP 系统的价格结构的一种错误认识。ERP 系统的价格结构除了开发费用，实施费用和后期的维护费用，还包括咨询费、培训费、二次开发费用等基本结构费用。同时，在实施过程中还可能会产生一些其他的费用，如为了适应新系统进行流程重组而产生的巨额费用，在实施过程中，由于发生突发事件而产生的意外费用等。这些费用构成了 ERP 系统实施的昂贵成本，如果企业在制定 ERP 系统决策之前，没有对 ERP 系统的价格结构进行充分的认识和可行性分析，就贸然实施 ERP 系统，则很可能最终由于无力承担昂贵的 ERP 系统费用而导致 ERP 系统实施的失败。

（3）ERP 系统的价格非常昂贵。正如上面所讨论的，ERP 系统价格结构复杂，而且会有很多实施过程中产生的新增费用，这就成了 ERP 系统实施费用巨大的原因之一。其次，在项目中，硬件费用、软件价格以及支付开发人员的费用本身就非常昂贵。国外 ERP 系统实施知名企业 SAP 对某企业进行 ERP 系统实施的咨询和实施费用 60 万元（人民币）以上。这还只是其中的部分费用而已，还未包括实施过程中陆续投入的费用等。由此可见，ERP 系统实施的费用是非常巨大的。虽然很多企业都认识到 ERP 项目将会投入大量的资金，但是大到何种程度，他们还是缺乏充分估计，结果由于资金的不足，而最终导致企业实施 ERP 项目失败。同时，现在 ERP 项目实施过程中还存在着价格陷阱，如站点费用陷阱，实施与顾问费用陷阱，维护费用陷阱，软件升级费用陷阱等。这都会导致 ERP 项目价格变得昂贵。

2. 国家宏观经济政策

我国企业都处在同一个经济环境中，所以国家的经济政策对企业的成功与否非常重要，对ERP系统的实施更是如此。国家经济政策对ERP系统实施成败的影响非常大。

（1）忽视了国家对重点项目的支持。为了促进国家经济的发展，增强国力，政府一般都会对一些项目进行扶持，以使其更好地发展，如资金补助、减税政策、科技人才培养等。如果申请被批准，这对ERP系统的实施是非常有帮助的。而很多企业却忽视了这一点，没有积极争取国家的支持，使本可以得到的技术帮助和可以减少的成本投入都没有获得，这就加大了企业实施ERP系统的负担。

（2）忽视国家经济政策。紧缩经济政策或是开放经济政策都能够影响企业ERP系统实施的顺利进行。很多企业除了进行常规业务之外，同时还进行一定的投资，以增加企业的收入。如果国家的经济政策发生了变化，导致资金利息等的变化，势必会带来企业的收入变化，从而会对ERP实施产生很大的影响。另外国家经济政策的改变，可能会使ERP项目价格上涨，这也会增加企业的负担。

3. 市场需求

市场需求是很多企业在进行ERP项目规划中最容易忽视的一个因素，却不知道这对ERP系统实施成功与否至关重要。要知道企业实施ERP系统最终目标是为了生存，而生存很重要一点是要依赖于顾客，依赖于市场需求。如果没有市场需求，ERP系统实施地再好，没有效益，也只能等于失败。另外，一旦市场需求发生了变化，就可能会引起企业的重大调整，而这时如果ERP系统已经开始实施了，那就会由于ERP系统针对的是过去企业的结构，而最终导致项目无法与企业现有结构的匹配，ERP系统实施最后只能是失败，比如许继集团就是属于这个问题。所以市场需求对ERP系统实施的成功与否还是非常重要的。

4. 宏观经济环境

正如前面所说的，企业处在一个宏观经济环境之中，经济环境的好坏会影响企业的生存能力，当然也会影响企业实施ERP系统的成败与否。一个好的经济环境，企业发展顺利，企业利润丰厚，就会增加实施ERP系统的信心，同时资金的流转和投入以及时提高员工对项目的忠诚度都非常有帮助。但是如果经济环境比较恶劣（如现在正在爆发的经济危机），大量人员裁减，资产萎缩，投资不利等，都可能会导致ERP系统实施的最终流产。

5. 其他经济因素

一个企业的竞争能力也会对 ERP 系统实施成败产生影响。当企业的竞争能力非常强时，处在行业的领军者之列，则其他企业对他采取的竞争措施可能影响就不大，他也无须调动过多的资源去对抗竞争，从而可以更好专注于实施 ERP 系统。还有汇率的变动，如果企业购买的是国外的 ERP 产品，当汇率发生了变动，势必会对 ERP 系统成本构成影响。

8.3.2 效益驱动，提升 ERP 系统实施成功率

ERP 系统实施最终是以效益论成败。企业应该采取相应措施，有效地控制在 ERP 系统实施和运行管理中的成本，才能确保成功实施 ERP 系统。

1. 最大限度地控制成本

主要包括以下几个方面：

（1）对 ERP 系统资金投入的认识要充分。这包括不仅要认识到 ERP 系统实施价格是非常昂贵的，而且要具体认识昂贵到什么程度，同时还必须清楚 ERP 系统的价格结构和 ERP 系统实施过程中需要资金的不断投入。只有对这些有了充分的认识，才能对 ERP 系统进行正确的规划和实施。

（2）在对 ERP 系统开展实施前，一定要进行非常细致充分地调研，进行相应地可行性分析，并且对资金的筹集和投入要有相应地规划，同时要有各个阶段资金规划表，只有当这些准备充分后，才可以实施 ERP 系统，从而才能保证 ERP 系统实施过程中不会发生由于资金问题而停顿甚至失败。

（3）选择合适的 ERP 产品。现在国内外有很多企业都在做 ERP 系统的实施，价格也不等。一般国外知名企业经验丰富，但是其产品价格比较贵，而国内的 ERP 产品价格都相对比较便宜。但这并不是说，国外的 ERP 系统一定就比国内的好。由于各国的国情，文化背景不同以及管理模式的差异，很多国外 ERP 公司对国内企业进行的 ERP 系统实施都失败了，而国内一些 ERP 企业也实施过许许多多成功的项目，载入了经典的成功案例之中。所以，企业在选择 ERP 公司时，不要盲目迷信国外企业，要根据自身的企业特点，来选择最适合自己的 ERP 系统实施公司。如果一个企业资金并不是非常充裕，可以选择国内一些优秀的 ERP 企业，这样不仅可以减少成本，而且他们同样拥有非常优秀的技术、经验和出色的实施人员。

（4）逐步增加模块。对于一些企业，由于资金上的不足，无法一下子承担ERP系统所有的费用，为了控制成本，可以先增加几个主要模块，比如财务模块、库存模块等，以后资金到位了，再陆续加入其他模块。这样不仅能够减少成本，而且可以在实施过程中发现问题、减少风险。同时，也让员工有一个适应过程和缓冲期，更有利于ERP系统的实施。

（5）全员培训和重点培训相结合。ERP系统实施费用中，培训费也是非常高的，为了能够减少成本，可以采取全员培训和重点培训相结合的方式。先让企业的一些关键人员进行培训，再让这些关键人员培训更广大的员工。当遇到培训人员无法解决问题时，再去咨询与ERP项目有关的专家，这样可以大大减少培训费用。

（6）进行科学的管理。很多企业成本控制不下来，就是由于管理混乱，造成了许多本不必支付的费用。ERP系统实施是一项非常庞大的项目，所以要建立完善有效和规范化的项目管理制度和战略控制，才能最大化地进行成本控制，保证ERP系统实施的成功。ERP项目规范化管理的主要任务就是对经费预算、过程控制、人力配备、组织保障等问题进行系统设计。ERP系统应用的过程中，要进行严格规范地项目管理，并形成一些项目制度，例如：规范的项目例会和阶段性评审制度，通过定期开展由企业的项目负责人、各业务部门的领导以及应用咨询人员参加的项目应用例会，解决应用过程中出现的部门协调、人员沟通、技术支持、时间和成本控制等问题；分阶段对项目应用进行评估，如果出现偏差，研究是否需要更新计划及资源，同时落实所需要的更新措施，如果达到要求，就部署下一阶段的工作。同时要规范项目应用过程中的文档管理，并且应该对应用过程进行全面的文档记录，详尽而规范的应用文档不仅有利于企业、ERP软件厂商、管理咨询公司之间的交流，而且对于ERP项目的后期维护和持续改进都是重要的基础资料。

2. 充分分析和预测国家的宏观经济政策

国家的宏观经济政策对ERP系统的实施非常重要，首先要关注并且争取取得国家的重点扶持。如果得到国家资金补助或是减税政策，就能够有效减少ERP系统实施的成本或是对ERP系统实施投入更大的资金，不但可以减少企业的负担，同时也可以使ERP系统更好更快地实施。其次，在ERP系统实施之前一定要对国家的宏观经济政策进行充分详细地分析和正确谨慎地预测，分析和预测国家的财政政策以及货币政策，分析和预测国家最近采取的是开放式经济政策还是紧缩式经济政策，分析和预测国家的利息和税率变化，在细致考虑这些问题的基础上，形成相应的国家经济政策文档来指导 ERP 系统的规划和实施。

3. 考虑并重视宏观经济环境

对企业处在什么样的经济环境之中，未来的经济环境会发生什么样的变化，全球化对企业的影响，经济危机对企业的影响以及竞争能力等，都有必要进行充分细致地调查和分析，并且形成相关的指导性文档，来更好地帮助 ERP 系统的成功实施。

8.4 ERP 系统实施的技术因素分析与对策

8.4.1 ERP 系统实施的技术因素分析

ERP 系统不仅涉及学科广泛，而且都应用了相应领域的高新技术，系统结构复杂、运行管理复杂都是 ERP 系统的表面现象，而内容应用的技术复杂程度往往被用户忽视，这也是造成 ERP 系统实施后无法持续良好运行的主要原因。当整个系统出现问题时，不能及时找到问题的成因，提出有效的解决方案，影响企业的正常经营活动。从技术层面分析 ERP 系统实施成败的原因同样也有许多种，主要体现在如下几个方面。

1. 缺乏实施信息化的技术基础和必要的培训

ERP 系统在西方是随着新的全球竞争、跨多国生产基地、全球范围的产品需求、全球范围的零配件与服务采购、以及新政治环境和货币市场的形成而产生发展的。而且大多西方企业在实施 ERP 系统前，内部已成功实施了 MRP 系统。中国企业不具备这样的技术基础，中国在实施 ERP 系统前往往侧重在会计电算化、计算机辅助设计和办公自动化等方面做了一些基础性工作，这是三个独立的子系统应用，没有形成流程控制，集成技术的应用处于初始阶段。培训不能停留在操作层，而是加速培养企业自己的系统分析员、数据库管理员和高级程序设计员。

2. 系统实施过程中的技术问题

系统实施本身就是一个很复杂的系统工程，包括准备阶段、选型阶段、实施和应用阶段。各个阶段都存在实时、动态的高新技术，在系统规划阶段，不仅要遵循企业信息化发展规律，还要了解企业信息化理论与方法，同时还需要测评企业信息化水平，这些工作将涉及企业战略规划的理论与方法；在系统分析阶段，可以运用不同的建模方法去分析用户的需求、企业组织结构、业务流程和数据流程等；在系统设计阶段，同样运用各种建模方法去建立系统硬件、软件、网络和功能等结构，进行代码、数据库和处理逻辑设计；在系统实施过程中还会涉及实现方法选择、开发工具选择、运行环境选择和程序设计选择等，在系统运行管理过程中将涉及的技术范围更广、更持久，不仅涉及阶段性工作的系统运行组织的建立和系统切换方式的选择，还有长期的系统评价方法。

3. ERP 系统本身的技术问题

ERP 系统本身技术含量高，对 ERP 系统原理与运行方式的不了解往往会导致实施无法进行。在 ERP 系统实施与运行过程中有时会出现企业 IT 人员常以"技术"精英自居，只埋头于数据库、网络和其他计算机技术研究，对其他业务一知半解，从而形成技术与业务的脱节，造成 ERP 系统的通用性比较差，给企业在系统实施中的 ERP 系统选型造成了很大的困难，从而阻碍系统实施的后续过程或埋下了隐患。也有可能管理人员对 ERP 系统原理与控制方式不理解，仅从管理的视角提出不适合 ERP 系统的特殊要求，影响系统的正常运行，甚至会提出不符合现代管理理念的传统工作模式要求。

8.4.2 提升企业技术水平，确保 ERP 系统实施成功

ERP 系统本身是一个技术十分复杂的系统，另外，无论是实施 ERP 系统过程，还是 ERP 系统运行，涉及因素都含有极高的技术水平。ERP 系统引入，要求对企业各个方面的技术含量都必须提高。一般的技术隐含在人员与装备之中，ERP 系统也不例外，而且其技术因素更复杂，不仅受到系统操作人员和运行设备的影响，还受到企业的组织、文化、经济、环境和成长期等因素的影响，全面提升企业技术水平是 ERP 系统成功实施的必然要求。

1. 提高认识、加强学习

ERP 系统的运用不是简单的设备改造，而是企业经营理念、经营方式、工作环境的革新，这些革新首先是涉及各类人员的岗位分工、岗位职责、权力分配、工薪收入和技能要求的变革。辛辛苦苦几十年，勤奋努力工作的劳动模范

在新的工作环境下也需要调整，遇到新的工作技能挑战。要使企业快速成长、壮大和永续发展，必须提高现代企业管理的认识，认同ERP系统的实施和运用，企业员工培训的好坏关系到贯彻与实施ERP系统的质量与效率。

坚持全员培训，加强实施信息化技术基础的学习，需要高水平的培训教师和细致的培训计划。对于信息基础相对薄弱的中小企业来说，除了企业的最高领导人做好"一把手"外，更要舍得培训投入，始终如一地进行全员培训，借助培训手段统一认识，使得中层管理者和基层人员也能充分认识和理解实施ERP系统的实质。局部利益要服从整体利益，上下协同一致、众志成城地开展信息化建设，才能为成功实施ERP系统提供基本保障。

2. 规范ERP系统实施过程，确保技术水平

ERP系统的实施通常分为准备阶段、选型阶段、实施和应用阶段。企业管理者更多关注ERP系统实用功能。事实上，无论选用什么软件，其功能大同小异，划分的子系统基本相同，仅从系统宣传材料上很难区别优劣，而ERP系统本身往往也无法区分好与坏，只有ERP软件与实施对象的管理模式、企业文化、管理制度、组织结构和岗位职责适应程度区别，以及系统功能划分和软件操作界面的差异。因此，企业应非常重视ERP系统实施计划，规范ERP系统实施过程，并在实施过程中认真总结每个阶段和每项活动的优劣，善于整理、积累资料。针对独特的个性化解决方案形成新的技术。正确认识企业自身的规模，选择好的供应商，选择成熟的软件，架构灵活并且满足自身需要的结构都需要高技术。

企业要选择适合自己的软件，应该是把企业实际需求和标准逻辑（一般商品化软件设计思想）相结合，并能预留各种接口，同时必须配备齐全的文档，其全面详尽程度应达到用户能够自学使用，如用户手册、不同层次的培训教材以及实施指南等。总体上，ERP系统实施有步骤、有重点，一开始就要从企业的实际出发，建立合理有效的实施组织机构，制定切实可行的实施计划。

3. 加速实施过程中的技术转移，增强系统的生命力

我们可以按生命周期理论把ERP系统的设计与研制作为前半生命周期，把ERP系统的实施与运行管理作为后半生命周期。ERP系统的前半生命周期在软件制造商或软件提供商，后半生命周期在软件应用企业。ERP系统软件产品既有一般产品的特征，还有其自身个性化的特征。

一个 ERP 系统引入企业不是简单的产品启用或安装调试过程，而是一个复杂的知识与技术的转移过程，这种转移始终是双向的，但在不同阶段的转移侧重点有所不同。特别是在 ERP 系统后半生命周期内，不同阶段可以采用人才引进、项目委外和业务代理等多种模式并用。但是，ERP 系统运行管理技术最终必须引入企业，企业对 ERP 系统技术掌握程度越高，解决问题能力越强。我们可以把 ERP 系统实施分成前、中、后三个分阶段，在实施前首先是要把企业经营管理模式、管理制度、组织结构、企业文化和高层领导风格等非技术因素向软件服务商转移，同时也可以开始组织企业高层领导学习企业信息化基础知识，把信息技术向企业转移；在实施过程中，应当基本实施了企业管理思想、管理模式向软件提供商转移；重点在软件技术与知识向企业的转移，实施后，已经不存在单向的知识转移倾向，而是不断地双向交流，共同商讨最佳解决方案。

8.5 ERP 系统实施的企业文化因素分析与对策

8.5.1 实施 ERP 系统的企业文化因素分析

企业信息化工程中实施 ERP 系统是对传统管理模式的改革，这种改革涉及企业的方方面面，渗透到企业的各个阶层，从企业高层领导到基层员工。这种变革也是企业文化的重建过程，企业文化对 ERP 系统实施的成败影响是持久和潜移默化的，重视企业文化建设，适应 ERP 系统的管理方式和管理思想是 ERP 系统持续发挥效能的主要途径。ERP 系统实施的成功很大程度上应归结为企业文化的力量，企业文化是企业竞争力和软实力的核心，是影响企业经营的强大力量。ERP 系统实施成功与否，与企业的文化有着密切的关系，企业文化是极其重要的影响因素之一。

1. 企业文化的内涵

现代管理理论中企业文化备受关注，不同的管理学家和企业家有着不同的见解和描述。著名企业文化学家、美国麻省理工学院斯隆管理学院教授埃德加·H·沙因（Edgar H. Schein）将企业文化分为三个层次。第一层是表象层，这层显而易见的通过组织结构和流程表现，但本质却难以解读；第二层是表达的价值层，这层是战略、目标、哲学组成，具有表述性解释；第三层视为理所当然的无意识的信念、理解、思维和感觉，也是价值观和行为的终极根源。美国学者、哈佛大学商学院教授约翰·P·科特（John P.Kotter）和詹姆斯·L·赫斯克特（James L. Heskett）认为："在较深的层次中蕴含的那种不易为人察觉的层面上，'文化'代表着拥有这种文化的人们的基本价值观念。这些观念是一个人类群体所共有的。即便这一群体中成员不断更新，文化也会得到延续和保持。而在较易察觉的层面上，'文化'则体现了企业的行为方式或经营风格。"荷兰学者丰斯·特龙彭纳斯（Fons Trompenaars）和英国学者查里斯·汉普登—特纳（Hampton Tumer）在其著作《在文化的波涛中冲浪——理解工商管理中的文化多样性》一书中，对"文化"的定义为："文化是一群人解决问题和调解一对矛盾的方法。"中国学者王成荣和周建波认为："企业文化是指在一定的社会大文化的影响下，经过企业领导者的长期倡导和全体员工的积极认同、实践和创造所形成的整体价值观念、信仰追求、道德规范、行为准则、经营特色、管理风格以及传统和习惯的总和。"

综合国内外的观点，企业文化是在企业成立和发展过程中，受社会环境和传统文化的影响，逐步形成并被员工接受的具有本企业特色的解决问题的方法、协调关系途径、道德评判标准等的传统和习惯。

2. 实施ERP系统对企业文化的影响

ERP系统不仅是一套软件，更是一种吸收了各种先进管理思想的管理模式。它吸收了追求资源有效集成及配置、供应链管理（SCM）、精益生产（LP）、企业流程再造（BPR）等管理思想，因而也倡导了其中包含的经营哲理和价值观体系。虽然不能说它本身是企业文化，但是ERP系统吸收了现代的管理思想，体现了科学的经营哲学和先进的价值观，因此，ERP系统蕴含着一种文化。如果企业实施ERP系统时不具备那样的文化因素，甚至与那样的因素对立，则毫无疑问地会产生类似于"文化冲突"的局面。因为企业文化是在企业发展过程中逐渐形成的，具有相对稳定性和继承性，一旦形成，短时间内很难改变。这样的企业文化或者其中的一些因素便会对ERP系统实施产生约束，形成强大的实施阻力，导致ERP系统实施遭遇困难，无法顺利进行，甚至于有可能导致ERP系统实施的失败。

（1）存在着特殊主义文化。对于凡事讲究按照原先设定的流程以及规定的时间动作进行运转的ERP系统来说，规则是其保证。如果企业存在浓厚的特殊主义文化，人际关系被视为比规则更为重要，这就影响了ERP系统应有的作用。

（2）习惯于集体承担责任。ERP系统能够规定每个结点需要成员做什么，什么时候做以及怎样做，并且实时记录工作状态和结果，因此一旦有问题，很快能追溯个人责任。但是企业如果习惯于集体承担责任，就会出现没有人对问题具体负责，容易造成"大锅饭"的局面。

（3）推崇含蓄的交流风格。如果企业文化推崇含蓄不外露的风格，那么企业成员在项目组内的交流，或者组外的交流，会可能因为"面子"等原因，让交流沟通变得"吞吞吐吐"、曲折晦涩。这与ERP文化特点，与项目管理中的交流要求都格格不入，出现问题不能及时解决，最终的结果很可能是项目无法按时完成，成本激增。

（4）具有扩散型文化。如果企业内部成员们不仅存在着上下级的关系，而且不同场合形成的社交范围在企业内部发挥着不可忽视的作用，那么围绕流程运行，以业绩为导向的ERP系统文化就容易受到这种人际因素的影响，那么即使认同ERP系统能带来高效率，成员也会选择钻营的局面。

（5）缺乏成就感文化氛围。企业如果缺乏成就感文化氛围，没有注重激励因素，甚至忽视激励中的保健因素，那么极有可能让项目组成员的不满情绪比一般员工的不满更为强烈，这对于分期进行的ERP项目实施非常不利，因为再没有人愿意进驻项目组。

（6）存在同序型文化。ERP系统的实施环境需要次序型文化，也就是注重时间观念和计划。如果企业内部的时间管控是松弛的，这种缺失次序型文化会因为时间错乱导致ERP系统运行出错。

（7）没有"以客户为中心"的外控型文化及着重控制的"内控型文化"。如果企业受到长期的计划经济的影响，习惯了"以生产为中心"，则不能理解ERP系统以市场为导向的运作模式，则ERP系统无法充分发挥效能。

3. 企业文化对ERP系统实施的影响

企业文化不仅仅受到企业创始人的影响，还要受到社会文化尤其是传统文化的影响。当企业创立时，传统文化对企业核心价值观的形成产生了影响，又由于创始人的追求不同而形成了各色的企业文化。在传统文化的影响下，中国企业的企业文化形成了具有中国民族特色的独特个性。从不同的角度分析中国企业文化，可以看到其具有很强的民族特性。

不同国家和地区的传统文化和历史背景不同。由于 ERP 诞生在国外，ERP 软件大部分是由欧洲和美国发展起来的，因此自它一出现，就会有西方企业文化的烙印，它所蕴涵的企业文化明显地带有西方色彩。即使是国内自主开发的 ERP 软件，很多时候也借鉴了西方优秀的管理方式，所以同样或多或少地内隐含了西方企业文化的特征。

ERP 所蕴含的西方文化因素与中国企业里深受东方传统文化影响而形成的企业文化在很多方面存在着明显的差异，因此，ERP 系统在中国企业应用时与中国企业文化不适应，具有中国色彩的企业文化的很多因素不能适应 ERP 系统的要求，这些文化因素会阻碍 ERP 系统的实施，结果往往是导致了应用的不理想甚至是失败。

投资巨大、耗时颇多的各 ERP 软件实际上可以看作是一个没有企业实体的逻辑企业：有自己的组织结构、科学的运作流程、自己的流程管理控制等功能，一旦数据送上来就可以运转的完整的虚体企业。它的企业组织结构和流程可能同其实体企业结构和流程很不相同，但它是按功能和流程组建的，是依据管理科学理论建立的。就是这样一个虚体企业，携带着自身的文化烙印，在实施过程中对企业造成多方面的冲击。由于企业文化特有的惯性，以及与 ERP 系统所要求的实施文化氛围的不相符，会对 ERP 系统实施形成反作用力，造成负面影响，对 ERP 系统来说，企业文化是 ERP 系统所面对的一个外在因素。当一个企业的企业文化与其一致时，ERP 系统在这个企业中的实施就具有了天然的基础条件，这必将顺利地推动 ERP 系统的实施。反之，就会阻碍其运行。如果企业现在的文化与 ERP 蕴含的文化越吻合，那么 ERP 系统的本土化会越容易，这对 ERP 系统的成功实施奠定了坚固的基础。

然而对企业文化来说，ERP 系统则是企业文化所面对的外来因素。在 ERP 系统的运行过程中，企业的业务流程必须进行一定的重组与改造，而企业的管理理念、行为方式也会随之出现潜移默化地改变。在企业中实施 ERP 系统，能将这个外来因素所包含的文化渗入到企业文化中，使企业文化越来越靠近它，使企业的"本土文化"越来越适应 ERP 系统的运行。

8.5.2 打造企业文化，推进企业信息化建设

无论是 ERP 系统的实施，还是 ERP 系统的应用，都将受到企业文化的影

响，ERP系统的成功实施和应用都需要企业文化的支持。同时，ERP系统的实施与应用也会促进企业文化的建设。企业通过导入ERP系统，引进新的管理理念，规范企业管理，优化业务流程，必将要求员工改变价值观念、思维方式和行为习惯。ERP系统虽然本身不是一种企业文化，但蕴含的现代管理思想却处处渗透着一种文化。只有当一个企业的企业文化与ERP系统所蕴含的文化一致时，ERP系统在这个企业中的实施就具备了天然的基础条件。一致的文化能够推动ERP系统的实施，反之就会阻碍其运行。

1. 企业文化与 ERP 系统思想的融合

企业实施ERP系统时，要对企业文化进行变革，使之尽量与ERP系统的要求相适应。例如：ERP系统强调的是一种系统化的经营思想，用系统的观点对待企业的全部生产经营活动，把企业看作整个社会大系统中的一个开放的子系统，强调对这个子系统的资源集成和系统的总体优化；西方国家的企业文化强调"理性"管理，注重规章制度、管理组织结构、契约等的作用，并在管理上重视细节；ERP系统下的企业文化以人为中心，注重发挥员工的积极性、主动性和创造性；强调协作和团队精神。而我国有些企业往往缺乏系统化的管理思想；我国企业文化更强调"人性"的管理，如强调人际关系、主体潜能的发挥等作用。在用人上往往重"德"轻"器"甚至更重视人际关系，而忽略了对员工自身素质和能力的考核；特别是国有企业中，部门等级森严，很难形成真正意义上的团队精神。这些因素都是企业在实施ERP系统时要进行变革的地方，逐步与ERP系统思想相融合。

2. 企业文化、技术革新和管理变革协同

ERP系统实施是一个企业文化、技术更新与管理变革的协同过程。管理变革实质上变革的是人的思想，对企业而言就是企业文化的变革。ERP系统是人、组织、管理、信息与信息技术的综合体，ERP系统既包含着信息技术又包含着管理思想与方法，它们与企业组织系统共同作用并促成企业的组织发生着重大的变化。ERP系统的实施在一定程度上受到企业原有的企业文化的影响，这种影响可能是阻碍性的也可能是促进性的，同样ERP系统的实施也会带来企业文化的变革。因此，ERP系统的实施是一个技术更新与企业文化建设的协同过程，其目的是不断完善与发展适应外部环境的科学的管理模式。试图实施ERP系统的企业必须同时进行企业文化的建设，ERP系统的实施也为塑造优秀的企业文化提供了巨大的机遇和挑战。

3. ERP 系统推进企业文化建设的着力点

ERP 系统真实地描述了企业经营的过去与现在，企业管理不再跟着感觉走，而是以事实为依据，科学理论为指导，责权利明确，减少了无谓地争议和扯皮，不仅提高了工作效率，而且潜移默化地影响企业文化建设，规范工作方式，促使文化朝着良好的方向转变，形成目标明确的着力点，采取积极措施，使企业文化按照适合 ERP 系统需要的文化改变，更加有利于 ERP 系统的实施和运行，ERP 系统更能发挥企业团队合力作用。否则，保持旧有的不适应 ERP 系统的文化不变，则必将阻碍 ERP 系统的实施和运行。总之，实施 ERP 系统的企业一定要努力使自己的企业文化朝着积极的适合 ERP 系统的方向发展。

本章小结

ERP 系统的应用是一项系统工程，需要企业各方面的全力支持，针对 ERP 系统应用水平不高的现状，本章重点分析了企业领导、组织、技术、经济和文化等关键因素，分析了这些因素如何对 ERP 系统应用的成败产生影响，探索性地构建了成功应用 ERP 系统的解决方案，提出了提高成功应用 ERP 系统的具体措施。

习　题

一、简答题

1. 在 ERP 系统应用过程中如何做好领导工作？企业各层领导对 ERP 系统应用成败主要有哪些因素？

2. 在 ERP 系统应用过程中如何做好组织工作？企业组织对 ERP 系统应用成败主要有哪些因素？

3. 在 ERP 系统应用过程中如何全面提高员工的技术水平，以适应开展企业管理信息化的需要？

4. 在 ERP 系统应用过程中如何有效地控制费用，提高企业效益？

5. 企业文化对 ERP 系统应用主要有哪些影响因素？

二、论述题

1. 论 ERP 系统应用中领导是关键。
2. 论 BPR 与 ERP 存在相互促进的作用。
3. 论企业技术、经济和文化水平是 ERP 系统应用成功的关键因素。

第 9 章　云 ERP 系统

云 ERP 系统既是企业管理信息化应用发展的新模式，也是信息技术和信息系统发展的必然趋势，深刻地影响着企业运营的新业态。

9.1　云 ERP 系统概述

云 ERP 系统的产生与广泛应用是适应信息时代潮流和企业生态环境，也是企业谋生存、求发展的途径与现代管理工具。云计算技术在 ERP 系统中的应用加速促进了 ERP 系统的应用和普及，解决了 ERP 系统应用过程中存在的一系列问题，尤其是中小企业的技术与经济的瓶颈。

9.1.1　内涵与功能

云 ERP 系统是云计算技术与 ERP 系统融合的产物，也可以简单地看作基于云计算技术的 ERP 系统。可见与传统的 ERP 系统相比，没有本质上的差别。

1. 云 ERP 系统的内涵

ERP 系统的概念备受学术界和企业界的关注，自从提出至今没有明确的内涵界定。这主要是信息技术的极速发展，以及信息系统渗透和颠覆性应用，其内涵不断丰富，应用边界不断打破，所以，ERP 系统一直处于快速动态变化中。随着电子商务技术的发展，企业各种对外的业务活动也已经延伸到了互联上。企业管理信息化要求 ERP 系统应当支持互联网上的信息获取及网上交易的实现。作为 ERP 系统互联网技术阶段的产物，云 ERP 系统具有应用层面上的双重作用，一方面为电子商务的运行提供了即时传递信息的平台，它为公司建立了所有产品的信息库，包括产品的库存和价格信息等，使公司可以迅速查找和提供产品情况；另一方面云 ERP 系统又具有外部沟通交互能力，把从网上获得的信息和企业内部信息很好地结合，共享数据，降低资源的浪费。因此云 ERP 是开拓企业市场的有效渠道及管理核心。可见云 ERP 系统是在传统 ERP 系统的基础上，从管控企业内部资源，实现企业内部资源计划，向企业所在行业、企业上下关联企业，直到企业全球化资源计划，全面提高企业国际化环境下竞争能力的管理方法、管理思想、管理工具的大型复杂软件。

2. 云 ERP 系统功能

云 ERP 系统具有传统 ERP 系统的全部功能，而且具有多种应用集成，数据高度整合和不受平台限制等功能。

（1）多种应用集成。围绕核心企业，运用电子商务、进销存管理、供应链管理、客户关系管理等软件实现国际贸易、生产制造、财务等功能，整合企业信息流、物流、资金流等，将供应商、制造商、分销商、零售商直到最终用户等资源，连成一个整体的网链结构模式下的全部管控功能。提升企业间（特别是企业与供应商、客户之间）的数据交换，帮助企业提高整个供应链的竞争力。

（2）不受平台限制。云 ERP 系统实现真正意义上的多平台运行。即：云 ERP 系统不受任何操作系统限制，以便企业可以根据业务需要和投资能力选择最佳平台，并且帮助企业顺利实现不同应用水平阶段的平滑过渡。在企业建设管理信息系统初期，可以选择普通的 PC 网络，投资相对较低。随着应用规模的扩大，需要更大的处理能力，而且不希望更改应用软件系统。在这种情况下，跨平台云 ERP 系统显出十分优势，可以充分保护用户的投资利益。

（3）数据高度整合。进入系统的数据能根据业务流程以及管理工作的内在规律和内在联系及各应用功能之间的相互关系，经过转换、整合再传递到相关的功能模块中，使数据和信息能够在应用系统之间畅通流动，使得各应用系统能协同运作，达到数据高度共享和系统功能的高度集成。实现企业的整个业务流程的管控。

（4）高度模块化。云 ERP 系统在设计和开发过程中保证各模块、模块中的各项功能高度结构化。实现对系统的自由增减与配置。对系统的增减不仅是对各模块的取舍，还包括对各模块内部各项功能的增减，这样可以达到根据用户的规模及需求点不同配置用户的目标系统。

（5）商务电子化。大大缩短了供应链上采购信息从下游传递到上游的时间，信息流动时间的缩短提高了物流和资金流的流动速度，而第三方物流和电子支付方式又保证了物流和资金流按照预定的速度流动。物流、资金流、信息流流动速度的加快使得供应链能够在更短的时间内实现价值的增值。

3. 云 ERP 系统的特点

对企业而言传统 ERP 系统结构复杂、功能强大，需要有专业人员运行管理，ERP 系统建设与运行管理费用高，一旦发生故障难以及时解决。云 ERP 系统与传统的 ERP 系统相比，具有简单有效、先进实用和安全可靠等明显的特点。

（1）简单高效。即开即用，一看就会，无需培训。客户不用安装硬件服务器、不用安装 ERP 系统软件、不用建立数据中心机房、不用设置专职的 IT 维护队伍、不用支付升级费用。

（2）先进实用。ERP 软件是基于云计算应用的 SaaS（Software-as-a-Service，软件即服务）模式下运行的多平台数据互通软件。精细化运营和全方位的企业信息化平台，各功能模块以插件式应用，多系统集成。IT 资源支持弹性伸缩，保证了大流量时的系统质量、数据及时和完整。后台的处理速度及稳定性，使大批量的订单高峰能以最快的速度得到处理。

（3）安全可靠。将应用程序和数据部署在高安全等级的云主机和云数据库上，保证数据的独立性，有效防止网络恶性攻击。统一管控员工在后台和第三方应用中的角色和权限，做到人员与系统的双安全保障。解决由于人员与系统风险带来的数据泄露和系统瘫痪的大难题。

9.1.2 云 ERP 系统的结构

ERP 系统是在企业业务模式和管理模型前提下，依据企业的状况选配和调整功能模块后，组建起来的管理信息系统，其结构复杂固化、柔性差、对应用人员技术要求高。云 ERP 系统正是在这一背景下，为解决这些问题构建而成的，并能更好地适应企业规模不断扩大、跨地区和跨国企业发展的需要。

1. 云 ERP 系统层次结构

云 ERP 系统是云计算技术的应用，云 ERP 系统的层次结构是基于一般云计算的架构上的，因此其结构具有云计算架构的所有性能与特点。构建云 ERP 系统的结构从层次上看可以分成用户层、虚拟层和物理层三层结构，如图 9-1 云 ERP 系统层次结构（A）所示。

（1）用户层。企业在 ERP 系统结构中属于用户层，不需要拥有物理层的昂贵装备和虚拟层的各类复杂软件。用户层由应用层和应用服务层组成。用户在应用层通过网络终端设备（微机、手机和智能设备等）接入云 ERP 系统，运用 ERP 系统功能获取云 ERP 系统提供的各类服务。

（2）虚拟层。这层由云提供商集中分享给用户，企业只是云 ERP 系统的操作视窗。将用户层和虚拟层还可以进一步细分。在应用服务层，将云服务中心提供的云 ERP 系统服务按照企业实际应用需求进行整合形成企业特需的 ERP 系统。虚拟层还可以分成云服务层、云服务管理层和应用流程层，云服务层将来自不同数据中心的资源封装为服务并发形成服务目录，对服务进行查找、匹配、传输、共享等操作；云服务管理层负责全面的服务定义、请求和接收等管理事务，并按统一标准接口及协议支持服务管理各项工作；应用流程层通过企业组织和业务流程的分析得出用户对 ERP 系统的应用需求。

（3）物理层。这是由实现云 ERP 系统的硬件装备组成，其中包括各类服务器、控制器、中继器、网络设备等。

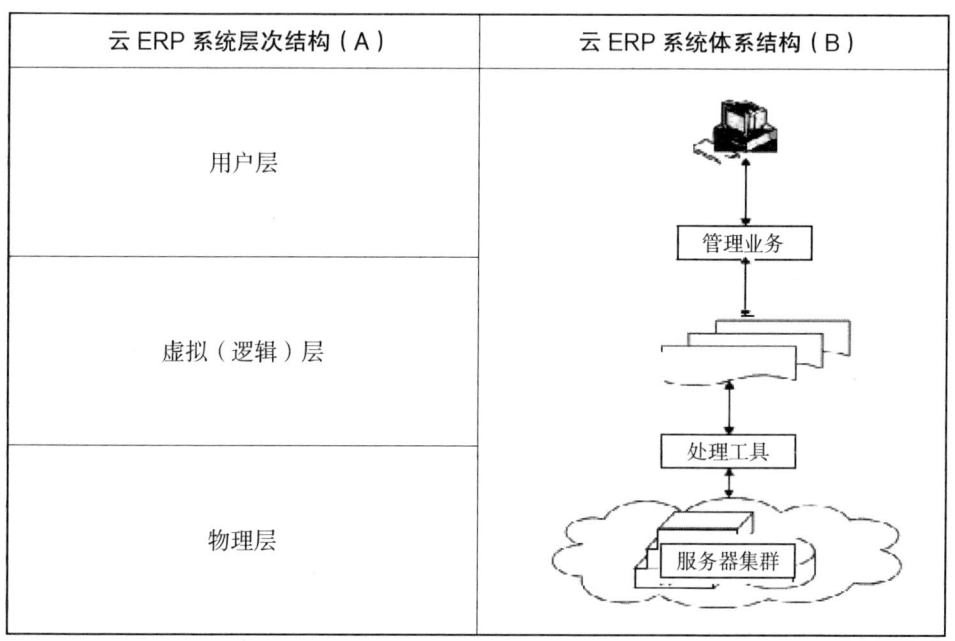

图 9-1　云 ERP 系统层次结构与体系结构

2. 云 ERP 系统的体系结构

云 ERP 系统体系是在传统 ERP 系统基础上逐步发展形成的，如图 9-1 云

ERP系统体系结构（B）所示。

（1）ERP系统体系结构。传统的ERP系统体系是在原MRPⅡ基础上构建的，经历了从C/S到W/S两种结构体系。C/S体系结构有效地解决企业内部的信息孤岛问题，B/S体系结构期望能解决企业间的信息孤岛问题。

（2）云ERP系统体系结构。云ERP系统体系结构的本质还属于B/S体系结构。在云ERP系统架构时，采用了SOA技术。

（3）C/S与B/S结构比较。传统的ERP系统C/S结构与云ERP系统B/S结构相比，无论从ERP系统应用企业视角，还是从ERP系统开发公司和第三方实施公司的视角比较，都存在明显的差异，如表9-1所示。

表9-1 传统ERP系统结构与云ERP系统结构性能比较

性能比较	传统ERP系统	云ERP系统
软件开发方式	面向流程定制开发方式	面向服务配置方式
模块间耦合度	紧	松
重用度	无	服务重用
集成方式	接口集成	标准API集成
部署难度	难	简单
实施时间	长	短
动态需求变更响应	难以响应	实时响应
易维护性	难	实时维护
应用范围	单一企业	全球化网络企业

3. 云ERP系统技术架构

云ERP系统是在互联网前提下构建的资源集成管理系统，需要满足企业O2O跨境电商模式、C2F的个性化定制商业模式和基于物流的物联网模式。其技术架构是层次和体系结构框架下设计形成的，如图9-2所示。

（1）应用服务层将面向企业提供资源计划服务，具有企业门户支持、PDS、WMS、MES、OS和其他业务系统的菜单、按钮、报表打印、URL服务，以及用户、角色、权限等功能。

（2）应用集成是通过API将用户层与基础框架的各种接口对接，实现云

ERP 系统的高可用性、高扩展性、高可靠性、高安全性等高性能。

（3）数据服务层提供 PDM、WMS、MES、FTP 和其他业务的数据，形成统一中央数据库平台。

9.1.3 云 ERP 系统与传统 ERP 系统的区别

与传统 ERP 系统相比，云 ERP 系统无论是对使用 ERP 系统的企业运行管理，还是对研发和实施 ERP 系统的公司都有明显的差别。

1. 提供形式不同

云 ERP 系统提供的不仅仅是软件产品，更多的是服务。云 ERP 系统提供了系统运行所需的服务器、操作系统、数据库、带宽、数据备份以及网络信息安全环境，而传统 ERP 系统这些都需要用户购置和部署；对于系统的维护，云 ERP 系统服务提供商则提供 7×24 小时不间断服务及系统运维服务，无须用户自己的 IT 专业维护，为此可以节约不少的 IT 硬件投入和人力投入，同时让用户专注于自身的业务运营，把不拥有核心优势的信息系统应用服务交给专业的 ERP 系统提供商。

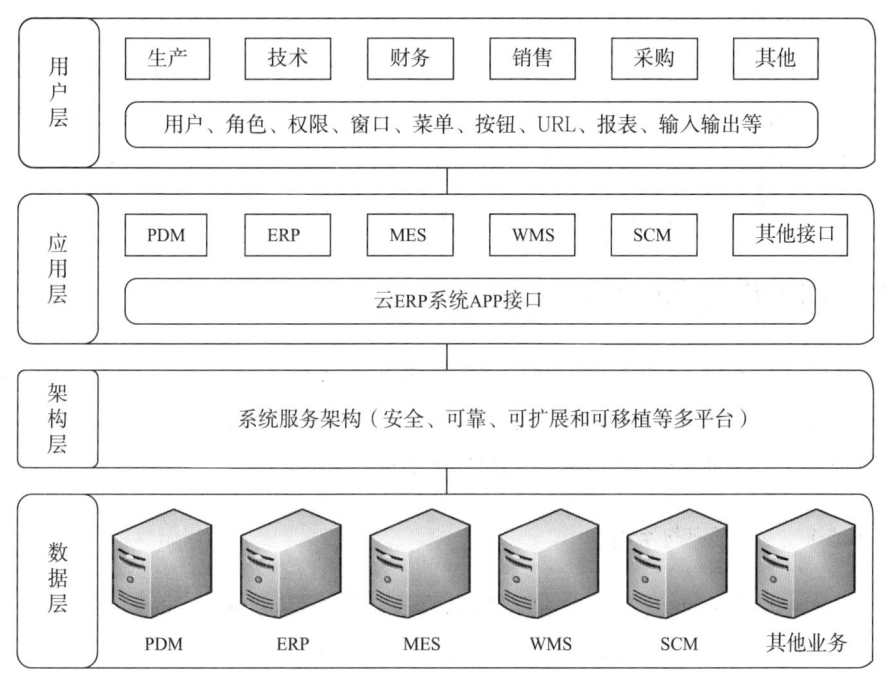

图 9-2　云 ERP 系统技术结构图

2. 投资方式不同

云 ERP 系统变一次性购买应用为按年（季或月）付费租赁应用。云 ERP 系统在避免用户一次性 IT 投入过大的同时，也避免了更换 ERP 系统的昂贵成本，主动权交给用户，用户即使不满意，更换系统的代价也相对较小，且用户不需要支付版本升级的费用。

3. 数据与信息安全程度不同

云 ERP 系统提供商通常都将服务器托管于几个较为可靠的云平台，同时将应用程序和数据部署处于金融安全级别的云主机和云数据库上，配备技术过硬的防火墙系统，有效防止网络恶性攻击。如管家婆云 ERP 入驻阿里巴巴聚石塔。即使遇到服务器临时故障，也会迅速自动切换到备份的服务器，保证系统运营高效、安全和稳定。

4. 云 ERP 系统的升级和完善更快更高效

由于是系统集中部署，若用户在应用过程中反馈出一些共性需求或 BUG，那么升级系统只需要在云服务器端，云 ERP 系统提供商很快就可以做出修改或升级，比传统的分散部署要下载升级程序或打补丁的方式要快捷和方便得多。

5. 服务响应速度不同

传统 ERP 系统用户，遇到系统问题或应用问题，往往要通过电话、邮件等方式发送正版验证信息甚至发送数据或远程登录等，才能得到 ERP 系统提供商的服务响应，这一个过程相对烦琐缓慢，而云 ERP 系统则通过在线沟通的方式，客服人员很快可以根据用户名确认用户反馈问题，并给予及时地解决。

9.2 云 ERP 系统的实施

企业上云 ERP 系统相对传统 ERP 系统而言具有很多优点。但是，因 ERP 系统功能繁多、涉及面广和结构复杂，因此，其实施需要依据传统 ERP 系统实施的过程科学筹划，详细监控，才能达到预期的效益。

9.2.1 实施前的准备

对于一般企业而言，上云 ERP 系统比实施传统的 ERP 系统既简单又省力，而且可以降低成本，快速见效。实施云 ERP 系统的过程与传统 ERP 系统实施过程相似，也需要做实施规划与计划，然后按计划目标执行完成。

1. 实施规划

对于大部分企业来说，传统的信息技术与信息系统应用部署模式都是竖井式的。不同的应用都由不同的软件开发商提供的，系统之间还有网络安全隔离，各系统间还有协同关系，网络应用拓扑十分复杂。上云 ERP 系统实施规划的主要任务是明确企业实施 ERP 系统的目标，是整体上云还是部分上云，是逐步上云还是一次性上云。还要确定上云的步骤，哪些系统可以先迁移，哪些后迁移，并解决迁移后和周边的系统怎么协同等问题。然后选择优质的云服务商。在选择云 ERP 系统服务商时，不仅要考察服务商的技术和经济实力，还需要重视供应商的诚信度。上云 ERP 系统的企业数据被托管在数据中心，这些数据是企业的核心资源。

2. 构建实施组织

明确实施目标后，需要进一步明确将在实施过程中甲方（客户方）和乙方（ERP 实施方）双方的项目经理人员，组建双方实施小组；双方项目组成员清楚和理解项目实施的目标和方法；双方项目组共同拟定一份项目实施主计划，公司高层信息化建设知识和 ERP 理念的培训；召开项目启动大会。

本阶段最终形成的标志性成果是项目组织/通讯录、项目实施主计划/资源需求计划、系统环境部署建议、工作任务书、项目章程、项目预算计划、质量保证计划、项目实施标准文档、阶段成果评估，召开项目启动会。

9.2.2 实施过程

召开项目启动会后，标志云 ERP 系统已经进入正式实施阶段。这阶段工作是整个实施的关键，需要做好项目设计、数据整理和资源融合，以及上线启用等工作，在实施过程中还需要跟进继续教育和项目监控工作。

1. 实施方案设计

在这阶段需要让企业实施小组人员（用户）了解 ERP 系统的功能，也要让软件公司的实施人员了解企业管理思想、业务流程和用户需求。实施小组一起分清本项目的主次，合理不合理，进一步界定细节需求边界，在业务调研的基础上帮助企业发现并确定企业现存的主要问题，分析这些问题，并找出导致这些问题的原因，编制业务计划；产品需求匹配，确定需求差异，做特殊业务处理的二次开发准备；编写解决方案初稿。

项目实施小组最终形成的成果包括：业务解决方案初稿、个性化开发方案、系统编码方案、系统参数配置方案、接口方案。该阶段里程碑：需求分析报告确认和业务解决方案确认。

2. 整合资源

不论企业在上云 ERP 系统前是否具有上云的经历，均需要对企业拥有的 IT/IS 资源全面融合，将企业原有的装备与数据进行重新筹划。如果企业信息系统应用有些部署在小型机上，有些部署在微机上，则对于部署在微机上的应用都可以直接迁移到"云"上，但是原来部署在小型机上的应用就需要先进行微机的改造，在支持用微机服务器承载以后才能迁移到云端，为实施云 ERP 系统做好准备工作。

3. 系统建设

企业如果已经实施部分信息系统应用，则原来的应用还需要结合"云"上提供的虚拟机、网络和存储的特点进行必要地改造。比如利用虚拟机可以按需配置规格、数量，可以脱离硬件的限制，采用"小颗粒、多数量、弹性伸缩"加负载均衡等网络设备构建更加稳定、可靠、快速的分布式应用体系。简单的"原来物理机什么配置，虚拟机什么配置，原来应用什么架构，上云后什么架构"的迁移方法，实际上完全失去了上云的优势，要防止为了上云而云的做法。同时还需要继续进行培训及知识转移；测试实施设计方案的可行性和有效性；将实施方案设计转换成公司将来实际操作流程，并对设计方案进一步优化与验收。最终形成项目测试计划/方案、项目培训总结报告、静态数据准备方案及表单、方案测试报告和解决方案终稿。

4. 上线切换

系统建设完成后进入上线切换。切换工作是否顺利关键在于前期工作的质量，特别是数据的正确性、相关岗位员工的培训质量，以及企业管理制度的调整和执行力。当企业已经使用部分信息系统，并需要保留系统数据时，数据迁移工作质量也很重要。在切换前已经完成上述所有工作，还需要保证动态数据的按质按量完成。这时系统正式上线，完成新旧系统的替换工作。

切换过程最终形成：客户内部支持体系、系统权限配置方案、最终用户培训总结、用户标准操作手册、切换方案、系统切换报告、上线切换报告。

9.2.3 实施后续支持

系统正式上线后完成项目的整体验收工作，并做好项目总结。为保证客户可以正常应用系统进行日常业务处理，还需要对实施人员进行有序地更换，开展持续地运维管理。

1. 项目验收

在云服务公司实施团队的支持下，按云 ERP 系统预定方案实施后，经过一段时间的试运行，需要做项目总结报告（质量报告），及时发现在实施过程存在的问题并有效地解决。项目验收标志着本阶段工作的结束，因此，需要对项目全过程进行总结和检验。项目验收不仅由项目双方参与，更需要第三方参与，才能更客观公正。

2. 人员更换

云 ERP 系统正式投入运行后，原云 ERP 系统的实施人员撤回原公司。完全由企业人员支持云 ERP 系统的运行管理工作。在云 ERP 系统提供公司实施人员撤离过程中需要做好技术转移工作，通过培训、交流和现场指导教会企业运行管理人员的日常工作技能。所以，项目虽然已经结束，但双方的合作工作事实上还会持续一段时间，云 ERP 系统的提供公司为企业"扶上马，送一程"，同时为下次合作做好准备。

3. 运维管理

无论是用户需求变更，还是软件性能提高，以及用户操作不当，都会引起系统运行异常，需要进行运行管理和维护工作。系统运行管理与维护是一项长期性的任务。首先要建立健全运行管理制度，做好系统运行问题记录，并重点督查数据质量，确保数据的时效性和完整性，及时沟通用户需求变更，明确异常原因和解决方案，甚至需要与软件公司签订 ERP 系统维护合同。

4. 监测与需求变更

启用 ERP 系统后，为企业解决了计划控制过程中存在的一系列问题，提高了管理水平和精细化程度。由于企业经营管理的复杂性和市场环境的变化，以及信息技术的快速发展和信息系统的普遍应用，用户需要变化是正常的。因此，ERP 系统提供商需要协助企业经常进行 ERP 系统使用效益评价，及时发现存在的问题，对于新功能增加和性能提高变化大的情况，需要另外立项完成。

9.3 云 ERP 系统的应用

ERP 系统是一种企业内部所有业务部门之间以及企业内外合作伙伴之间交换和分享信息的系统。通过系统的计划、控制和配置等功能优化企业各种流程和资源利用，加快企业对市场的响应、降低成本、提高效率和效益，从而提升企业的竞争力。企业在发展到一定程度以后，往往原有的组织结构和管理方法出现失衡，急需引入科学规范的管理思想和管理方法。云计算技术的出现使得 ERP 系统终于摆脱了原有的尴尬处境，为企业管理升级带来了转机，也为 IT 行业带来了全新的市场机遇。

9.3.1 云 ERP 系统应用提供商

ERP 系统应用的巨大市场形成了 ERP 系统软件研发、应用企业实施与运行管理、技术咨询与应用评价、软件升级与系统维护等自然生态产业链和成熟的 ERP 行业。ERP 系统的研发公司不断涌现，ERP 行业主导公司（即每年在 ERP 行业市场排名前 10 位的公司）基本都已经推出了云 ERP 系统服务，如 SAP、金蝶和管家婆等公司都具有云 ERP 系统服务。云 ERP 系统的用户群体覆盖了 IT、通讯、服装、视频、医药、五金建材、汽车汽配等各个行业，为各种规模和处于各种不同成长阶段的企业提供了全方位的信息化解决方案。

1. SAP 公司云 ERP 系统

随着商业环境向全数字化实时运营模式转变，SAP 公司的 ERP 系统逐步向云 ERP 系统发展。这样更有助于企业实施流畅且全面的多层战略，进而在多种场景中使用核心 ERP 功能以外的企业级功能。云 ERP 系统的架构从双层到多层，实现更紧密地整合与协同。

SAP 云 ERP 系统对集团公司或成长型企业而言，能实现对子公司或分支机构的管理，通过制定综合全面的企业资源管理软件战略，支持整个企业的发展。SAP 云 ERP 系统能为企业带来多方面的改善。

（1）提高效用。通过完善的行业模块，兼顾弹性与强大的效能，在各种规模的企业发挥超高效用。

（2）独立管控资源。助力子公司拥有自主权，保持各企业资源管理软件的独立性。

（3）企业可视化。母公司对整个集团的运行实现可视化监督和控制。

（4）节省成本。集团运营需要节约成本和降低复杂性，同时也必须满足分支机构成长的需求。

（5）随需而变。依据子公司运营性质不断演变，具有更高级的功能和更多的创新支持。

2. 金蝶云 ERP 系统

金蝶云 ERP 系统是移动互联网时代的新型 ERP 系统，是基于 WEB2.0 与云技术的新时代企业管理服务平台。整个产品采用面向服务的架构（SOA），完全基于业务操作系统（BOS）平台组建而成，业务架构上贯穿流程驱动与角色驱动思想，结合中国管理模式与中国管理实践经验，支持企业财务管理、供应链管理和精细化生产管理等核心应用。具有适应信息时代的现代化管理的强大功能。

（1）社交化。实现企业内、外部业务协作，突破组织边界、资源与时空限制，实现社交管理机制。

（2）多组织运营协同。实现企业内部多业务单元的运营与考核，灵活处理企业内部多组织下的用户权限体系，全面升级用户体验功能模块。

（3）多维管理。针对公司各组织与员工采用多维管理考核体系，解决多层次直接式管理模式弊端，改进财务核算体系。

（4）智能管理平台。通过智能管理平台，满足各层管理人员多角度核算与考核分析要求。

（5）资源配置国际化。助力企业全球资源配置的国际化，通过企业要素与财务核算规则，满足不同国家、地区管理制度与财务准则的要求。

（6）开放的产业生态链。开放的产业生态链，聚合产业链上下游合作方，整合随需应用的开发商资源。

3. 管家婆云 ERP 系统

管家婆云 ERP 系统是针对电商业务整合了进销存、网店订单处理、仓储物流和财务等应用的云平台。无论是单网店、多平台多网店还是线上线下业务一体化，管家婆云 ERP 系统均可帮助客户实现运营效率的大幅提升。管家婆云 ERP 系统可以实现多平台多店铺订单统一处理，提高发货效率，解决多平台模式下库存不准导致的超卖难题，如：实现财务往来对账更加快速、准确、清晰，还可以快速提升企业工作效率。管家婆云 ERP 系统为企业提供免安装、免维护、终身免费升级，其核心功能主要有如下特点。

（1）多平台多店铺订单同步。无缝对接超过 70 个主流电商平台，多平台多店铺订单实时同步，通过 API 接口快速下载全网订单，稳定高效不漏单。

（2）多平台多店铺库存实时同步。自动同步多仓库多平台多店铺库存数据，单品及套装实时库存精准统计，根据库存销量设置上、下限预警，便于及时补货，有效防止缺货超卖。

（3）订单自动化高效处理。自动合并拆分订单，系统智能审单、派单、分配仓库、匹配物流；支持热敏打印；支持扫描验货出库，降低错发漏发概率，高效提升订单处理效率。

（4）异地仓、预售、缺货订单管理。异地分仓订单管理，按订单地址及仓库库存状况进行智能拆单，订单自动分配到就近仓库，缩短配送时间，减少物流成本；系统自动识别并拆分预售及缺货订单。

（5）商品库存量单位（Stock Keeping Unit，简称 SKU）统一管理。商品分类管理，SKU 统一编码，支持条形码自定义设置管理，支持商品出入库、盘点等业务的快速扫描处理。

（6）财务往来对账清晰快捷。自动生成财务报表，快速管理应收、应付款项，物流运费快速结算，供应商对账快速准确，财务往来账目清晰明了。

9.3.2 云 ERP 系统应用案例

云 ERP 系统应用已经成为信息技术快速发展与深入应用的重要领域之一，涌现了许多成功的云 ERP 系统应用软件服务公司，其中金蝶软件公司是最具有代表性的公司。

1. 金蝶软件公司运作模式

企业在项目准备时必须了解云 ERP 系统提供商的运作模式，便于项目实施，确保实施过程顺畅。不同的云 ERP 系统提供商的运作模式存在差异，但总体方式基本相同。金蝶软件公司的云 ERP 系统运作模式如图 9-3 所示。

企业首先通过金蝶软件公司的官网注册，成为金蝶软件公司的客户。然后依据企业信息化的需求选择云 ERP 系统功能模块。实际上企业往往难以决断具体需要信息化软件产品的哪种型号规格，需求与软件公司的客服人员沟通，帮助您选择更适合的软件产品，甚至需要客服人员到公司协商解决方案，提供选择更适合且有利企业的云 ERP 系统功能与规模。在正式签约开展实施前，官网平台提供模拟体验，促使企业对选用的云 ERP 系统具有直观地认识。

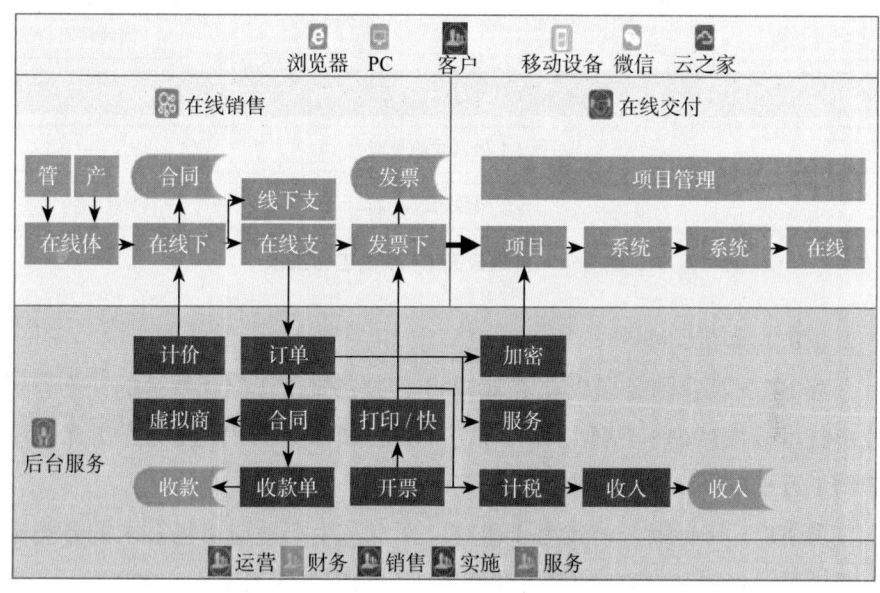

图 9-3　金蝶软件公司的云 ERP 系统运作模式

在付款方式上，依据项目规模可采用快捷方式和标准方式，旨在提高工作效率。当项目规模小（合同签约金额小于 20 万或工作量小于 90 人日）时使用快捷结算方式，这样结合云 ERP 产品在线开通、在线支持等特点，增加相关实施在线工作，适当减少工作步骤，工作包可减少为 10 个。否则，采用标准付款方式，需要执行完整的 26 个工作包。

根据金蝶云 ERP 系统项目特点，适应快速交付的需要，选用快捷结算方式，主要减少了项目启动大会、业务调研、流程模拟、业务蓝图、客户化开发、系统测试、编写操作手册、项目总结等工作包，同时将关键用户培训和最终用户培训合并为系统操作培训，强调学员先要利用在线课件进行培训预习，然后准备精简线下的项目管理工作，再通过项目管理平台进行线上管理。金蝶云 ERP 系统工作流程如图 9-4 所示。

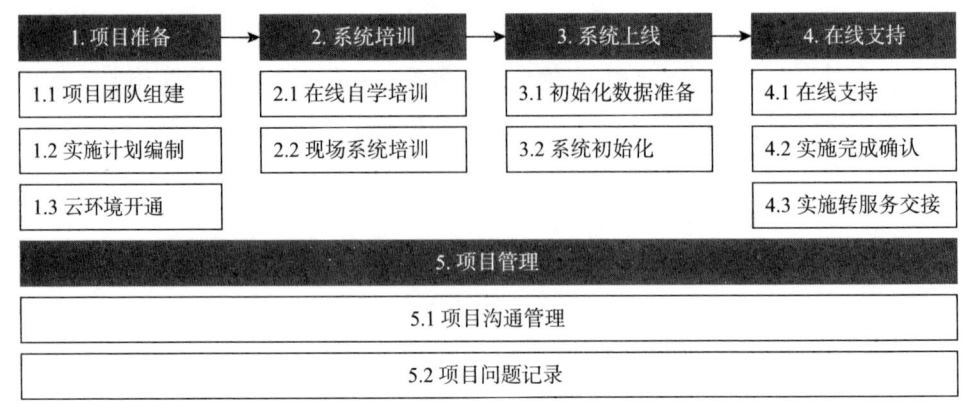

图 9-4 金蝶云 ERP 系统工作流程

2. FT 工具有限公司

江苏 FT 工具有限公司成立于 2011 年，公司坐落于交通便捷的江苏省丹阳市经济技术开发区内，占地约 3 万平方米，科研生产面积约 2 万平方米，绿化面积约 1 万平方米，是一座现代化的花园式工厂。

江苏 FT 工具有限公司致力于研究、开发、生产适应市场需求的各类金刚石工具产品。经过 20 多年的努力和发展，公司现有注册资本 3 000 万元，拥有员工近 500 人，其中中高级技术人员 50 人，年产量可达 1 800 万片。2018 年公司已经引入了云 ERP 管理系统，实行科学化管理并通过了质量（ISO9001：2015）、环境（ISO14001：2004）和职业健康安全（GB/T28001-2011）管理体系认证，主导产品均通过了德国 MPA 产品安全认证和欧盟 EN 认证。

江苏 FT 工具有限公司本着以人为本、诚实信用、务实求进的理念，把更优的产品奉献给用户，全心全意为用户服务，公司的组织架构如图 9-5 所示。

镇江金蝶软件公司在为 FT 工具有限公司提供云 ERP 系统等企业信息化项目服务过程中，首先对 FT 工具有限公司的信息化现状开展深入的调研沟通，在项目立项前深入企业共同讨论解决方案，梳理企业业务流程，从不同侧面分析企业存在的问题。通过调研发现 FT 工具有限公司在当时业务部使用天心软件；财务部使用金蝶软件；业务部有 6 个账套，多地点使用，各账套基础数据不统一，无法查询全局库存，存在一物多码情况，导致企业的经营情况无法及时完整地查询。另外各子系统单独核算，不支持事业部高层管理。集团各事业部之间内部不能很好地协同作战，尤其是采购协同、生产协同等。财务与业务也未实现财务业务一体化,无法及时自动获取业务数据,需要手工填制凭证,费时费力。很多财务核算工作依旧依靠手工进行,数据滞后导致财务无法及时对业务进行把控,因此急需实施云 ERP 系统。

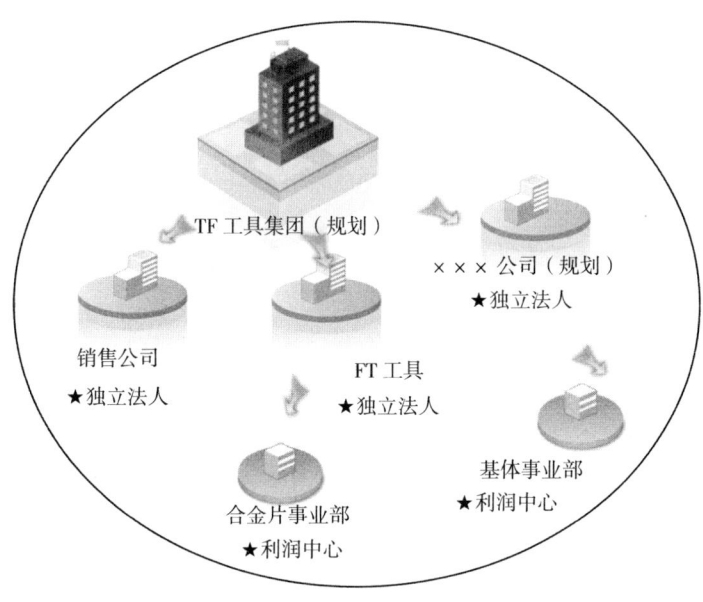

图 9-5 江苏 FT 工具有限公司组织架构

3. 江苏 FT 工具有限公司云 ERP 系统实施全景

上线云 ERP 系统项目任务繁重,需要对任务分解。首先将实施工作划分阶段,如图 9-4 所示。然后将每个阶段再进一步分解成具体的工作包。

任务 1,项目准备。在项目准备阶段,首先组建团队,指定项目经理,确定团队成员,建立项目组织,明确职责和分工。FT 工具有限公司由 Y 副总经理代表企业,全程参与项目实施,项目结束后兼任 CIO,镇江金蝶软件公司由张总亲自组建项目团队,确保项目实施决策的权威性。然后编制实施计划,明确工作范围和交付成果标准,明确责任人,使后期工作有序开展和双方了解项目进程,促进合作。制定的计划落实到具体的责任人,还有明确的交付物。最后由金蝶开通云环境。这些工作完成后通知客户及时进行确认,通知格式如图 9-6 所示。

客户 logo			KingDee	
尊敬的××客户：				
你好！很荣幸地通知，为了贵单位提供的金蝶云环境已经开通，请按照双方约定的要求和服务标准进行检查，并按有关程序开展下一阶段实施工作。				

客户名称				
项目名称			合同编号	
客户名称				
客户地址				
客户联系人			客户电话	
云环境清单				
云环境网址			开通日期	
用户名			初始密码	
操作系统版本			数据库版本	
金蝶云版本			注册用户数	
安装软件模块				
序号	模块	是否安装	序号	模块	是否安装
1	总账管理		2	报表管理	
3	固定资产		4	出纳管理	
5	应收款管理		6	应收款管理	
系统工程师			联系电话	

金蝶软件（中国）有限公司（电子章）

日期：2017-12-1

图 9-6 金蝶云环境开通通知单

金蝶云环境开通当天，系统自动发送 PDF 格式附件邮件给客户，落款包含金蝶电子章。当系统未实现自动发送之前，由顾问编制并发送给客户。

在镇江金蝶软件公司的协助下，通过反复与 FT 工具有限公司沟通，最终给公司定制了云 ERP 系统平台与相关软件产品规格，如图 9-7 所示。

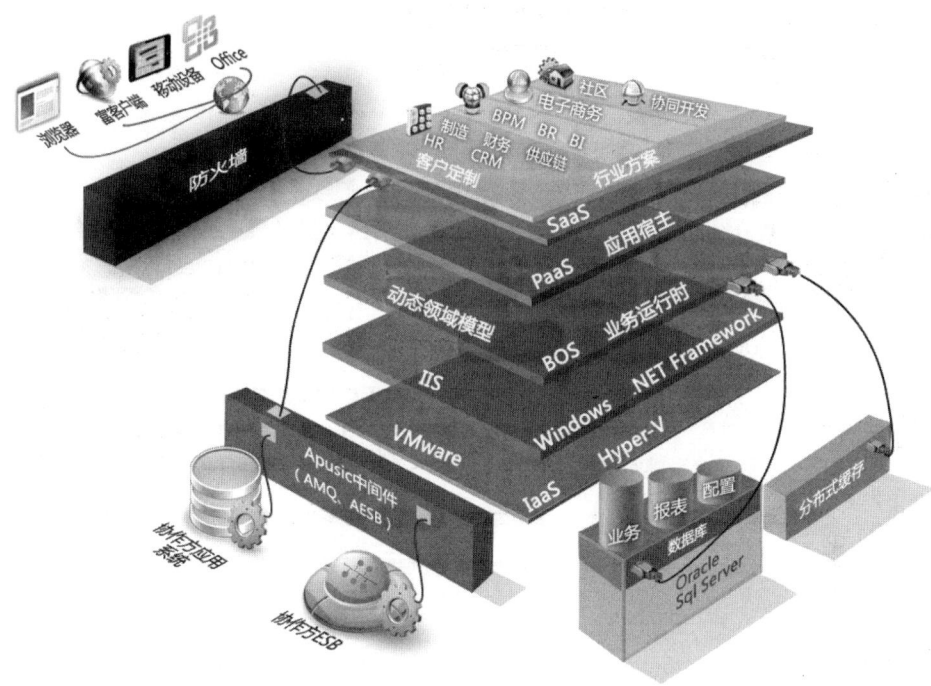

图 9-7　FT 工具有限公司云平台示意图

同时依据项目已经明确的需求和信息化目标,制定了 FT 工具有限公司云 ERP 系统及其信息化软件产品构架,如图 9-8 所示。

FT 工具有限公司应用云 ERP 系统实现信息统一管理,建立统一的数据中心、统一的参数管理、统一的基础资料、统一的政策管控和统一的运营管理。其中统一数据中心做到同一数据中心,基础资料和业务数据统一存储,为集团管控、业务协同提供前提;由 FT 工具有限公司信息中心对系统参数、角色权限等进行统一管理,做到统一参数管理,降低企业风险;统一基础资料做到统一物料、客户、供应商、会计核算,为集团数据共享及业务管控提供基础;统一的政策管控,包括价格、信用、促销、返利、可销控制、费用报销等在内的各种政策管控;统一的运营管理做到随时随地掌握企业全盘运营状况,提升企业整体运营效率。

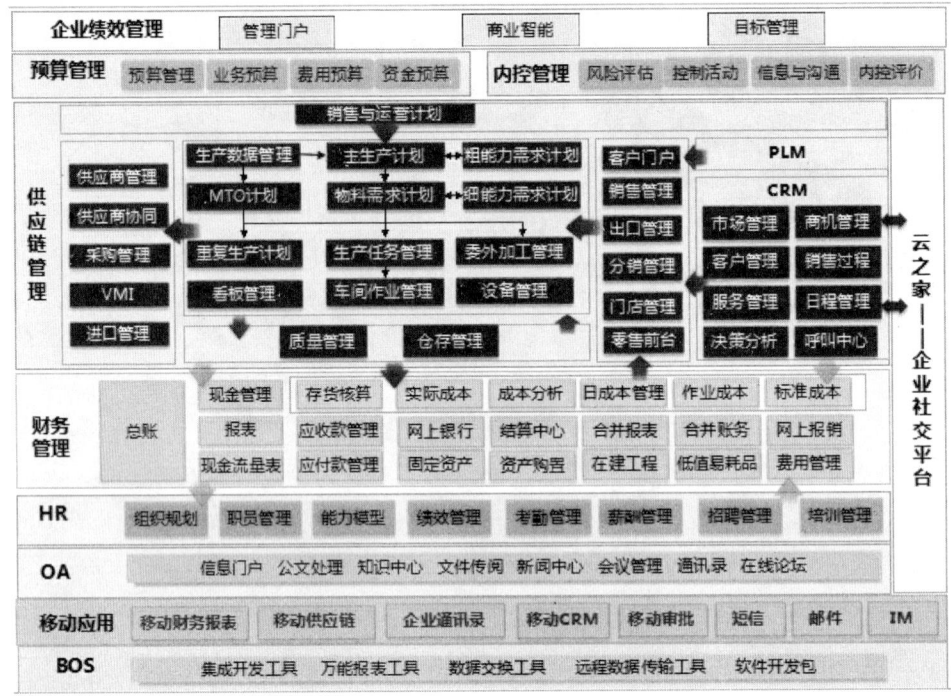

图 9-8 FT 工具有限公司软件产品架构

还为 FT 工具有限公司构建精细化的利润中心考核体系，如图 9-9 所示。

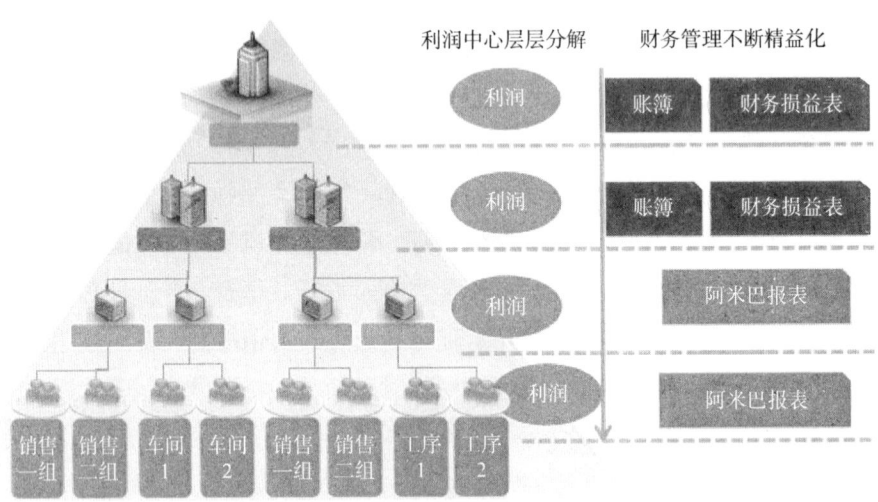

图 9-9 FT 工具有限公司利润中心

FT 工具有限公司利润中心的体系结构细分了公司经营的单元，实际上是依据公司管理组织结构设置利润中心的授权，强调自我管理机制，提倡精益管理，其目的是为了及时了解现状、找到问题、激发创新。构建的利润中心体系既能够支持到组织级，还能继续深入支持到部门级、小组级。利润中心的核算可以使用财务核算的完整体系，也可以使用非常简便的报表取数法，达到用财务数据评价绩效的目的。

最终构建成 FT 工具有限公司移动互联网时代的 ERP 系统产品结构，如图 9-10 所示。

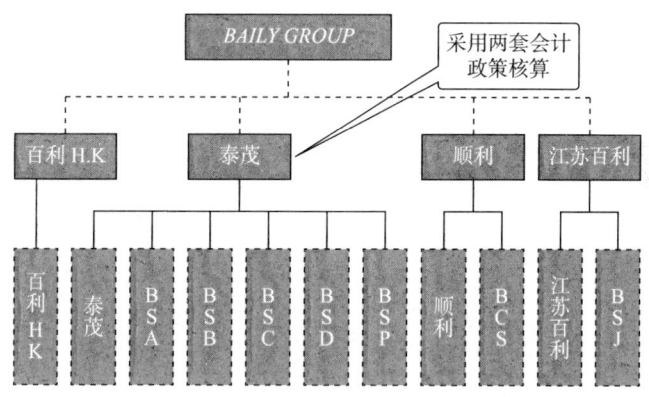

图 9-10　FT 工具有限公司云 ERP 系统结构示意图

确保新系统满足预定目标，既能满足最初工作范围（SOW）规定的正常流程，还能满足业务数据处理需求。

从上可见，企业实施云 ERP 系统所做的准备工作十分重要，而且这阶段的工作直接影响到后续工作的质量。

任务 2，系统培训。此项任务与实施传统 ERP 系统培训要求基本相同，在培训前需要做好培训计划，明确培训的目的、培训的内容（流程及具体操作）、培训用户对象、培训地点、培训时间的安排和采取什么培训方式，具体如何做好培训等工作。实施云 ERP 系统在实施传统 ERP 系统培训基础上增加了灵活方便的在线培训方式。当企业在金蝶官网注册成为正式客户后，就开通了学习资源授权，金蝶官网提供了仿真实践的 ERP 系统环境，用户通过终端随时可以访问培训网页，调用相关培训资料接受自主式训练。

在线培训不仅给学员提供在线课件、操作练习、灵活组合和丰富的内容，而且在线视频讲解实施云 ERP 系统过程，内容主要包括：基础设置、基础资料、系统初始化、日常业务操作和报表打印等功能。在金蝶官网上可以通过"金蝶社区→课程→全部课程→产品入门→ K3Cloud："或者直接输入 http://club.kingdee.com/club/cloudschool/courselistIP 地址进入培训页面，主要培训资源内容和对应网址如表 9-2 所示。

表 9-2　金蝶云 ERP 系统功能模块培训资料单元

系统	课程内容（分钟）	培训视频地址
总账	课时 1：金蝶 K3Cloud 总账系统初始化（10） 课时 2：金蝶 K3Cloud 总账系统日常业务处理（6） 课时 3：金蝶 K3Cloud 总账系统期末处理（8）	http://club.kingdee.com/club/cloudschool/course?cid = 211
报表	课时 1：金蝶 K3Cloud 报表系统（10）	http://club.kingdee.com/club/cloudschool/course?cid = 214
固定资产	课时 1：固定资产 01 初始化（8） 课时 2：固定资产 02 日常业务（10）	http://club.kingdee.com/club/cloudschool/course?cid = 231
出纳	课时 1：出纳管理 01 初始化（6） 课时 2：出纳管理 02 日常业务（9）	http://club.kingdee.com/club/cloudschool/course?cid = 229
应收	课时 1：应收款管理 01 初始化（9） 课时 2：应收款管理 02 日常业务（10）	http://club.kingdee.com/club/cloudschool/course?cid = 235
应付	课时 1：应付款管理 01 初始化（8） 课时 2：应付款管理 02 日常业务（9）	http://club.kingdee.com/club/cloudschool/course?cid = 234

任务 3，系统上线。对企业而言系统上线任务实际上是做好初始化工作。需要为 ERP 系统提供正确、完整、实时的运行数据。在整个初始化过程中首先做好静态数据准备，然后分别做好动态数据准备、系统配置数据准备、正式运行环境设置等工作，并将这些数据输入或导入云 ERP 系统。如果初始化数据不准、不全、不完整，上线工作绝不往下进行。同时还要做好基础数据管理规范及流程制度确定。

基础数据管理规范主要制定主数据规划和基础数据编码规则。主数据规划要充分考虑系统内组织架构及组织属性设置、各组织权责体系设计、系统角色及相关权限设计和业务流程图设计。基于以上设计后，初始化工作才能落地。

基础数据编码规则对系统所有的编码，要求达到唯一、分类别、勿有意、避变化、数字好、力求短长统一和用跳号规则。

基础数据管理规范还需要明确将需要维护的主数据及辅助属性的种类、各模块基础数据的种类，定义新旧系统基础数据转换的规则，讨论及制订各基础资料各字段属性，定义维护规范，并制订成手册，同时还要明确何种场景使用哪种属性。

基础数据的准确性是系统上线能否成功的关键要素，因此需要制订维护基础资料的流程及管理制度，确保数据的准确性；需要明确各业务组织下的基础资料管理组织及权限；明确提出数据所有者的概念，确保主数据录入是唯一来源；明确各基础资料处理的时限，规定完成时间，以便后续业务可正常开展。

在系统初始化过程中最重要的是期初的数据处理与检查工作。项目规模越大，数据量也就越大，极具挑战性。系统初始化是从上线动员大会召开开始，这项任务需要企业的"一把手"参与，这样才能鼓舞上线士气，坚定上线决心，做好艰苦作战的心理准备。在上线工作安排上需要明确数据责任者，做到责任到人，强调明确各项静态数据与动态数据录入的负责人，并按照上线切换计划正式完成初始化工作。如果是导入数据，还需签字确认。软件公司需要为客户制定初始化指南，并一步一步指导用户完成初始化，最后开展一次全面的环境检查，做好系统上线完成确认，确保初始化可以正常进行。

初始化完成后，如有必要，需要将为了初始化工作顺利开展而开放的相关权限（如反初始化等）收回，对权限集中管理；上线支持不需要太多顾问，项目组可以考虑逐渐将顾问资源撤离现场。系统实现阶段最重要的工作就是完成系统上线，签署上线完成确认单。这标志着云 ERP 系统开始进入了上线支持的下阶段。

当完成较大规模项目初始化后，在通常情况下一定会经过单据补录、系统切换以及正式运转三个阶段，在这三个阶段各自往往存在不同的问题，需要采用对应的措施。只有这些工作完成后，才能称之为正式上线。

单据补录是由于客户旧系统结账有滞后期，且两套系统基础数据规则设定不一样，会导致单据数量不可能一致。蓝图设定的流程不管如何完整，客户还是会因为不愿意补录大数据而造成补录工作量积压增大，甚至会出现两套账并行的状况。补录数据质量不高，也可能系统流程未能像蓝图设定的业务流程运作于是造成数据补录，因此在补录单据期间最好集中办公，这样处理问题周期短,还可以充分利用顾问资源(SOP+视频+呼叫中心等方式联合使用)及时处理好相关问题。

在系统切换阶段,往往用户对新系统不信任、仍然习惯于依赖旧的系统、惯性思维,所以不愿意放弃原系统,仍然以原系统为主,一旦不会操作或出现问题,都会怪罪新系统有问题。系统刚切换时,短时期会出现大量数据质量问题,用户喜欢比较系统的易用性和操作习惯以致不适应新系统。因此应当采用行政命令停止原系统,迫使其在新系统中作业,关键用户需要有后备力量及时顶岗,才能消除最终用户的怨气。

在正式运行阶段的结账期间由于存在大量并发,一些复杂计算系统运行速度有时会出现缓慢。许多单据作业过程中用户输入数据经常存在错误,但当时发现不出来,影响基础数据的质量,用户情绪容易再一次爆发,不易控制。应当通过管理和技术手段加强数据校验,从源头找出问题的原因,证明系统逻辑性不存在问题。提前准备各种问题的处理对策,让用户知道如何处理,增强其信心。当然也需要系统部署介入,进一步优化系统性能。

根据SOW约定的工作范围,所有的项目交付物和资料已经提交给客户后,如项目文档无质量问题,客户在规定的5个工作日内应给予明确答复,如逾期未答复,视同确认本阶段实施工作已完成。当所有阶段工作完成确认单签署完毕,且项目具备以下几个条件时,即可视为本项目实施工作结束。项目实施完成确认的条件:

(1)项目文档已移交客户。按照SOW约定的范围提交项目组交付物,并且已经签署项目资料交接确认单。

(2)系统可以稳定运行。系统在做复杂计算的时候已经能够稳定运行,不会出现宕机的情况;系统运行速度较平稳,不会出现速度特别缓慢的情况,并且有人持续监控与优化系统性能。

(3)业务流程/周期性数据正确性有保障。系统实现的业务流程与蓝图设计的方案一致并且完整;系统一定周期内的业务数据逻辑处理关系正确,如财务业务一体化可以以月底结账正确作为结束标志。注意:因用户人为输入错误的数据不属于此范围内!

(4)客户信息系统管理/业务管理制度化。客户已经编写信息系统管理制度并且已经正式公告;客户已经按照管理制度正式运作。

（5）替换原作业方式。正式关闭原系统或者已经用系统实现了SOW中约定的可以替代手工作业的方式。

任务4，在线支持。系统正式上线后，首先要建立以客户内部专家为主体的在线用户支持中心，通过电话、即时通信方式（云之家、QQ、微信等方式）及时解答用户提出的疑问，然后不定期辅导关键用户。也可以通过现场指导方式，指导用户解决运行过程中存在的各类问题，避免因不熟悉系统而造成混乱。金蝶软件公司还为FT工具有限公司编制系统运行常见问题及答案集，供FT工具有限公司参考。最后在实施完成确认后，项目所有资源都要交接，正式移交项目资产。梳理项目实施成果，项目经理正式将项目资产移交给服务顾问。服务顾问必须具备承接系统运维支持能力，服务顾问最好提前进驻项目现场进行学习，便于就项目实施遗留问题达成共识。服务顾问提供在线支持时，需要按规范的问题处理流程操作，如图9-11所示。

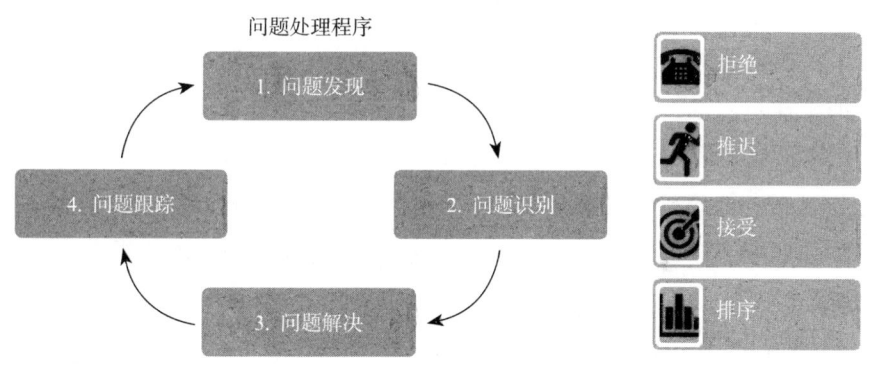

图9-11　问题处理流程

由于种种因素，在系统运行初期，时常会出现各种问题。用户对这些问题往往说不清，给出了现象概要描述，因此先正确定义问题，然后研究解决的疑难和矛盾，再识别问题，找出问题可能发生的风险和问题管理的重点，经过分析提出解决问题的方案，及时解决问题，防止问题恶化。

9.3.3　云ERP系统应用效益

企业采用云ERP系统相对于采用传统ERP系统而言，不仅能提高企业管理水平，增强市场竞争能力，加强部门之间的协作和信息流通，而且更能适应随需而变的生态环境。通过信息流优化企业资源配置，提高企业生产运维效率、经济效益和效应。

1. 效率提高

云 ERP 系统不仅具有传统 ERP 系统功能与性能，而且通过数据正确、实时和计划的可执行性，极大地减少生产过程中失控造成效率低的局面，更加方便实现实施 ERP 系统遵循的"效益驱动、分段实施"原则。无论在实施 ERP 系统准备阶段和实施过程阶段，还是在运维管理等 ERP 系统全生命周期的各个阶段，其工作效率都得到了全面提高。

（1）准备阶段。实施传统 ERP 系统的准备工作繁多，是整个实施项目的基础，特别是培训与教育需要花费大量的时间，如果准备不充分，甚至会导致项目失败。企业上云 ERP 系统虽然相关工作都要做，但在选用功能和适应变化等方面都具有强大的灵活性，而且有专业化队伍协助准备，减少了准备工作时间，提高了工作效率。

（2）实施过程。企业无须采购、安装、调试硬件，这些都由云服务公司提供，不仅加速了实施过程，而且更加确保系统质量，云 ERP 系统的实施过程效率更加显著。

（3）运维管理。企业无须组建运维管理队伍。这不仅节省成本开支，而且可能通过服务协议确保系统运行过程中的各种异常得到及时修复。在 ERP 系统全生命周期各阶段中，采用云 ERP 系统后，运维管理阶段能提高效率是最突出的。

2. 增加效益

成功运用云 ERP 系统所增加的效益不仅拥有在传统 ERP 系统的各个方面，而且更加突出在减少了各方面的成本。

（1）云 ERP 基础设施成本推给了供应商。实施传统 ERP 系统将会导致大量的初始投资。在实施过程中需安装系统、系统配置、员工培训和数据迁移。采用云 ERP 系统软件安装在云服务公司服务器上，由云服务公司托管软件，而且只负责购买和组织所有硬件所需的费用。企业不必担心拥有最新的设备或办公室所需的物理存储空间，减少了初创企业初始投资成本和持续软件维护成本。

（2）取消运维人员。选择云 ERP 系统，意味着软硬件托管。云服务公司负责处理和维护所有很必要的硬件和服务器需求。这也包括处理常规的备份。客户不必担心雇佣员工的问题，因为他们已经得到了来自于厂商的 IT 支持代表提供的知识渊博的团队。

（3）减少投资压力。使用传统 ERP 系统，需要支付大量前期费用，并且还要一次性支付。而使用云 ERP 系统，只需按月支付少量的许可费用。这是因为直接购买，转为租赁使用模式。该模式可预测月费用，使得预算成本更简单，降低了投资压力，有效地改善了现金流。

3. 延长效应

成功实施 ERP 系统都是在特定的范围内，具有明确的系统边界、目标功能和性能。ERP 系统的实施是分阶段进行的，每个阶段是有明确的时界。当 ERP 系统投入运行一段时间后，由于各种因素的影响造成动态变化是常态，对 ERP 系统功能与性能保持不变是相对的。企业规划越大变化因素越多，对 ERP 系统不变的时间越短。ERP 系统在企业应用保持稳定不变的时间就是 ERP 系统应用的效应，因此，企业变化越大，应用效应越短。而且实施 ERP 系统效应也是其效益评价的主要指标。在一般情况下，企业使用传统 ERP 系统后在 3 至 5 年内需要进行重大调整、升级和维护，又需要投入很大的资金。采用云 ERP 系统后，系统的主要软硬件和运维管理不在企业，不存在系统升级、维护和更新工作。企业只要按需调整服务费用，ERP 系统持续提供应用，这极大地延伸了系统的应用效应。

本章小结

本章系统地介绍了云 ERP 系统的内涵和功能特点，从用户视角分析了云 ERP 系统的结构组成，阐述了云 ERP 系统与传统 ERP 系统的区别、产生原因和应用前景。重点介绍了云 ERP 系统实施过程和相关规程，以及当前主要的云 ERP 系统提供商的基本情况和功能特点。为企业应用云 ERP 系统提供相关基础理论与方法。

习　题

一、名词解释

1. 云计算　　2. 云 ERP 系统　　3. 应用效应　　4. 多平台多服务

二、简答题

1. 云 ERP 系统与传统 ERP 系统有何区别？
2. 云 ERP 系统有何功能特征？
3. 简述云 ERP 系统实施过程。
4. 云 ERP 系统有何应用效果？
5. 云 ERP 系统应用效益主要体现在哪些方面？

第 10 章 云 ERP 系统与人工智能和大数据技术

人工智能和大数据技术优化了 ERP 系统解决方案。通过云技术，使云 ERP 系统自动生成管理决策所需的各类信息，并成为管理职能部门的重要组成部分。

10.1 云 ERP 系统与人工智能

随着时间的推移，人工智能开发人员正在减少复杂的工具，或者完全被人工智能取代。超过四分之三的专业人员正在或打算利用人工智能将 ERP 系统迁移到云端，减少维护和升级 ERP 系统的成本和摩擦。

10.1.1 人工智能内涵与特点

随着数字化转型的进程加快，企业开始重新评估 ERP 系统的作用。传统 ERP 系统经过多年僵硬化定制过于追求生产的一致性，而忽视了客户需求的变化，导致系统缺乏灵活性，已经无法满足当今数字业务模型的增长需求。目前，人工智能、机器学习发展迅速，成了很多企业的必备帮手。云 ERP 系统供应商要想解决传统 ERP 系统存在的问题，需要人工智能的帮助，或用更高的智慧和洞察力挽救传统 ERP 系统。

1. 人工智能内涵

人工智能（Artificial Intelligence，简称 AI）。它是研究、开发用于模拟、延伸和扩展人的智能的理论、方法、技术及应用系统的一门新的技术科学。

人工智能从字面上可以简单地分为"人工"和"智能"两部分。"人工"比较好理解，不做详细陈述。"智能"是社会的产物，具有社会属性，涉及诸如意识、自我、思维等一系列问题。普遍认为人工智能是人本身的智能。人工智能的研究往往涉及对人的智能本身的研究。实际上，人工智能是研究使计算机和互联网来模拟人的某些思维过程和智能行为（如学习、推理、思考、规划、计划等）的学科，主要包括计算机实现智能的原理、制造类似于人脑智能的计算机，使计算机能实现更高层次的应用。人工智能涉及计算机科学、心理学、伦理学、哲学和语言学等学科，可以说几乎涉及自然科学和社会科学的所有学科，其范围已远远超出了计算机科学的范畴。人工智能与思维科学是实践和理论的关系，处于思维科学的技术应用层次，可看作思维科学的一个应用分支。

人工智能与 ERP 系统同源于信息技术与信息系统的应用，也可以作为计算机科学的应用。

2. 人工智能特点

计算机存储和记忆能力的提高、计算速度的加快，人工智能的深入研究和广泛应用，尤其在 ERP 系统应用过程中，具有与众不同的特点。

（1）自学习性。具有从人工知识表达到大数据驱动的知识学习技能。更好地完善 ERP 系统功能。

（2）逻辑推理性。具有从分类型处理的多媒体数据转向跨媒体的认知、学习、推理，这里讲的"媒体"不是新闻媒体，而是界面或者环境。

（3）协同融合性。具有从追求智能机器到高水平的人机、脑机相互协同和融合，促使 ERP 系统更好地向客户、供应商管理延伸，实现电子商务协同。

（4）集聚性。具有从聚焦个体智能到基于互联网和大数据的群体智能，很多人的智能集聚融合起来变成群体智能，使 ERP 系统的规划决策更加规范和科学合理。

（5）广泛应用性。从拟人化的机器人转向更加广阔的智能自主系统，比如智能工厂、智能无人机系统等，实现 MES、PDM、DSS 和 ERP 系统的融合，提升决策自动化。

10.1.2 人工智能技术

繁重的 ERP 系统计算本来是要人脑来承担的，如今计算机不但能完成这种计算，而且能够比人脑做得更快、更准确，因此当代人已不再把这种计算看作是"需要人类智能才能完成的复杂任务"，人工智能为这目标不断获得新的进展，并转向更有意义、更加困难的目标。

人工智能就其本质而言，在 ERP 系统应用领域是对人的思维信息过程模拟。对于人的思维模拟可以从两条道路进行，一是结构模拟，仿照人脑的结构机制，制造出"类人脑"的机器；二是功能模拟，在 ERP 系统中人工智能主要是对功能过程进行模拟。现代电子计算机的产生便是对人脑思维功能的模拟，是对人脑思维信息过程的模拟。当今，人工智能比以往任何时候的发展都快，带动了相关领域产业的不断突破。很多必须用人来做的工作，如今已经能用机器人实现。在人工智能应用过程中常采用符号处理、子符号、统计学、集成和模拟等方法。

1. 符号处理

符号处理方法是将人类智能简化成符号处理，在小型证明程序上模拟的高级思考。基于控制论或神经网络的方法，确信符号处理方法最终可以成功创造人工智能的机器。

2. 子符号法

符号系统不能模仿人类所有的认知过程，特别是感知、机器人、机器学习和模式识别环节，人们开始关注子符号方法解决特定的人工智能问题。自下而上，嵌入环境（机器人）。新式 AI 机器人领域专注于机器人移动和求生等基本的工程问题。以控制论的观点，提出了在人工智能中使用控制理论。这与认知科学领域中的表征感知论点是一致的，也是更高智能所需要个体的表征。

3. 统计学法

人工智能研究发展出复杂的数学工具，即用来解决特定的分支问题。这些方法的结果是可测量的和可验证的，同时也是人工智能成功的原因。共用的数学语言也允许已有学科的合作（如数学，经济或运筹学）。

4. 集成方法

智能代理（Agent）是一个会感知环境并作出行动以达到目标的系统。最简单的智能 Agent 是那些可以解决特定问题的程序。一个系统中包含符号和子符号部分的系统称为混合智能系统，而对这种系统的研究则是人工智能系统集成。分级控制系统则给反应级别的子符号 AI 和最高级别的传统符号 AI 提供桥梁，同时放宽了规划和建模时间。

5. 智能模拟

人工智能机器是对人类视、听、触、感觉及思维方式的模拟。例如指纹识别、人脸识别、视网膜识别、虹膜识别、掌纹识别、专家系统、智能搜索、定理证明、逻辑推理、博弈、信息感应与辨证处理等技术都属于人工智能技术范畴。

ERP 系统需要采集大量实时、正确的数据，控制资源利用和优化资源配置，例如市场分析、排产优化、物料清单与工艺路线优化等，尤其是 DSS、MPS、PDM 与 MRP 和 CRP 的对接。一旦做出错误决策，就会面临巨大风险。

10.1.3 人工智能改进云 ERP 系统

当 ERP 系统嵌入人工智能不断学习改进时，新的商业模式就开始蓬勃发展。新的商业模式取得成功，企业需要快速响应各种突发情况，及时做出应对策略。对于传统 ERP 系统来说，这几乎是实现不了的。为此，在云 ERP 系统中采用人工智能技术能够发挥最大的作用，使云 ERP 系统具有更强大的集成选择性和更大的灵活性，提高云 ERP 系统的可用性。因此，成功的商业模式必定是基于成功的云 ERP 系统。在云计算技术和人工智能技术的支持下，云 ERP 系统应用为企业提供了灵活性、更快的速度、更大的规模以及客户透明度。

1. 人工智能提升云 ERP 系统的自学习能力

云 ERP 系统需要用人工智能进行调配创建一个知识自学系统，从实地操作到架构设计，并且跨越供应商网络。创建一个基于云的基础设施，集成核心 ERP WEB 服务、应用程序和实时监控，为人工智能和机器学习算法提供稳定的数据流，从而加快整个系统的学习速度。云 ERP 系统包括 API 和 WEB 服务，这便于供应商和买方系统连接，同时与传统 ERP 系统集成，来整理分析他们生成的数据。

2. 人工智能简化操作任务和流程

从语音系统到高级诊断，虚拟代理有可能重新定义制造领域。云 ERP 系统都有可能被修改，以简化操作任务和流程，为复杂任务提供指导方向。比如，机械制造商正在试用语音代理提供的工作指令，简化按订单配置、生产的工作流程。

3. 人工智能支持加速云 ERP 系统

通过数据结构层面的设计，云 ERP 系统能够利用物联网设备产生的海量数据流，向人工智能和机器学习应用程序提供物联网数据，弥补在追求新业务模式方面的智能差距。提供了一个物联网用例分析，生产资产维护和资产跟进的实现方式。其中，云 ERP 系统可以通过物联网支持加速整个过程的运作。

4. 人工智能改进整体设备效率

通过人工智能和机器学习，制造商有机会深入了解设备综合效率（Overall Equipmemt Effectiveness，简称 OEE），然后实现 OEE 的平稳化。当云 ERP 系统成为一个持续的学习系统，机器和生产资产的实时监控，可以更好地维护车间的平稳运行。通过分析机器数据来确定何时需要替换给定部件，从而减少设备故障并提高资产利用率。使用配备 IP 地址的传感器，可以在每台机器的健康级别上捕获稳定的数据流。云 ERP 系统供应商有机会捕获机器级数据，使得机器学习技术可以通过生产车间的整个数据集来查找生产性能模式，在机器出现故障的情况下，这一点是极为重要的。

5. 人工智能预测云 ERP 系统管控的供应商与物料品质

通过机器学习算法汇总分析供应商检测、质量控制、退料审查（RMA）和产品故障数据，来提升产品质量。云 ERP 系统处于一个独特的地位，能够在整个产品的生命周期内进行扩展，并从供应商到客户捕获高质量的数据。对于传统的 ERP 系统而言，制造商通常按类型分析废料。所以，现在有必要弄清楚产品失败的原因，机器学习恰好可以完成这个任务。将机器学习算法设计为可跟踪、可追溯的，以预测供应商和产品质量。机器学习擅长通过基于约束的算法查找不同数据集的模式。供应商在他们的质量和交付计划性能水平上差距很大，使用机器学习可以跟踪应用程序，以确定供应商的风险大小。通过高质量的数据，可以提高需求预测的准确性，并基于机器学习预测模型与供应商达成更好的协作。通过创建自学知识系统，云 ERP 系统供应商可以极大地提高数据延迟率，从而提高预测的准确性。

6. 优化生产链配置

云 ERP 系统供应商可以通过人工智能和机器学习来缩小 PLM、CAD、ERP 和 CRM 系统之间的配置差距。成功的产品配置策略依赖于一个基于生命周期的产品配置视图，它不仅可以缓解工程师的设计压力，还能缓解销售和市场营销以及制造者在构建产品时的各种冲突。人工智能可以实现生命周期配置管理，简化流程中的配置、价格、报价（Configure, Price, Quote，简称 CPQ）和产品配置策略，避免时间浪费。

10.2 云 ERP 系统与大数据技术

随着云计算时代的来临,大数据技术也吸引了越来越多的关注。大数据是公司 ERP 系统创造的大量非结构化数据和半结构化数据,这些数据分析不仅会花费过多时间和金钱。而且需要与云计算联系到一起,需要为数十、数百或甚至数千的电脑分配工作,工作量十分巨大。

10.2.1 大数据技术

大数据(Big Data)是信息时代的必然产物,是数据沉积的一种自然现象,也是信息时代发展的新挑战。大数据需要新处理模式(大数据技术)才能具有更强的决策力、洞察发现力和流程优化能力,适应海量、高增长率和多样化的信息资产管理。

1. 大数据

大数据是一种规模大到在获取、存储、管理、分析方面大大超出了传统数据库软件工具能力范围的数据集合,具有海量的数据规模、快速的数据流转、多样的数据类型和价值密度低等特征。大数据的战略意义不仅在于庞大的数据信息,更在于对这些含有意义的数据进行专业化处理,提高对数据的加工能力,实现数据的增值。

2. 大数据技术

从技术角度来看,大数据与云计算的关系就像一枚硬币的正反面一样密不可分。大数据必然无法用单台的计算机进行处理,必须采用分布式架构。大数据技术是对海量数据进行分布式数据挖掘。因此,大数据技术必须依托云计算的分布式处理、分布式数据库和云存储、虚拟化技术,需要特殊的技术,以有效地处理大量容忍时间内的数据。大数据技术还包括大规模并行处理(MPP)、数据挖掘、分布式文件系统、分布式数据库、云计算平台、互联网和可扩展的存储系统等。

3. 大数据技术应用

在大数据时代,大数据技术的应用已经渗透到各行各业,大数据技术为企业业务分析和行业发展带来了新的思维角度,将会充分激发数据对社会发展的影响和推动。大数据处理关键技术一般包括:大数据采集、大数据预处理、大数据存储及管理、大数据分析及挖掘、大数据展现和应用(大数据检索、大数据可视化、大数据应用、大数据安全等)。

大数据技术应用不仅仅对一些大量的、简单的数据能够进行快速处理,通常还能够处理一些复杂的数据,例如,文本数据、声音数据以及图像数据等。大数据技术的应用将信息中潜藏的价值挖掘出来,以便于工作研究或者其他用途的使用,便于事务的便捷化和深层次化。形成了大数据技术＝海量数据＋分析方法＋把脉现状＋预测结果的模式。

大数据技术以现状为关注点,海量数据为特征,数据分析方法为关键,最终处理的结果为预测、决策、分析、控制,以及制定规划、计划、战略和战术等管理提供科学依据。

4. 大数据技术人员基本要求

在利用大数据技术进行数据分析处理的技术人员首先需要掌握 Java 编程技术、Linux 命令、Hadoop、Hive、Avro 与 Protobuf、ZooKeeper、HBase、Phoenix、Redis、Flume、SSM、Kafka、Scala、Spark、Azkaban、Python 等相关技术。只有完整的掌握了以上相关技术或编程语言,才能真正成为大数据开发人员,从事大数据开发相关工作。

10.2.2 大数据对 ERP 系统的改进

大数据是 ERP 系统长期运行的必然结果之一。一些自动化程度相对比较高的企业都在引入 MES,打造透明化工厂,这时将硬件设备数据引入到 ERP 系统中,形成了结构十分复杂的数据,需要引用大数据技术进行整合应用分析。互联网＋和云端的应用,将更多的数据整合到 ERP 系统中,分析整合的数据资源更需要大数据技术实现智能化。

1. 大数据技术改善了 ERP 系统的销售预测

利用大数据技术分析 ERP 系统记录的营销数据,能满足预测特定项目的需求。例如大型零售商,在 ERP 系统中拥有关于产品供应和库存的各类产品的重要信息。可以使用 ERP 分析旧款产品的销售模式,预测市场对新型产品的需求。然而,当在衡量产品的需求时,公司往往不能仅依赖系统做出分析,还需要与业务分析集成融合。

2. 大数据技术改善了 ERP 系统的排程

大数据技术改善 ERP 系统的销售预测潜力是巨大的,但这不是大数据和

ERP系统整合所能提供的唯一益处。制造业企业生产排程更需要实时变动信息，所以项目管理和排程只有在大数据系统集成时才有所改善。通过云ERP系统从移动设备上访问实时信息，对运营的所有领域有更好的洞察，公司才能更有效地安排生产、节省时间和资源。把节省下来的资源可以用于其他地方，从而更有效率。

3. 大数据技术实现ERP系统的供应链可视化

通过ERP系统中连接地理空间数据来改善供应链物流以提高效率。追踪所有供应链中的在途产品是许多企业面临的最大挑战之一。如果没有更好地洞察，管理从供应商到制造商的产品流动是很困难的。有了云ERP系统的实时数据，公司可以优化路线，让产品在这些路线上来回移动，甚至可以看到交通信息和所需的穿梭卡车。这也可以提高供应链的可视性，为公司提供一个关于资产位置的更完整的视图。

4. 大数据技术优化了ERP系统的招聘功能

许多公司已经开始使用大数据来践行更好的招聘。公司执行委员会的下属机构可以从云ERP系统获得公司在世界各地的雇员数据，通过这些数据分析，将它用于确定人才招聘的目的。利用ERP系统的人力资源模块，确定哪里有人才缺口。并且使用大数据技术解决方案，决定去哪里寻找新的人才。

云ERP系统与大数据分析集成，有效地使用数据改善客户关系、完善产品管理、提高供应链效率，甚至帮助招聘人员找到候选人来填补人才缺口。大数据正在改变企业人力资源（HR）部门的职能与职责，同时对ERP系统也产生了巨大影响。

通过数据分析，企业可以改善流程，获得新发现，而这些新发现可以帮助他们增加效益简化内部流程。

10.2.3　大数据时代下的ERP系统发展前景

为了适应以"顾客、竞争和变化"为特征的外部环境，企业必须进行管理思想上的革命、管理模式与业务流程上的重组、管理手段上的更新，从而在引发了一场以业务流程重组（BPR）为主要内容的管理模式革命和以ERP系统应用为主体的管理手段革命。云ERP系统已经成为企业管控的核心，已经离不开ERP系统。

1. 云 ERP 系统个性化服务

ERP 系统并不仅仅是财务模块，公司在部署了财务、销售、生产系统以后，还需要根据实际需要部署资产管理、物料管理、生产计划、人力资源管理、项目管理等模块。不同企业的具体情况不同，管理方式不同，信息化程度不同，所以云 ERP 系统需要按企业实际情况去部署实施。另外，云 ERP 系统的实施、维护、调整是一个长期工作，不会一蹴而就。

2. 形成数据中心

当 ERP 系统中的数据积累到一定量级时，集团可以进行更精细化地管控。从大数据视角需要建立数据中心和数据仓库，以便统一从 ERP 系统中读取。例如项目号、订单号、资金、成本、投资计划、利润中心、成本中心、生产计划等信息都抽取到数据中心的仓库中。当 ERP 系统贯穿了全公司运营后，公司其他业务系统都需要读写 ERP 系统的数据。因此，ERP 系统为其他业务系统提供数据接口，不断完善公司集中管控功能。

3. 发展软硬件结合（HANA）

完成创建数据仓库以后，面对海量的数据，生成一张报表仍然需要较长时间，如果要看几十张报表并从中发现问题，那只能等公司下班错过数据处理高峰，否则必需局部部署 HANA。把数据库放在内存中，这样才能高效地对数据进行分析，及时做出正确决策。深入了解公司业务，达到具备解决 ERP 系统问题的专家的水平，成为公司最有价值的高级人才。

4. 揭示经营管理中的问题

大数据技术在云 ERP 系统的应用，促使企业经营过程的精细化管理。企业管理越细，越多的管理问题被显露出来。例如，计划和预算与实际情况同步对比不一致；物料管理中存在动力互供的情况难以分摊；同一个报表从财务会计（FI）模块和管理会计（CO）模块取数时，数据不一致；使用 ERP 系统中发现存在问题难以解决。ERP 系统服务商视用户数不同收取不同的授权费，一年可能会有数百万乃至上千万。ERP 系统基础模块的同质化竞争需要软件开发商不断开发新的功能，以扩大差异化，提升竞争力。

不管是 ERP 系统服务商，还是 ERP 系统客户都为 ERP 系统的发展做出了巨大的贡献。随着移动 ERP 系统的到来，很好地解决了企业的业务流程，摆脱了固定办公的限制。随着云计算地不断发展和普及，大数据时代下的 ERP 系统是当今最有力的信息化工具，发展前景显而易见。

10.3 云 ERP 系统与人工智能和大数据技术融合

人工智能、大数据、ERP 系统、互联网和实体经济深度融合不仅是一种手段，也是衍生出新型技术的技术，成为企业界、学术界和政界关注的热点问题，它们之间的关系如图 10-1 所示。大数据是云 ERP 系统的产物，也是 ERP 系统的基础。人工智能是推动 ERP 系统发展的动力，为 ERP 系统提供了全新的解决方案。ERP 系统是大数据技术和人工智能应用的重要领域，为大数据技术和人工智能发展提供经济保障。

图 10-1 大数据、人工智能和 ERP 系统关系

10.3.1 ERP 系统与大数据技术融合

随着企业生产规模的日益扩张和信息系统的广泛应用，企业各部门拥有的信息系统种类越来越多。企业信息系统采集到的数据类型日益复杂，不仅有结构化的数据，还有半结构化和非结构化的数据。在 ERP 系统的数据库中还存在很多不同类型的数据信息，导致 ERP 系统运行时间增加。传统 ERP 系统已经无法满足企业业务发展的需求，需要将大数据技术引入企业 ERP 系统之中。这不仅可以解决企业繁杂的数据存储、管理和处理难等技术问题，而且可以利用大数据技术对 ERP 系统中的海量数据进行数据挖掘。帮助企业将数据浓缩为信息，从而提高 ERP 系统为企业决策提供数据支持的能力。

1. 提高企业管控能力

ERP 系统中的所有业务管理与控制虽然非常严格，但是采取传统的数据分析方法并不能很好地将这些数据的价值发挥出来。大数据分析技术不仅仅可以将 ERP 系统的数据价值全面地发挥出来，同时可以实现监控业务流程，还可以加强对企业薄弱环节的管理,甚至可以提前了解到企业的未来,使领导者能够更好地实施管理。

2. 提高数据分析能力

在大数据时代背景下,各行各业对于数据的挖掘利用尤为敏感和重视,纷纷开始对数据进行存储、整理、分析、研究。ERP 系统为企业积累了大量的运营数据,但是没有得到充分利用。采用大数据挖掘技术对企业 ERP 系统的数据进行深度分析,挖掘数据中潜藏的商业价值,对企业的经营决策将提供有力的支持。

3. 资源计划智能化

大数据技术不仅提高 ERP 系统的有效管控能力,同时也成为企业资源计划朝着智慧化发展的前提,对 ERP 系统的发展起到极大的促进作用,也改变了 ERP 系统智能化设计与实施的思路。

4. 增加企业对数据的新需求

大数据技术在 ERP 系统的应用已经走到一个深度自学习场景时代,洞察业务、深度学习、自我进化是大数据应用的下一个主旋律。迅捷、开放、移动、弹性、自服务等将成为企业对大数据技术的新需求,构建一站式应用开放平台体系,满足企业数字化运营及决策支持。

从信息技术时代到数据技术时代,大数据技术的投入获得持续增长,大数据技术成为企业的核心要务。数据和人是企业的两大核心资产,大数据技术将成为企业每个人不可或缺的操作技能。企业在 ERP 系统、商务智能(BI)与数据分析上的投入发生质的变化,ERP 系统不断吸收大数据技术,加大了在商务智能和分析的投入。

10.3.2　ERP 系统与人工智能融合

技术不断进步,应用程度不断提高的现在,ERP 系统的进步遇到阻力,但这并不意味着 ERP 管理系统已经没落了,而是代表着 ERP 系统的开发者要换个角度去思考下一步的发展。

人工智能和机器学习已经"入侵"从生产运作、市场营销、网络安全到自动控制等众多领域,都体现了 ERP 系统与人工智能的融合。ERP 系统成为企业组织的核心,影响员工如何执行日常任务,提供从会计到人力资源的所有功能,并在后台自动执行许多流程。人工智能对未来的 ERP 系统将产生重大影响。

1. 认知自动化

认知自动化技术专注于基于知识的工作职责，例如支持回答客户请求。配备这种强大解决方案的 ERP 系统可以模仿人类员工的思维过程来做出决策。在支持客户请求示例的基础上，认知自动化功能是寻找员工回答问题的最佳选择。一旦系统自动识别这些信息，他们就可以按程序一步一步地走，企业员工节省他们以前花费在人工请求响应运行中的时间。这些过程自动化机器人可以使用企业的 ERP 系统软件创造显著的效率和生产力。

2. 智能自动化

智能自动化技术比认知自动化更进一步。它不限于常规和可预测的任务。如人工智能中的图像分析技术（IA）在 ERP 系统应用中充分体现了智能自动化。它能够更好地处理边缘情况和意外情况。又如自然语言处理，这种技术是智能自动化最流行的实现方法之一，在 ERP 系统案例设计中具有广泛的应用场景。

3. 计算机视觉

计算机视觉将机器学习和其他功能应用于图像和视频。模式识别、图像排序、视觉分析和许多其他方式，使用这种类型的数据为 ERP 系统提供了巨大的潜力。企业可以通过图表跟踪指定对象的发展趋势，并在公司照片和自动视频提醒中自动标记员工。

4. 业务优化

AI 在 ERP 系统被广泛应用，ERP 系统中人工智能和机器学习技术逐渐成为开发者的首要目标。未来信息部门将更加关注业务优化自动化，降低运营成本，促进业务流程自动化。其中包括市场分析、排产、物流路径、应付账款、费用管理和财务分析。

软件开发者普遍认为：随着时间的推移，人工智能、区块链和物联网等冲击着传统 ERP 系统的解决方案，ERP 系统必将全部迁移到云端。最终会被人工智能和机器学习技术所取代。

10.3.3 大数据与人工智能融合

大数据和人工智能融合的发展正在影响着人们的生活，而且这种发展趋势一定会蔓延到实体经济也就是制造业。各种人工智能向人类学习，努力做到

"懂你"，帮助人类成为"更美好"的人类。

1. 智能制造

大数据、人工智能与制造企业生产运作管理融合，形成与整合一种由智能机器和人类专家共同组成的人机一体化智能系统，让其在制造过程中能进行智能活动。在大数据的基础上注入分析、推理、判断、构思和决策等成为一个智能制造系统。大数据和人工智能融入制造业以后，使得制造业全价值链流程重塑与优化，未来制造业会发生全方位的产业变革。

2. 数据价值

大数据技术与人工智能的全面融合，为敏捷的企业数字化决策提供支持。大数据赋能企业管理，人工智能洞察赋能企业决策。人工智能与大数据技术的深度融合，释放数据价值。以卓越的大数据技术为客户创造价值，成功实现为客户提供服务新理念，以技术创新引领全球商业智能的变革。

3. 数字化转型

通过卓越的大数据技术持续创新引领大数据内置 AI 多种典型的机器学习算法，以可视化的工作流方式，构建数据模型，做出预测分析，帮助企业从海量数据中挖掘潜在的商业价值、模式和趋势，及时抓住市场机遇，做出科学的经营决策，并在人工智能与大数据技术融合上孵化了最佳应用，帮助企业实现数字化转型。

4. 数据挖掘

大数据分析平台处理全球行业客户产生的数百万个数据点，并让这些数据与业务产生深度融合，从而实现更远的数据洞察力，构建一个基于客户实时动态的人工智能数字决策中心，提高数据存在价值及应用质量。

在人工智能和大数据技术融合的今天，促使企业发展采用换道超车的战略正成为新的场景。

本章小结

本章分别介绍了 ERP 系统和人工智能、大数据技术相融合的可能性、有效性，以及在融合背景下对实体经济、制造行业的影响。明确指出多技术、多平台综合与融合是信息化发展趋势，不会危及人类的生存，而是促进人类的生活更加美好。

习 题

一、名词解释

1. 融合　　2. 数字化　　3. 智能化　　4. 自动化
5. 智能制造　6. 数据挖掘　7. 认知自动化　8. 智能自动化
9. 数据价值　10. HANA

二、简答题

1. 人工智能与 ERP 系统融合有何作用？
2. 大数据技术与 ERP 系统融合有何作用？
3. 大数据技术与人工智能融合有何作用？
4. 大数据技术、人工智能和 ERP 系统有何关系？

附　录

表 A.1　ERP 基本功能测评指标

一级指标	二级指标	三级指标
1. 基础数据管理	1.1 物料清单（BOM）数据	产品结构数据的生成与维护 *
		产生产品结构报告
		产品结构数据复制
	1.2 工艺路线数据	工序数据管理 *
		工时定额维护 *
		批号追踪
		工作中心维护
	1.3 财务数据	会计科目管理 *
		会计期间管理 *
		凭证类型管理 *
2. 生产管理	2.1 主生产计划	主生产计划编制 *
		主生产计划调整 *
		MPS 粗资源平衡
		主生产计划反馈与查询
	2.2 物料需求计划	MRP 计划自动生成、编制与调整（顺排或倒排 MRP 计划等）*
		物料需求计划可行性和平衡分析 *
		物料需求计划、计划生产订单等的查询 *
		计划生产订单确认、计划请购单确认、拖期订单报告 *

（续表）

一级指标	二级指标	三级指标
2. 生产管理	2.3 能力需求计划	能力需求计划计算
		能力负荷计算 *
	2.4 生产订单管理	生产订单维护、查询 *
		生产订单标准成本重估
		生产订单的下达 *
		生产订单缺料报告
		生产领料单的生成、维护、审批 *
	2.5 生产作业管理	作业计划的编制与维护 *
		调度计划编制与维护 *
		作业计划查询、调度计划查询、作业计划统计 *
	2.6 生产工序管理	工序转移、启停和完工处理
		工序进度查询、反馈
		工序异常处理与报告（如拖期、返工、废品、停工等）
	2.7 生产统计	关键工作中心效率报告 *
		生产订单效率报告
		员工效率报告 *
		返工报告
		生产计划完成情况统计 *
3. 采购管理	3.1 采购计划管理	采购计划编制与维护 *
		请购单管理
	3.2 供应商信息管理	供应商等级分类
		供应商信息定义 *
		供应商信息维护、查询 *
		供应商评定审核管理

（续表）

一级指标	二级指标	三级指标
3. 采购管理	3.3 采购订单管理	供货信息管理
		采购订单维护*
		到货、退货处理*
		订单统计查询*
	3.4 价格管理	物料定价因素
		价格变更的程序
		最高价格控制
		询价管理
	3.5 到货验收管理	到货管理
		验收入库管理
		验收方式
		退货管理*
4. 销售管理	4.1 销售预测	提供销售量的预测
		预测订单管理
	4.2 销售计划	销售计划编制与维护*（销售年、月计划）
		部门销售计划、推销员销售计划编制与维护
	4.3 询价与定价管理	价格管理*
		价格策略管理
		下达报价单为销售订单
	4.4 销售合同管理	销售合同编制与维护*
		合同发货、结案管理*
		销售明细账查询、合同的执行情况、拖期情况查询*
	4.5 客户管理	客户信息收集与分类*
		客户信息分析与查询*

（续表）

一级指标	二级指标	三级指标
4. 销售管理	4.6 查询统计	销售欠款查询
		售后服务分析
		销售计划完成情况分析 *
	4.7 分销管理	销售订单
		配货方案
	4.8 退货管理	退货作业管理 *
		销退账务处理 *
		退货流程控制
5. 库存管理	5.1 入库管理	库存属性设置
		采购入库管理 *
		生产入库管理 *
		调入入库管理
	5.2 出库管理	销售出库管理 *
		生产出库管理 *
		调出出库管理 *
		批次处理和转库处理
	5.3 盘点与结转	库存盘点 *
		库存结转 *
	5.4 库存分析	库存变动情况分析 *
		库存物料 ABC 分类管理
		库存分类分析
		库存超期报警、库存越限报警、库存进价超限报警 *
	5.5 库存查询	库存月报表查询与输出 *
		物料收发台账查询
		物料入库和出库登记表输出与查询 *
		物料库存情况查询 *

（续表）

一级指标	二级指标	三级指标
6. 财务管理	6.1 总账管理	记账凭证输入和登记 *
		日记账 *
		明细账 *
		总分类账 *
		其他报表编制等
	6.2 应收账	应收账款管理 *
		欠款客户管理 *
		支票管理 *
		发票管理 *
	6.3 应付账	应付账款管理 *
		供应商管理 *
		支票管理 *
		发票管理 *
	6.4 成本核算	标准成本计算 *
		实际成本计算 *
		产品成本分析
		目标成本分析
		产生成本有关报表 *
	6.5 固定资产管理	固定资产账目 *
		固定资产变动处理 *
		固定资产折旧 *
		固定资产账表查询 *
	6.6 工资管理	工资管理 *
	6.7 财务报表	损益表 *
		资产负债表 *
		现金流量表 *

（续表）

一级指标	二级指标	三级指标
7. 质量管理	7.1 检验标准管理	抽样标准维护
		检验标准维护
		质量标准体系管理
		供应商认证
	7.2 检验计划管理	进货检验计划
		生产零件检验计划
		装配过程检验计划
		产品检测检验计划
	7.3 检验过程管理	进货检验
		制程检验
		成品检验
		出货检验
8. 设备管理	8.1 设备维护与运行	设备维修记录
		设备保养记录
		设备运行记录
		设备事故记录
		设备精确度检测
		设备台账维护
	8.2 设备维护计划	设备维修计划维护
		设备保养计划维护
9. 人力资源管理	9.1 人事管理	员工基本信息
		人事状况统计表
		人事变动管理
		教育、培训等
		社保管理与劳动合同管理

（续表）

一级指标	二级指标	三级指标
9. 人力资源管理	9.2 人力资源战略	人力资源计划
		人力成本预算管理
	9.3 职务职能管理	组织结构设计
		岗位信息管理
10. 系统维护管理	10.1 系统权限管理	权限定义与维护 *
		权限分配 *
		角色管理
	10.2 数据维护	数据导入导出
		数据备份与恢复 *

表 A.2 ERP 性能测评指标

一级指标	二级指标
可靠性	屏蔽用户操作错误
	运行操作错误不会导致系统异常退出
	操作权限控制安全可靠
	具有数据备份和恢复手段
	能进行输入有效性检查
	无损坏数据软件的现象
	提供运行日志管理
	与其他软件的兼容性
	系统故障恢复
	稳定性
易用性	菜单、工具栏随所进行的操作变化
	应具有联机帮助功能
	对用户操作的实时引导

（续表）

一级指标	二级指标
易用性	界面风格应该简洁一致，布局合理
	软件具有可配置能力
	软件易安装
集成性	ERP 软件系统各模块之间应实现数据共享
	ERP 系统各业务流程的集成
	与 CAD 系统的集成
	与 CAPP 系统的集成
	与 PDM 系统的集成
	与 SCM 的集成
	与 CRM 的集成
可扩展性	数据结构可修改扩充
	系统功能可配置

表 A.3　ERP 用户文档测评指标及内容

测评指标	测试内容
用户文档完整程度	用户文档应参照国家标准《GB/T 8567–1988 计算机软件产品文件编制指南》提示的内容编写，并保证内容的完整性
	用户文档中应包括全部软件功能、业务流程和计算过程的说明
	可以提供在线帮助
描述与实际功能的一致性	用户文档描述的功能与软件实际功能应保持一致

（续表）

测评指标	测试内容
用户文档的易理解程度	用户文档的文字描述应条理清晰、易于理解
	用户文档对关键重要的操作应配以例图说明
	用户文档采用中文编写
	对主要功能和关键操作应提供应用实例
ERP软件系统实施指南	用户文档中应提供ERP软件系统实施指南或类似文档，其中应包括规划、开发、实施、运行、评估等内容，以便为实施和应用ERP系统提供详细的指导

参考文献

1. Parr A, Shanks G. A model of ERP project implementation［J］. Journal of Information Technology, 2000, 15（4）: 289–303
2. Somers T. M, Nelson K. The impact of critical success factors across the stages of enterprise resource planning implementations［J］. Proceedings of the 34th Hawaii International Conference on System Sciences（HICSS）, 2001
3. ［美］玛丽·萨姆纳；张玉亭，杨晓云译. ERP：企业资源计划［M］. 北京：中国人民大学出版社，2005
4. ［英］斯蒂芬·哈伍德；吴昌秀译. ERP实施流程——企业如何实施ERP［M］. 北京：清华大学出版社，2005
5. 周玉清，刘伯莹，周强. ERP理论、方法与实践［M］. 北京：电子工业出版社，2006
6. 崔晓阳. ERP123：企业应用ERP成功之路［M］. 北京：清华大学出版社，2005
7. 陈启申. ERP：从内部集成起步［M］. 2版. 北京：电子工业出版社，2005
8. 李斗. ERP系统的需求量化分析及实现案例［M］. 北京：化学工业出版社，2005
9. 汪若菡. ERP中国企业成败实录［M］. 北京：机械工业出版社，2004
10. 张文. ERP、CRM企业实施案例［M］. 北京：清华大学出版社，2003
11. 姚宝根. 现代企业信息化管理：ERP/eBusiness及其实践［M］. 上海：上海大学出版社，2001
12. ［美］Glynn C. Williams；冯锦锋译. 中文SAP R/3销售与分销［M］. 北京：机械工业出版社，2001
13. 范玉顺. 信息化管理战略与方法［M］. 北京：清华大学出版社，2008
14. 葛酉康. 信息化工程监理规范总则理解与实施［M］. 北京：中国标准出版社，2008
15. 王贻志. 信息化与产业发展：长江三角洲发展报告（2007）［M］. 上海：上海交通大学出

版社，2008

16. 杨安．企业信息化与电子商务［M］．北京：清华大学出版社，2007

17. 罗承廉，韩文报．信息化建设理论与应用［M］．北京：中国电力出版社，2006

18. 刘秋生．基于多智能体博弈的供应链配送网络协调优化模型研究［J］．中国管理信息化，2009（1）：48-50

19. 刘秋生．知识型员工的非物质激励体系研究［J］．中国管理信息化，2009（3）：72-75

20. 刘秋生．基于模糊层次分析法的ERP软件供应商评价［J］．科技管理研究，2008（11）：257-259

21. 刘秋生．基于面向服务架构的业务流程管理系统构建［J］．商业时代，2008（32）：19-20

22. 刘秋生．信息管理与信息系统专业建设探讨［J］．中国管理信息化（综合版），2007（7）：90-91

23. 经济日报．四大知名企业ERP失败案例．http://finance.sina.com.cn，2004-3-30

24. 李月蒙．从ERP四大失败案例看我国信息化全面预算的机遇．http://blog.163.com/xinxi-hua_005/blog/static/305031732008118102433210/，2008-12-08

25. 四大知名企业ERP失败案例．http://www.chinahrd.net/zhi_sk/jt_page.asp?articleID=59433，2005-4-4

26. 刘秋生．企业信息化工程建设效益分析［J］．中国管理信息化（综合版），2007（4）：2-3

27. 张燕．ERP软件选型过程管理初探［J］．科技管理研究，2007（3）：208-209

28. 周成波．基于层次分析法的ERP软件供应商的选择［J］．中国管理信息化（综合版），2007（2）：5-7

29. 徐伟，刘秋生，江裕显．电子商务系统绩效评价指标体系研究［J］．中国管理信息化，2007（A01）：5-7

30. 江裕显．中小企业ERP实施规划评价研究［J］．中国管理信息化（综合版），2006（12）：2-5

31. 陈书玉．供应网络的整合与优化［J］．江苏商论，2006（07）：40-41

32. 杨立青，刘秋生．MRPⅡ——提升企业采购管理效率的工具［J］．中国物流与采购，2003（1）：48-50

33. 刘秋生．基于ERP的企业成本管理模式研究［J］．技术经济，2002（02）：53-55

34. 刘秋生．MRPⅡ实施过程中若干问题的研究［J］．江苏理工大学学报，2000（2）：1-4

35. 刘秋生．信息技术和企业发展［J］．江苏理工大学学报（社会科学版），2000（3）：80-84

36. 穆晓芳．ERP在中国实施的问题及对策［D］．北京：对外经济贸易大学，2002（3）：10-13

37. 闵庆飞.中国企业 ERP 系统实施关键成功因素的实证研究［D］.大连：大连理工大学，2005（3）

38. ［美］埃德加·H·沙因；李晓涛译.企业文化生存指南［M］.北京：机械工业出版社，2004

39. ［美］约翰·P·科特，［美］詹姆斯·L·赫斯克特；李晓涛译.企业文化与经营业绩［M］.北京：中国人民大学出版社，2004

40. ［荷］丰斯·特龙彭纳斯，［英］查里斯·汉普登—特纳；关世杰译.在文化的波涛中冲浪：理解工商管理中的文化多样性［M］.北京：华夏出版社，2003

41. 王成荣，周建波.企业文化学［M］.北京：经济管理出版社，2007

42. 陈伯成，叶伟雄.对 ERP 的认识——观念的转变［J］.工业工程与管理，2003（3）：41-42

43. 毕新华.企业信息系统建设与管理变革［M］.长春：吉林大学出版社，2002

44. 劳本信.ERP 项目实施过程中的价格陷阱［J］.机械设计与制造工程，2008（9）：5-8

45. 李世亭.石化企业 ERP 成功应用关键因素分析［J］.山东化工，2007（6）：36-40

46. 刘秋生.ERP 系统原理与应用［M］.北京：电子工业出版社，2015

47. 陶迪，邓雪芬.ERP 环境下的新型人力资源管理［J］.时代经贸（学术版），2008（5）：20-23

48. 韦鸿钰.ERP 中人力资源管理子系统的设计开发［J］.装备制造技术，2008（2）：41-44

49. 赵广凤，刘秋生.基于角色模拟的 ERP 课程实践教学环节设计［J］.考试周刊，2010（42）：174-175

50. 李生权.陕西省电力公司企业资源管理系统人力资源管理系统模块的实施［J］.陕西电力，2008（6）：17-19

51. 刘秋生，刘峰，王言涛.供应商选择的 FAHP［J］.科技管理研究，2010（18）：229-231

52. 陈慧.ERP 如何提高人力资源管理［J］.电子商务世界，2001（11）：58-60

53. 孙杰，孙涛.ERP 与人力资源管理［J］.科技创业月刊，2005（7）：17-19

54. 刘秋生，尹昊聪.服务链模式的构建与实现［J］.科技进步与对策，2011（3）：23-26

55. 王启民.人力资源管理信息系统的应用研究［J］.湖南水利水电，2007（5）：22-24

56. 赵小翠，周建军.基于 ERP 的服装企业人力资源管理系统［J］.山东纺织经济，2006（4）：37-38

57. GB/Z 18728-2002 制造业企业资源计划（ERP）系统功能结构技术规范

58. GB/T 9385-2008 计算机软件需求规格说明规范

59. GB/T 9386-2008 计算机软件测试文件编制规范

60. GB/T 14394-2008 计算机软件可靠性和可维护性管理

61. GB/T 27025-2019 检测和校准实验室能力的通用要求

62. GB/T 15532-2008 计算机软件测试规范

63. 刘秋生,赵广凤,刘涛.企业信息化工程理论与方法[M].南京:东南大学出版社,2016

参考答案与要点

第1章 习题

一、简答题

1. ERP 系统有何特点？

答：主要有：

多样性：ERP 系统从形式上看是一个软件管理系统，通过计算机辅助管理，提高人工管理的效率，改善管理环境，达到提高效益的目的。

复杂性：企业实现 ERP 系统管理都会遇到两种不同管理理念、管理方式和企业文化的磨合。1）组织结构的复杂性，2）业务流程的复杂性，3）应用人员的复杂性。

动态性：ERP 系统必须与企业共生，伴随企业的成长和变迁。

完整性：ERP 系统从企业全局出发，提供各个职能部门所需要的各种信息。

安全性：ERP 系统是在各种用户共用的环境下运行，确保不同用户的权限和权利是 ERP 系统实用性关键之一。

实用性：ERP 系统供企业员工操作必须具有操作界面的实用性。

2. ERP 系统的发展经历了哪几个阶段？各有何特点？

答：ERP 系统的发展经历了订货点法、时段 MRP、闭环 MRP、MRP Ⅱ 和 ERP 五个阶段。各阶段具有明显的特点。订货点法从理论上可以计算一个物料在什么时间需要多少，但是由于物料消耗速度的不均衡，实际很难预测物料的需求，而且物料太多，难于精确控制；在时段式 MRP 阶段把物料分成独立需求和相关需求，做到了精确计算与控制物料在什么时间需要多少，但是无法保证物料能否生产出来；闭环 MRP 在时段 MRP 的基础上增加了能力需求计划，可以推算出在预定时间需要的物料是否能生产出来，但是，无法预算出是否能满足生产物料需要的资金；MRPⅡ将物流、资金流和信息流有机结合，可以预测生产过程中所需要的人、财和物，但是 MRPⅡ只适用于制造企业；ERP 是在 MRPⅡ的基础上发展形成的，其功能与性能和适应性更加强大。

3. ERP 系统主要有哪些应用领域？

答：ERP 系统的应用对象起源于制造企业，其基本目的在于生产降低成本和提高生产效益。从这一目标出发可以清楚地发现无论什么企业或组织都是以这一目标为最根本的目标。因此，沿着这一思路 ERP 系统被广泛应用到所有不同规模、生产方式、产品、工艺和组织方式的企业，同时从生产制造型企业向服务业（商场、超市、饭店和旅馆等）、金融业（银行、证券等）和对外交易等不同组织形式发展。ERP 系统成为先进的管理工具，如同人们离不开汽车作为代步工具一样。即使不以利益为目标的政府机构和学校等组织同样也在贯彻 ERP 系统的管理思想与管理方式，ERP 系统的广泛应用已经成为软件产业的主导产品，企业管理的先进思想和管理行为规范与标准。我们可以惊奇地发现只要有管理的地方，就可以应用 ERP 系统的思想、理念和观点，甚至可以应用 ERP 系统软件提高管理效率和效益。

4. ERP 系统应用中主要存在什么问题？

答：1）人才不足，难以进行整体规划

2）企业管理基础薄弱

3）ERP 实施周期过长、实施过程常发生滞后现象

4）ERP 实施过程缺乏规范性

5）市场环境不完善，缺乏保障体系

6）缺乏资金，建设成本高

7）不够重视评估工作

8）认识不足，理念更新慢

5. 解决 ERP 系统应用中的问题有何思路？

答：在实施和应用过程中应该做好如下几方面的工作：

1）领导重视，是 ERP 系统实施和应用成功的保障

2）建立以企业发展战略为目标的 ERP 发展战略

3）建立有经验、强有力的实施与应用团队

4）树立明智而灵活运用的实施方案

5）建立与 ERP 管理思想一致的企业文化，改革旧的企业组织结构与管理模式

6）处理好企业现有流程与 ERP 流程的冲突

二、论述题

1. 请查阅相关资料，分析 ERP 系统在其应用过程中存在的主要问题与相应的解决方案。

回答要点：

（1）要求提供回答问题的参考资料，资料来源在时间上不能超过 10 年，等级上是国家级期刊。

（2）分析 ERP 系统应用问题要有针对性，不仅要提出问题现象，还要分析其产生原因。

（3）提供的解决方案要针对所提问题，并且具有一定的理论依据和可行性。

2. 请查阅相关资料，论述 ERP 系统发展新趋势。

回答要点：

（1）要求提供回答问题的参考资料，资料来源在时间上不能超过 10 年，等级上是国家级期刊。

（2）从 ERP 系统软件功能与性能两方面整理近三年内的改进内容。

（3）展望在云计算、大数据、互联网＋和智慧管理等背景下 ERP 系统的发展。

第 2 章 习题

一、名词解释

1. 生产方式是指企业生产过程形态、类型。

2. 产品生命周期（Product Life Cycle，简称 PLC），是指产品进入市场直到最终退出市场为止所经历的市场生命循环过程。

3. 订单生命周期是指订单生成直到最终退出信息系统所经历的生命循环过程。

4. 物料主文件是 ERP 系统的基础数据之一，用来标识与描述用于生产过程中的每项物料的属性和信息所组成的数据文件。

5. 物料清单（Bill Of Materials，简称 BOM）是描述企业产品结构与构成产品物料之间关系的技术文件。

6. 工作中心（Working Center）指的是直接改变物料形态或性质的生产作业单元。一个工作中心是由一个或多个直接生产人员，一台或多台功能相同的机器设备，也可以把整个车间当作一个工作中心，车间内设置不同的机器类型。它是工序调度和 CRP 产能计算的基本单元。

7. 工厂日历（Factory Calendar）是指用于生产与库存管理的日历，它将工作天数编以连续的序号，以便编程时只考虑到工作日。

8. 提前期是指某一物料从下达订单到完工入库所需要的工作时间，提前期的作用是生成 MPS、MRP 和采购计划的重要数据。

9. 工艺路线用来表示企业产品在企业的一个加工路线（加工顺序）和在各个工序中的标准工时的定额情况。是一种计划管理文件，不是企业的工艺文件，不能单纯地使用工艺部门的工艺卡来代替。

10. ETO（Engineer To Order，简称 ETO）按单设计，这是企业生产类型之一，在这种生产类型下，一种产品在很大程度上是按照某一特定客户的要求来设计的，产品都是为特定客户量身定制，所以这些产品有可能只生产一次。

11. MTO（Make To Order，简称 MTO）按单生产，这是根据顾客的订单原先设计制造的顾客所需的产品，而生产计划则是依据所收到订单中所指定的产品 BOM 规划，生产排程及购买原料。

12. ATO（Assemble To Order，简称 ATO）按单装配，在这种生产类型中，客户对零部件或产品的某些配置给出要求，生产商根据客户的要求提供，为客户定制的产品。

13. JIT（Just In Time，简称 JIT）准时制生产方式，又称零库存（Zero Inventories）。这是以订单驱动，依据下道工序需要多少，组织生产多少的生产方式。

14. 数量类型是 ERP 系统 BOM 中的一种数据，用于标记父项物料与子项物料之间的关系。

15. 能力，一般意义上讲，是完成一项目标或者任务所体现出来的素质。在 ERP 系统中是反映工作中心具有加工设备与人员的数量，以标准工作小时为单位衡量。

二、简答题

1. 答：制造企业的生产类型可以从生产过程和生产批量的大小两方面分类。按生产过程的方式可分成流程型和离散型两类。流程型生产方式是指物料在生产过程连续不断均衡流动，离散型生产方式也称为车间作业型生产方式，生产物料分散在车间的各工位上，对原材料经过加工形成所需的零件和部件后，最终装配成产品。按生产批量的大小可分成单件批量、多品种小批量、少品种大批量和大批量定制方式。

2. 答：生产计划按制造企业的特点可以分成面向订单设计、面向订单生产、面向订单装配和面向库存生产四种计划方式。不同计划方式的主要特点是在制定物料生产计划时，计划期的起点不同。面向订单设计是从产品设计开始，面向订单生产是在成熟的设计产品的基础上从采购生产开始计划，面向订单装配是已经在加工生产标准的零部件基础上，从产品装配开始计划，而面向库存生产方式是计划控制产品的库存量，当销售消耗物料后进行补充式计划。

3. 答：产品生命周期分导入期、成长期、成熟期和衰退期四个阶段。企业在选用生产计划时，不仅要考虑生产类型，同时还需要充分考虑产品在企业的生命周期，对于导入期，由于产品还没有完成定型，需要不断调整、改善，以满足客户的需求，因此，通常采用面向订单设计的方式；如果产品已经进入衰退期，同样不能盲目生产，通常采用面向订单生产的方式，否则会造成库存积压，效益下降；只有当产品在成长期和成熟期时，才有可能采用面向订单装配的方式，可以提前生产或采购标准配件或零部件，以满足日益增长的客户需要。

4. 答：参考表 2-1。订单分客户订单、生产订单和采购订单三种。客户订单由销售部门管理，生产订单由生产计划部门管理，采购订单由物资供应部门或采购部门管理。在 ERP 系统中运用订单状态，可以直接描述物流状态，同时它还是控制物流的重要工具。

5. 答：在 ERP 系统中订单从产生到退出系统的生命周期要经过初始、已经确认、准备下达、已经下达、完成五个阶段。也有的软件为确保数据完整增加一个退出阶段。

订单的初始阶段是在 ERP 系统进行 MRP 时自动产生，提供给生产计划员或采购员进行确认交货期和需求量，确认无误后下达订单。下达订单可以是人工修改订单状态，也可以是系统按下达日期自动下达，一旦订单进入下达状态，就不能修改订单的交货期与订单量了，当订单完成入库后自动进入完成状态，进入完成状态的订单可以退出系统。

6. 答：提前期主要包括准备时间、排队时间、加工时间、等待时间和运输时间，要获取较正确的提前期数据，需要较长时间去跟踪记录和统计物料的提前期值，并做平均统计处理后加一定的余量。产品 BOM 中各路径中最长的提前期累计值可以作为该产品的生产周期。

7. 答：工厂日历又称公司日历，用于描述工厂连续工作的计时文件。一个公司可以设置几套工厂日历，系统自动默认一套工厂日历。在工厂日历中不存在节假日，计时方式从 000 至 999，即一千个工作日为一个循环。工厂日历与公历之间是通过系统内置功能模块按工厂日历文件的设置自动转换。一般用户不涉及工厂日历的计时方式，这是系统内部数据处理的一种方式，但对于 ERP 系统启用初始化和工厂工作节假调整时，需要系统管理设置和修改工厂日历，否则可能会出现派工单的派工日期在休息日的错误情况。

8. 答：物料主文件（Main File of Material）在 ERP 系统中物料的概念比较广泛，不同的软件系统对此界定范围也不尽相同。用友公司的 ERP 系统定义为存货，归入到存货档案管理中，早期的版本又把物料称作为料品。四班公司的软件系统把物料通称为项目。物料清单（Bill Of Material，简称 BOM）是描述物料结构性的数据文件，是 MRP 计算物料需求量的控制文件。在机械、电子等行业通过物料清单描述产品结构和生产、加工、组装、总装的全过程，在化工、制药、食品等行业通过物料清单描述产品成分的配方或处方，两者有联系，但是记录内容和作用明显不同。

三、设计题

1. 回答要点：

（1）明确产品，按常识或调查定义产品相关属性。

（2）学会对物料相关属性的假设。

（3）例如：分解放大镜。可见放大镜有由把柄、框架组成，框架由框、镜片和螺钉组成。这些物料的相关数据假设如下：

物料编号	物料描述	物料类型	提前期	计划员或采购员编号	优先库位	单位	订货批量	订货倍数
1001	放大镜	P	1	P001	T1001	个	10	1
2001	把柄	M	1	P100	S2001	把	10	1
2002	框架	M	1	P100	S2002	只	10	1
3003	框	B	1	P200	S3003	只	10	1
3001	镜片	B	1	P300	M3001	个	20	1
3002	螺钉	B	1	P400	M3002	只	30	1

2. 回答要点：

（1）分析产品与所定义物料之间的关系。

（2）合理假设 BOM 数据。

（3）如上例的放大镜产品。一个放大镜由一把把柄和一只框架组成，一只框架由一只框，一个镜片和一只螺钉组成。BOM 数据假设如下：

父项物料编号	子项物料编号	数量类型	数量	提前期偏差	损耗率
1001	2001	I	1	0	0
1001	2002	I	1	0	0
2002	3001	I	1	0	0
2002	3002	I	1	0	0
2002	3003	I	1	0	0.02

3. 回答要点：

（1）选择所定义物料中需要加工的物料。

（2）合理假设该物料提前期所包含的各类时间。

（3）例如选择最终产品放大镜（1001）的装配。数据如下：

序号	工序编号	工序描述	使用点	准备时间	运输时间	等待时间	排队时间	加工时间
1	S101	选件	WC01	0.1	0.2	0.1	0.1	0.1
2	T101	装配	WC01	0.2	0.3	0.2	0.2	0.3
3	K101	检验	WC02	0	0.4	0.5	0.5	0.1
4	M101	封装	WC03	0	0.3	0.1	0.1	0.2

4. 回答要点：

（1）定义物料库存管理初始数据。

（2）定义工作中心数据。

（3）例如，相关数据假设如下：

物料库存原始数据

物料编号	库位编号	现有库存量	安全库存量
1001	T1001	0	1
2001	S2001	10	5
2002	S2002	10	5
3003	S3003	0	10
3001	M3001	0	10
3002	M3002	0	10

工作中心定义数据

工作中心编号	工作中心描述	能力（H）	人工费率（元）	制造费率（元）
WC10	加工件库房	120	25	1
WC20	装配车间	200	26	10
WC50	检验室	40	30	2

第 3 章 习题

一、名词解释

1. 订货点法又称订购点法。是指对于某种物料或产品，由于生产或销售的原因而逐渐减少，当库存量降低到某一预先设定的点时，即开始发出订货单（采购单或加工单）来补充库存。直至库存量降低到安全库存时，发出的订单所定购的物料（产品）刚好到达仓库，补充前一时期的消耗，此一订货的数值点，即称为订货点。

2. 毛需求是指为了完成某成品所需求的总的数量。

3. 独立需求（Independent Requirement）物料是指在 ERP 系统中通过市场需求计划确定生产量的物料。

4. 相关需求物料是指依据独立需求和 BOM 确定生产量的物料。根据这种相关性，企业可以精确地计算出它的需求量和需求时间。

5. 能力需求（Capacity Requirement，简称 CR）是对物料需求计划（MRP）所需能力进行核算的一种计划管理方法。具体地讲，就是对各生产阶段和各工作中心所需的各种资源进行精确计算，得出人力负荷、设备负荷等资源负荷情况。

6. 粗能力需求（Rough Cut Capacity Planning，简称 RCCP）是指在制定成品生产计划时，仅考虑关键路线和关键工作中心的能力需求。

7. 时段（Time Bucket），或称时间段，是指在 ERP 系统计划时，数据汇总显示的天数。如果以周为时段，则按周时段汇总所有相关的数据。一般认为，以周为时段是有效的运行 MRP 所允许的最大可能的时段。

8. 时区是指在 ERP 系统计划时，计算物料需求时间的单位。企业在实施 ERP 系统时可以依据管理水平设定为周、天、小时等实际时间。

9. 时段式 MRP 系统是在原订货点法的基础上提出的生产、库存管理理论与方法。在计划时，将物料分成独立需求和相关需求两类，并按时间轴分别记录不同时区物料的状态信息。

10. 闭环 MRP 系统是在时段式 MRP 的基础上发展形成的，它将物料需求按时段（周或天）进行分解，使得 MRP 成为一个实际的计划系统和工具，而不仅仅是一个订货系统，这是企业物流管理的重大发展。

二、简答题

1. 答：订货点法是在物资匮乏、供不应求的社会背景下提出的，从理论上看，订货点法的数据处理十分严密，可以对每个物料通过公式（3-1）进行计算和推导出物料控制的订货点，确保物料的供应。

事实上，随着市场竞争加剧，客户需求的多样性和生产能力的过剩。订货点法很快暴露出很多缺陷，主要表现在如下几方面：

（1）物料需求趋向间断，而且需求量往往存在随机性。

（2）物料控制对象繁多，即使通过努力，管理水平大大提高，仍然会造成管理混乱。

（3）何时订货无法事先确定，只能等待库存物料消耗到订货点时才能发出订单。

（4）单位时区的物料需求量越来越难以确定，在市场经济条件下，当产大于供时，根本无法确定。

2. 答：时段式 MRP 管理模式是在订货点法的基础上，将物料控制对象分成独立需求和相关需求，并将时间融入库存记录中，分时区记录物料的库存情况。时段式 MRP 存在的严重问题是没有考虑企业实际制造能力和经营成本。这些问题的解决依靠人工在主生产计划中考虑。实际企业生产经营是动态变迁的，随着企业规模的扩大人工无法实现正确的计划。

3. 答：闭环 MRP 将物料需求按时段（周或天）进行分解，使得 MRP 成为一个实际的计划系统和工具，而不仅仅是一个订货系统，这是企业物流管理的重大发展。闭环 MRP 系统的出现，使生产计划方面的各种子系统得到了统一。只要主生产计划真正制订好，那么闭环 MRP 系统就能够很好运行。

4. 答：应用时段式 MRP 系统进行经营管理，在生产计划的制定与下达时，不考虑企业的生产能力，因此，能成功应用时段式 MRP 的前提条件是市场对产品的需求比较稳定，或者企业生产能力可以随着市场需求的变化而变化。

5. 答：从理论上看，应用闭环 MRP 系统可以有效地管控企业的生产全过程，然而，企业经营不仅是能否生产出来，而且在很大程度上受资金的约束，因此，能成功应用闭环 MRP 系统的前提条件是企业生产不受资金约束，有足够的备用金。

6. 答：MRP 减少了物料控制对象，只要重点关注独立需求物料受市场的波动，相关需求物料是可以推算出来的。这样提高了控制的有效性，例如：企业有 1 000 种物料，原库存精确度是 90%，通过加强管理水平提高到 98%，然而有 20 种物料不能保障供应，当物料分成独立需求和相关需求后，假设独立需求有 10 种，采用同样的管理手段，不能保障供应的物料只有 0.2 种，成为小概率事件了。

7. 答：MRP 系统推算的基础数据主要有物料主文件、库存记录和物料清单。

8. 答：CRP 推算的基础数据主要有生产物料需求、工艺路线、工厂日历和工作中心。

三、计算题

1.（1）答：P（订货点）= P 的提前期 *P 的消耗速度 + P 的安全库存量

由题可知：P 的提前期是 1，P 的消耗速度是 30，P 的安全库存量是 10

因此：P 的订货点是 40

（2）答：下层物料的毛需求 = 上层物料的净需求 × 两层物料之间的倍数。本层物料的净需求 = 本层物料的毛需求 + 安全库存量 – 库存量和已订货量。因此，可以推算出各相关物料在第一时区的毛需求、净需求和库存量如下：

物料编号	毛需求	库存量	净需求
P	100	20	90
A	180	50	130
B	260	60	200
C	1000	100	900

（3）答：P 产品的安全库存量为 10，提前期为 1，订货批量和订货倍数都是 1，则各时区的毛需求、净需求和库存量如下：

时区	1	2	3	4	5	6	7	8	9	10
毛需求	30	30	30	30	30	30	30	30	30	30
预计入库量	20	15								
库存量（20）	10	10	10	10	10	10	10	10	10	10
净需求	15	30	30	30	30	30	30	30	30	30

(4) 答：由题可知：P产品与A物料之间的倍数是2，A物料的安全库存量没有要求，可设为0，提前期为2，预计入库量分别是第1时区20、第3时区是40，订货批量是1，订货倍数是2，则A物料各时区的毛需求、净需求和库存量如下：

时区	1	2	3	4	5	6	7	8	9	10
毛需求	30	60	60	60	60	60	60	60	60	
预计入库量	20		40							
库存量（50）	40	−20	0	0	0	0	0			
净需求		40		60	60	60	60	60	60	

由题可知：A物料与B物料之间的倍数是2，B物料的安全库存量没有要求，可设为0，提前期为3，订货批量是1，订货倍数是4，则B物料各时区的毛需求、净需求和库存量如下：

时区	1	2	3	4	5	6	7	8	9	10
毛需求	80	120	120	120	120	120	120			
库存量（60）	−20	−140	−260	0						
净需求	380	120	120	120						

由题可知：B物料与C物料之间的倍数是5，C物料的安全库存量没有要求，可设为0，提前期为3，订货批量是10，订货倍数是10，则C物料各时区的毛需求、净需求和库存量如下：

时区	1	2	3	4	5	6	7	8	9	10
毛需求	1 900	600	600	600						
库存量（1 000）	−900	−1 500	−2 100	0						
净需求	2700									

2.（1）答：因需要生产400件，则：需要标准工时=（准备时间+运输时间）+400×（等待+排队+加工），因此各道工序所要标准工时为：

序号	工序号	工序名	准备与运输	等待、排队和加工	总时间
1	B-10	选料	3	24	27
2	B-11	粉碎	2.5	24	26.5
3	B-20	熔化	5	24	29
4	B-21	吹制	3.2	12	15.2
5	B-51	冷却	2.5	2	4.5

（2）答：按每天工作 8 标准小时，因此，各道工序需要的天数是：

序号	工序号	工序名	总时间	天数
1	B-10	选料	27	4
2	B-11	粉碎	26.5	4
3	B-20	熔化	29	4
4	B-21	吹制	15.2	2
5	B-51	冷却	4.5	1

（3）答：由题可知，订单的交货日期是 428 日，因此，道工序的下达日期，开工日期和完工日期如下：

序号	工序号	工序名	下达日期	开工日期	完工日期
1	B-10	选料	403	403	407
2	B-11	粉碎	407	407	411
3	B-20	熔化	411	411	425
4	B-21	吹制	425	425	427
5	B-51	冷却	427	427	428

（4）答：由题可知：该物料需要 WC10、WC20、WC50 三个工作中心，工作日期是从 403 日至 428，每个时区为 7 天，起始日期为 399 日，则各工作中心的负荷图如下：

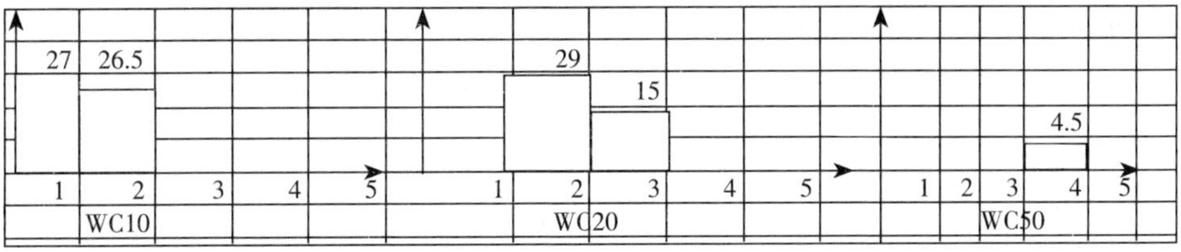
27
26.5
29
15
4.5
1 2 3 4 5
1 2 3 4 5
1 2 3 4 5
WC10
WC20
WC50

注：纵坐标是能力，横坐标是时区

第4章　习题

一、名词解释

1. 价值链是指企业创造价值的过程可分解为一系列互不相同但又相互关联的经济活动，或者称之为“增值活动”，其总和即构成企业的“价值链”。

2. 成本管理是指企业生产经营过程中各项成本核算、成本分析、成本决策和成本控制等一系列科学管理行为的总称。成本管理是由成本规划、成本计算、成本控制和业绩评价四项内容组成。

3. 标准成本是一种成本计算方法。这种方法不像间接费用是预计的，而是直接材料和直接人工等也是按预计的数字来计算的，这种成本的计算方法称为标准成本制度或责任分解制度。

4. 现行标准成本是指根据其使用期间应该发生的价格、效率和生产经营能力利用程度等预计的标准成本。它可以成为评价实际成本的依据，也可以用来对存货和销货成本计价。它可以用于直接评价工作效率和成本控制的有效性。

5. 模拟成本是指在假设出现影响成本的因素（如设计变更、产品结构变化、工艺路线变化等）的情况下，计算出模拟发生的成本。即对产品结构改变后计算出成本变化的结果。

6. 人工费率是指企业职工薪酬包括工资、奖金、津贴及福利费在内的合计数与会计某个成正比例关系的计提依据的比例。通常有单位产品产量消耗人工费，包括计件工资；单位时间人工费称人工费率。

7. 制造费率是指企业在单位时间内为生产产品和提供劳务而发生的各项间接成本。企业应当根据制造费用的性质，合理地选择制造费用分配方法。制造费用包含间接材料费、间接人工费用、折旧费等。企业应当根据制造费用的性质，合理地选择制造费用分配方法。

8. 滚加法是 ERP 系统计算成本的一种方法，它沿着 BOM 的物料结构，从底层向上逐个分别计算出本层成本和累加成本。

二、选择题

1-5：AABBC　6-10：CDABC

三、简答题

1. 答：闭环 MRP 虽然是一个十分完整的计划与控制系统，通过信息系统有效地掌控所有物料。但是，它还无法表述产生过程中的投入与产出所发生的成本与效益。MRP Ⅱ 是以制造过程所需要人、财、物为对象的主要资源，有效地利用各种制造资源、控制资金占用、缩短生产周期、降低成本，最终达到企业运行在最佳姿态。

2. 答：MRP Ⅱ 在财务管理系统中不仅处理日常的利润管理、资金管理和成本管理，而且将成本核算与生产过程同步，将财务会计的种类核算与企业经营活动同步，改变传统会计核算与经营活动的滞后性和时差性，使会计核算结果与生产经营过程记录达成一致。

3. 答：MRP Ⅱ 生产成本主要由直接成本与间接成本构成。直接成本是直接用于生产产品的费用，可以计算出单位产品的费用，直接成本由人工费用和材料费用构成。间接成本是为生产组织、管理、生产环境设置等期间发生的费用，无法直接计入生产产品的消耗，间接成本主要是制造费用。

4. 答：MRP Ⅱ 系统的成本计算是在指定成本体系条件下进行的，如采用标准成本，或者现行标准成本、模拟成本或实际成本。其计算方法与 MRP 展开方向相反，是按自下而上逐层累加。在物料主文件中，设置本层成本与累计成本两个字段。采购的物料只有材料费用形成的本层成本，本层成本等于物料数量乘材料费率；自制件物料不仅有人工费用和制造费用，而且还有累计成本，本层成本等于工艺路线的标准工时乘（工作中心的人工费率 R + 制造费率 F），其累计成本等于 BOM 结构中所有下层物料的本层成本与累计成本之和；外协件的成本计算要看外协件在 BOM 中的位置，如果处于中间层，则计算方法与自制件相似，本层成本等于外协数量乘外协费率。

5. 答：MRP Ⅱ 的引入带来了企业管理的深刻变革，特别是对处于企业管理核心地位的财务管理提出了新的要求，主要体现在如下几方面：（1）成本核算应更准确精细；（2）风险防范应更有效；（3）预算管理应更全面；（4）资金管理应更严格；（5）财务分析应更及时。

6. 答：MRP Ⅱ 是在闭环 MRP 基础上发展形成的现代管理工具，与闭环 MRP 相比具有明显的特点，主要体现在如下几点：（1）计划的一贯性与可行性；（2）管理的系统性；（3）资料的共享性；（4）模拟的灵活性和预见性；（5）动态应变性；（6）物流、资金流的统一性。

第 5 章　习题

一、选择题

1–5：ABCBD　6–10：ACADB

二、名词解释

1. 预计可用量（Projected Available Balance，简称 PAB）是指在预计某期期末计划订单收料（PORC）正常接收的情况下该期期末预计的在库量，即某期原有的预计在库量加上该期可能的计划订单收料之和。

2. 可签约量是指公司库存量或计划生产量中尚未签约的部分。这种数字通常可由主生产计划计算出来，并作为签订销合同的依据。

3. 需求时界是指大于产品装配时间的最少时区数。

4. 计划时界是指大于产品生产周期的最少时区数。

三、简答题

1. 答：销售与生产规划可以按企业生产方式分成面向订单生产方式和面向库存生产方式两种。前者通过控制未完成订单量来反映管理水平，后者则通过控制库存量来反映管理水平。

面向订单的生产方式的生产规划量 = 销售规划量 + 未完成订单的调整量，未完成订单的调整量 = 期初未完成订单量 – 期末未完成订单量；

面向库存的生产方式的生产规划量 = 销售规划量 + 库存调整量，库存调整量 = 期末库存量 – 期初库存量。

2. 答：主生产计划的编制过程如下：（1）确定时界；（2）确定生产预测；（3）确定统计各时区的客户订单，并把客户订单分成计划内和计划外两类；（4）确定配件预测量；（5）计算未兑现预测量；（6）计算总需求量；（7）设置主生产计划时；（8）计算预计可用量；（9）计算可签约量；（10）计算可签约量累计值。

3. 答：调集预测方法是评价预测结果可用性的方法，在预测将来某时区需求量时，先采用历史数据和各种预测方法进行预测，然后，对各种方法测到的预测值与实际数据比较，采用误差最小的预测方法进行预测。

4. 答：ERP 系统的订货批量确定方法主要有：（1）固定订货批量法；（2）经济订货批量法；（3）固定时区需求量确定法；（4）时区订货批量法；（5）按需确定订货批量；（6）最小单位费用法；（7）最小总费用法。

5. 答：ERP 系统的生产调度主要在能力不足和负荷不足的情况下需要进行。当能力不足时，一方面增加能力，或减少负荷，另一方面调整主生产计划。当负荷不足时，如果是短期情况，可以通过学习提高技能，否则很可能会采取裁员解决负责不足问题。

6. 答：ERP 系统的销售管理主要是通过市场预测，分析客户需求，确定主生产计划。因此要做好客户档案管理、客户订单管理和销售计划管理等工作。

7. 答：ERP 系统的客户管理不仅要做好客户档案管理，还要分析客户的需求。当客户提出需求时，先判定客户是否为新客户，评价客户的信誉程度是否不足等异常情况。如果有异常情况，则需要提交主管领导审批，通过后才能进入下一步流程。当确认客户需求后，还要按约定方法由系统识别客户订单是否异常，如果是异常订单，还需要主管领导确认。

8. 答：ERP 系统是企业管理信息化工程的标志性项目，ERP 系统应用的深度和广度直接体现了企业信息化工程实现的质量和效益。因此 ERP 系统是企业信息化工程必不可少的重要组成部分。

第 6 章 习题

一、名词解释

1. BPM（Business Process Management），即业务流程管理，是一种以规范化的构造端到端的卓越业务流程为中心，以持续的提高组织业务绩效为目的的系统化方法。

2. 标书（Bidding Documents）是由发标单位编制或委托设计单位编制，向投标者提供对该工程的主要技术、质量、工期等要求的文件。标书是招标工作时采购当事人都要遵守的具有法律效应且可执行的投标行为标准文件。

3. 合同是当事人或当事双方之间设立、变更、终止民事关系的协议。依法成立的合同受法律保护。广义合同指所有法律部门中确定权利、义务关系的协议。

4. 评价指标是企业绩效评价内容的载体，也是企业绩效评价内容的外在表现，它围绕着企业绩效的四个部分，建立逻辑严密、相互联系、互为补充的体系结构。企业绩效评价指标是企业绩效评价内容的具体体现，企业绩效评价的综合结果也产生于企业绩效的四个主要方面。

二、简答题

1. 答：ERP 系统的功能与企业需求之间存在四种状况，分别是 ERP 系统的功能超过企业需求；ERP 系统的功能不能满足企业需求；ERP 系统的功能恰好满足企业需求；ERP 系统的功能与企业需求无关。

2. 答：选择 ERP 系统时，主要考虑企业自身的需求，以及 ERP 系统能提供的功能、性能、价格和供应商的服务能力等因素。

3. 答：当 ERP 系统提供的功能与企业需求不符合时，首先要分析是什么原因造成这种情况的。然后选择采用相应科学合理的对策。如果是由于企业管理落后，不规范等因素造成的，企业必须做 BPR，调整和优化企业管理；如果是软件的功能与性能不能满足企业行业特点或企业特色，则软件提供商需要做软件系统的二次开发。

4. 答：（1）建立软件选型组织；（2）明确软件选择目的；（3）评价 ERP

系统软件与软件供应商；（4）依据评价结果，择优软件与供应商，签订合同。

5. 答：依据我国 2003 年发布的《制造业信息化工程 2003 年度应用软件产品测评规范》，确定 ERP 系统评价的指标与评价的方法，实测 ERP 软件产品的各项功能与性能指标值。然后公平、公正、科学、客观地给出测评结果，供企业选择。

6. 答：主要评价提供商对 ERP 系统实施、运行管理和维护能力，已经成功实施同行业同类企业的案例数，提供商的经济实力，ERP 系统实施项目组技术能力，构建的实施和培训方案，服务承诺和信誉等综合指标。

7. 要点：需要结合查阅的资料，举例陈述 ERP 系统选择对企业应用 ERP 系统成败起到了关键性作用。

8. 要点：需要结合查阅的资料，举例陈述 ERP 系统选择对企业信息化工程起到了基础核心作用，如果 ERP 系统选择不当，不仅影响到本项目的成败，而且影响到企业信息化工程长期发展。

三、论述题

1. 要点：陈述 ERP 系统选择是在哪些方面对 ERP 系统应用起到关键作用，如何采用恰当的对策，确保正确选好 ERP 系统。

2. 要点：

（1）肯定 ERP 系统选择必须正确评价 ERP 系统功能、性能和软件提供商的观点。

（2）举例在 ERP 系统选择时，如何做到正确评价 ERP 系统功能、性能和软件提供商的成效。

（3）综述 ERP 系统选择必须正确评价 ERP 系统功能、性能和软件提供商的举措。

第 7 章　习题

一、名词解释

1. 实施规划是企业为实施 ERP 系统制定的比较全面长远的工作计划，是对企业未来应用 ERP 系统提高竞争能力的整体性、长期性、基本性问题的思考和考量,设计未来整套行动的方案。

2. 分步反馈是 ERP 系统实施的一种方法,强调在实施过程中需要把整个项目分阶段实施、审核,并把审校结果反馈相关负责单位与领导,灵活地调整下阶段的工作,确保 ERP 系统实施项目成功。

3. 项目审计是 ERP 系统实施过程中的一个活动环节,在系统实施完成交付用户使用前,对项目进行经济、技术、质量等方面的检查工作总称。

4. 实施评价是指在项目已经实施完成并运行一段时间后,对项目实施的目的、执行过程、效益、作用和影响进行系统的、客观的分析和总结的一种技术经济活动。

5. 系统实施是将新系统付诸实现的过程。它的主要活动是根据系统设计所提供的控制结构图、数据库设计、系统配置方案及详细设计资料,编制和调试程序,创建完整的管理系统,并进行系统的调试、新旧系统切换等工作,将逻辑设计转化为物理实际系统。

二、简答题

1. 答:ERP 系统实施规划的主要任务是明确系统目标、项目建设时间和对相关资源的需求。

2. 答:在 ERP 系统实施规划应当遵循"总体规划、经济驱动、重点突破、全面推广"的原则,针对信息化程度不同的企业,根据企业现状在 ERP 系统实施规划时,还应当同时考虑实施 ERP 系统的功能性、效率性、方便性、可靠性、安全性、可维护性、完整性和稳定性等原则。

3. 答:ERP 系统是将制造技术、信息技术和管理技术等各种相关技术集成在一起的一个复杂的综合集成系统。它不仅能有效地反映企业各种资源的现状,而且能计划、配置、协调和利用企业的各种资源,充分发挥企业各种资源的作用,而且能有效地控制资源的利用。将企业的运作现场、管理水平、技术应用有机地结合起来,协调配置,使企业不仅在管理上不断提高服务水平和市场竞争能力,而且提高企业新产品的开发能力、新材料、新工艺的应用能力,不断提高制造企业的生产率,提高产品质量和制造过程柔性化,制造组织国际化,实现异地制造、网络制造和网格制造。

4. 答:ERP 系统实施规划的过程是:(1)建立 ERP 系统实施项目领导小

组和 ERP 系统实施项目系统小组；（2）总体调研；（3）建立规划矩阵；（4）制定 ERP 系统实施的总体方案；（5）ERP 系统实施可行性研究；（6）ERP 系统实施项目审批。

5. 答：规划报告的主要内容由：（1）企业现状和需求基本情况；（2）企业信息化现状测评；（3）ERP 系统实施规划矩阵；（4）ERP 系统实施顺序；（5）资源配置情况；（6）可行性分析。

6. 答：ERP 系统是现代管理思想的体现，企业的管理制度、管理方式和企业文化、员工的工作方式、习惯等对 ERP 系统的实施都受到制约，ERP 系统的实施要经过教育、立项、组织、ERP 系统选择和实现五个阶段。

第 8 章　习题

一、简答题

1. 答：领导是 ERP 系统应用成败的关键因素之一，起到核心作用。在 ERP 系统应用过程中，领导不仅要重视解决 ERP 系统应用过程中存在问题，为 ERP 系统应用提供良好的环境，而且，领导首先要了解 ERP 系统对企业有何作用，如何发挥作用，特别是要掌握 ERP 系统的基本原理与实施环节，领导更需要亲自参与 ERP 系统的应用，采纳 ERP 系统提供的信息，通过 ERP 系统管控企业的行为。企业各层领导对 ERP 系统应用成败的主要因素有项目投资决策、营造项目实施软环境、改变人的思维及行为方式、精心组织、协调和保证项目的优先级五个方面。

2. 答：在 ERP 系统应用过程中做好组织工作的主要内容有组织变革策略与组织变革方法的选择，以及完善 ERP 系统实施组织；ERP 系统不仅是一个软件系统，更是企业管理的新思想、新文化。要使 ERP 系统在企业生存，并发挥作用，必须对组织进行变革。而组织变革的方向是网络化、扁平化和柔性化。组织变革是实施 ERP 系统能否取得成功的前提条件，组织结构与 ERP 系统管理思想是否协调是实施成功的关键因素。

3. 答：ERP 系统不管是思想，还是软件系统，都要由人来领会和使用，人在 ERP 系统建设中起着核心的作用。只有企业全体员工理解了 ERP 系统的思想，并利用 ERP 系统来改进工作方法和方式，积极主动地参与进来，ERP 系统才算真正得到了实施。主要采用方法有：（1）对企业各级管理者和员工的培训；（2）对业务骨干的培训；（3）对管理人员的培训；（4）调整考核指标体系和考核方法。

4. 答：ERP 系统实施最终是以效益论成败。企业应该采取相应措施，有效地控制在 ERP 系统实施和运行管理中的成本，才能确保成功实施。主要采用如下措施：（1）最大限度地控制成本。对 ERP 系统资金投入的认识要充分，在对 ERP 系统实施前，一定要进行非常细致充分地调研，进行相应地可行性分析，并且对资金的筹集和投入要有相应地规划，同时要有各个阶段资金规划，只有当这些准备充分后，才可以实施 ERP 系统，从而才能保证 ERP 系统实施过程中不会发生由于资金问题而停顿甚至失败的情况；选择合适的 ERP 产品；逐步增加模块；全员培训和重点培训相结合；进行科学的管理；（2）充分分析和预测国家的宏观经济政策；（3）考虑并重视宏观经济环境。

5. 答：企业文化是 ERP 系统所面对的一个外在因素。当一个企业的企业文化与其一致时，ERP 系统在这个企业中的实施就具有了天然的基础条件，这必将顺利地推动 ERP 系统的实施。反之，就会阻碍其运行。如果企业现在的文化与 ERP 系统蕴含的文化越吻合，那么 ERP 系统的本土化会越容易，这给 ERP 系统的成功实施奠定了坚固的基础。主要有如下特殊文化因素：（1）存在着特殊主义文化；（2）习惯于集体承担责任；（3）推崇含蓄的交流风格；（4）具有扩散型文化；（5）缺乏成就感文化氛围；（6）存在同序型文化；（7）没有"以客户为中心"的外控型文化及着重控制的"内控型文化"。

二、论述题

1. 要点：

（1）肯定 ERP 系统应用中领导是关键的观点。

（2）举例 ERP 系统应用中领导是关键的。

（3）综述如何体现或确保领导在 ERP 系统应用中起关键作用的举措。

2. 要点：

（1）肯定 BPR 与 ERP 存在相互促进的作用的观点。

（2）举例 BPR 与 ERP 存在相互促进作用的。

（3）综述 BPR 与 ERP 存在相互促进作用的举措。

3. 要点：

（1）列出 ERP 系统成功应用的关键因素，包括企业技术、经济和文化水平。

（2）简述企业技术、经济和文化水平高低如何影响企业应用 ERP 系统。

（3）给出成功应用 ERP 系统的思路。

第 9 章　习题

一、名词解释

1. 云计算（Cloud Computing）是通过似如"云"形式的网络技术将巨大的数据计算处理要求分解成无数个小程序，然后通过网络服务系统进行处理，完成数据处理要求并把处理结果返回给用户。

2. 云 ERP 系统是云计算技术与 ERP 系统融合的产物，也可以简单地看作基于云计算技术的 ERP 系统。

3. 应用效应是指通过应用软件系统将可持续产生效果的时间效应。

4. 多平台多服务是支持云 ERP 系统应用的一种技术，用户可以在多平台上获得多种服务。

二、简答题

1. 答：主要有：1）提供形式不同；2）投资方式不同；3）数据与信息安全程度不同；4）云 ERP 系统的升级和完善更快更高效；5）服务响应速度不同。

2. 答：1）简单高效；2）先进实用；3）安全可靠。

3. 答：1）实施方案设计；2）整合资源；3）系统建设；4）上线切换。

4. 答：通过系统的计划、控制和配置等功能优化企业各种流程和资源利用，加快企业对市场的响应、降低成本、提高效率和效益，从而提升企业的竞争力。

5. 答：企业采用云 ERP 系统相对于采用传统 ERP 系统而言，不仅能提高企业管理水平，增强市场竞争能力，加强部门之间的协作和信息流通，而且更能适应随需而变的生态环境。通过信息流优化企业资源配置，提高企业生产运营效率、经济效益和效应。

第10章 习题

一、名词解释

1. 融合是指由两种或两种以上技术、理论、方法、观念结合形成一种新的技术、理论、方法、观念，获得超越单一技术、理论、方法、观念发生的效果。

2. 数字化是指将现在任何连续变化的事物用计算机内可识别的 0 和 1 代码表示。

3. 智能化是指运用在网络、大数据、物联网和人工智能等技术的支持下，能动地满足人类需求。

4. 自动化（Automation）是指各类机器设备按照人的要求自动检测、信息处理、分析判断、操纵控制、实现预期的目标的过程。

5. 智能制造（Intelligent Manufacturing，简称 IM）是由智能机器和人类专家共同组成的人机一体化智能系统，通过人与智能机器的合作共事，去扩大、延伸和部分地取代人类专家在制造过程中的脑力劳动。

6. 数据挖掘是指从大量的数据中通过各种算法搜索隐藏于其中有用信息的过程。

7. 认知自动化是一个学术概念，没有统一定论。这是通过自动化技术实现认知，也是机器人领域的关键技术之一。

8. 智能自动化是利用先进的技术和设备提高效率和质量，改善环境条件，减轻劳动强度，实现生产和管理科学化。

9. 数据价值是指数据可利用性，以及将会产生的价值。

10. HANA 是一个软硬件结合体，提供高性能的数据查询功能，用户可以直接对大量实时业务数据进行查询和分析，而不需要对业务数据进行建模、聚合等。

二、简答题

1. 答：1）人工智能提升云 ERP 系统的自学习能力；2）人工智能简化操作任务和流程；3）人工智能支持加速云 ERP 系统；4）人工智能改进整体设备效率；5）人工智能预测云 ERP 系统管控的供应商与物料品质；6）优化生产链

配置。

2. 答：1）大数据技术改善了 ERP 系统的销售预测；2）大数据技术改善了 ERP 系统的排程；3）大数据技术实现 ERP 系统的供应链可视化；4）大数据技术优化了 ERP 系统的招聘功能。

3. 答：1）提高企业管控能力；2）提高数据分析能力；3）资源计划智能化；4）增加企业对数据的新需求。

4. 答：人工智能、大数据、ERP 系统、互联网和实体经济深度融合不仅是一种手段，也是衍生出新型技术的技术，成为企业界、学术界和政界关注的热点问题，它们之间的关系如图 10-1 所示。大数据是云 ERP 系统的产物，也是 ERP 系统的基础。人工智能是推动 ERP 系统发展的动力，为 ERP 系统提供了全新的解决方案。ERP 系统是大数据技术和人工智能应用的重要领域，为大数据技术和人工智能发展提供经济保障。